上海市教委 2007 年重点课题:内发式发展与公共治理
项目编号:07ZS75
上海市教委行政管理重点学科支持项目,编号:J50406

内发式发展与公共治理

甘 峰 著

人民出版社

责任编辑:陈寒节

责任校对:湖 催

图书在版编目(CIP)数据

内发式发展与公共治理/甘峰著.
—北京:人民出版社,2009.12
ISBN 978 - 7 - 01 - 008379 - 7

Ⅰ.内… Ⅱ.甘… Ⅲ.①经济发展－研究②公共管理－研究
Ⅳ.F201 D035

中国版本图书馆 CIP 数据核字(2009)第 184229 号

内发式发展与公共治理
NEIFASHI FAZHAN YU GONGGONG ZHILI

甘 峰 著

人民出版社 出版发行

(100706 北京朝阳门内大街166号)

北京中科印刷有限公司印刷 新华书店经销

2009 年 12 月第 1 版 2009 年 12 月北京第 1 次印刷
开本:710 毫米×1000 毫米 1/16 印张:19
字数:280 千字 印数:1－3000 册

ISBN 978 - 7 - 01 - 008379 - 7 定价:38.00 元

邮购地址:100706 北京朝阳门内大街 166 号
人民东方图书销售中心 电话:(010)65250042 65289539

目　录

第一编　21 世纪三大危机

第二编 走出危机——从"外发式发展"到"内发式发展"

第三编 从"效率"到"公正"——内发式发展的方法论视角

第四编　内发式发展:从"理性经济人"向"地球环境经济人"转换中的公共治理

第五编　21 世纪市民社会：权利、参与与协同

绪 论

在过去一个多世纪里，我们目睹了发达国家与发展中国家为了发展而付出的前所未有的努力，然而，这种努力的基础是基于外发式的发展模式。

20世纪80年代以来的发展与治理，"效率优先"的经济自由主义显现了它巨大的推进力，西方行政改革促成了与经济自由主义互为因果的政治结构。随着全球化的推进，世界逐渐融合为一个相同模式的市场。在亚洲国家，"发展"——成为后发国家赶超先进国家的过程，"为增长而增长"——作为一种发展的权力象征呈日益走强的趋势，由此而来的社会危机、金融危机与生态危机正在以难以规避的方式影响着现代国家的生存结构。

如何走出危机？本书提出21世纪公共治理的路径转换——内发式发展。首先，"发展"的结构转型，即从"外发式发展"向"内发式发展"转型；其次，方法论创新，它包括经济学的道德科学回归以及"利益相关者"的公司治理方式创新；再次，21世纪的公共治理，是从"理性经济人"向"地球环境经济人"转换中的治理；最后，内发式发展旨在构筑"效率、公正与自由"的人类政治结构，而这一建构由政府、企业与市民社会共同来完成。

一、21世纪三大危机

21世纪的发展与人类社会，一个关键词就是全球化。在一个超大陆的范围内，网络的建构、时空的短缩、全球化的"光"与"影"形成一种连锁的反应。全球化，一面是大量的机遇，另一面却是巨大的风险与不确定性。开发（发展）的成功以及对世界的广泛占有，掩盖了直接的受害者。稠密的网络社会,内在的不确定性呈不断放大的态势。世界在全球化的推进下发生了前所未有的变化,然而,社会危机、生态危机以及公司道德危机正在以难以规避的方式影响着现代国家的深层次结构。

这一部分从 21 世纪的三大危机切入,把"社会危机"、"公司道德危机"和"生态危机"纳入不同的层次结构进行分析,从而指明走出危机的内发式发展路径。

(一)社会危机:全球化社会远远滞后于全球化企业

在全球化与信息化的冲击下,企业与社会的关系发生了质的变化。全球化致使相互依存的市场与社会关系发生剧变,"市场"与"社会"分离,"市场"向其他经济圈转移。如果是一家美国跨国公司的话,那么,全球化致使原来与"市场"共处于一个共同体的"社会"留在了美国,"市场"向海外转移。于是,全球化在不同的文明之间、不同的经济体之间、在各国不同的文化、制度与组织之间发生冲突,这一冲突的主要形式是把不同的文明、不同的经济体以及不同国家的文化与制度朝着同质化的方向推进。在这种情形下,"全球化市场"与接受这一"市场"的社会之间自然会因冲突而演化成一场深刻的危机。

一般认为,全球化可以使"财富从富的国家流向穷的国家",可是,事实却不是如此,2006 年约有 5000 亿美元从穷国流向富国。① 2009 年 7 月举行的中美战略高层会谈披露,中国购买了 8000 亿美元的美国国债,8000 亿美元流向了美国。

全球化的市场网络产生了"胜者"与"败者"的两极化现象。1994 年达成的关贸总协定(GATT)中的有关知识产权的相关协议就是一种"胜者"理论。在此之前,世界上最穷的撒哈拉以南的非洲国家利用了发达国家的制药技术,在本国生产低价药品,供给本国国民。可是,GATT 的相关协议致使这种廉价药品不能再生产,结果导致成千上万的非洲人失去了生命。现

---

① （米）Joseph Stiglitgz、（日）绪方贞子「対談:世界の貧困立ち向かうには何か必要か」（日）『中央公論』、2007 年 10 月号、第 94 頁。

代科学可以拯救他们的生命,然而,现代政治却剥夺了他们的生命。这对贫困国家来说是极其不公平的。

全球化致使世界性的贫困构图发生了以下变化:第一,世界金融经济的不稳定因素所产生的掠夺性贫困;第二,产生贫富分化的"贫富分化机能"作用的结果,"中产阶层消失",从而产生社会的两极化现象;第三,地球污染加速、全球食品污染的连锁反应所出现的环境型贫困。

(二)金融危机引发全球性的公司道德危机

2001年"9.11"事件曾被解释为当代的一个转折点,这是全球化工程与全球恐怖主义相遇的转折点。时隔8年,全球化工程与全球金融危机又一次相遇,然而,与"9.11"事件不同的是,金融危机以一种自我颠覆的方式宣告一个时代的终结。20世纪80年代以来,在新自由主义理论推进下,美国贸易型的财富积累体系开始向资本自由型的财富积累体系转换,可是,这一转换是以投机、掠夺的方式进行的。"次贷"——通过有组织的股票操作,把风险转移给他人。新自由主义认为,这是一种有效率的资本扩张方式;在华尔街,这被称之为"风险的扩散"。在全球化的推进下,金融市场投机向全球蔓延,而美国金融危机把这一威胁扩展到全世界。"金融资本主义"对经济与社会之间的相互关联,特别是对公司以及个人产生了极大的破坏作用,从而引发全球性的公司道德危机。

(三)外发式发展导致资源耗竭、环境污染、生态恶化

动力源改变着人类的生存与生产方式,从而改变人类的文明方式和文明程度。文明——如果显现为一种经济方式转换的话,那么,它首先是一种动力源的转换。17世纪,西班牙依靠风力占据了世界霸权的地位。18世纪,英国利用了风力战胜了西班牙的无敌舰队。然而,建造帆船需要更多的木材,木材来自对森林的砍伐,森林资源不堪重负。蒸汽机的发明使动力源由煤炭代替木材成为可能。燃料、动力的转换使英国面临的森林资源枯竭得以解决。19世纪,英国以蒸汽机为起点,以煤炭为动力,获得了世界第一强国的地位。

动力源由风力向煤炭、石油转换,增大的废热在地球扩散、最终导致气候变化。煤炭、石油在人类社会的发展过程中,在人类生产活动与能源的关联中表现出一种让人类难以接受的姿态,它威胁和破坏了地球的空间极限与物质极限,生态危机已经成为当今世界最危难的问题。

从燃料、动力的历史演进中探析地球生态危机是本章的一个特点。与一些相关著作不同的是:在一个复杂性科学的框架内,用"废热·废物增大法则"来解读地球排斥"废热·废物"的自然功能,从而揭示水与土的伟大功效。

二、走出危机——从"外发式发展"到"内发式发展"

如何走出三大危机? 从国家的层面来看,是发展的结构问题。从"外发式发展"到"内发式发展",这是 21 世纪公共治理的结构转型。

当代语境中的"发展",它最初的提出是指欧洲市民社会自我发展的过程,也就是说,"发展"原意是指内发式的发展。可是,市民社会理性的自我发展,在其发展过程中却向国家理性以及权力体系转换,"发展"从"内发式"向"外发式"转换。

从经济与社会的关系来看,"发展"是指经济与社会的同步发展,这是一个过程的两个方面。资本积累是一种外发式发展模式,而资本积累推进社会文明进步,这是内发的发展。从国家与社会的关系来看,外发式发展是一种国家主导的经济增长模式,它在国家层面上运作,并以此维系公共秩序;内发式发展是个人与机构、国家与社会等诸多方式的治理,它促进国家与社会的互动。从发展与环境的关系来看,外发式发展往往总是以破坏环境为代价,以"世界工厂"为主要特征的新兴工业化国家和地区,是通过快速消耗能源和原材料的方式发展起来的;内发式发展强调"自然、经济、社会"的整体协调,发展经济必须以保护环境为前提。在全球化与地域发展的关系上,发展应该摆脱一种单一模式,各地区根据其自身的历史、地理、经济等条件,探究一种具有地方特色的发展模式。"中国特色社会主义"的提出,应该是属于内发式发展的语境。

全球化背景下的内发式发展,如果它是作为抗衡西方大国经济渗透的话。那么,这一抗衡从 19 世纪已经开始了。经过 18 世纪中期工业革命,英国成为世界工厂和全球经济中心,并获得海洋控制权。19 世纪,源起英国的"自由主义"与"世界工厂"向当时后发的德国、法国与美国推进的时候,出现了与此抗衡的"内发式"思想。如"政治经济学的国民体系"、"协同型社会主义"等等。这是发展的不同范式的抵制。可以设想,如果没有德、法、美等各国政界人士的清醒头脑,就没有这些国家在 19 世纪的崛起和强大,当然,英国独霸世界的格局也许不会改变。

在亚洲,对内发式发展的理论阐述产生于 70 年代中期的日本,日本社会学家鹤见和子提出了现代社会"内发的发展型"与"外发的发展型"两种类型,并指出,对后发国家来说,不能模仿发达国家模式,而应立足于本国社会传统的基础上,使外来模式适合于本国的社会经济条件,这就是"内发的发展论"。[①]

现代世界发展,我们所看到的是"经济人"的行为方式,以及被利润最大化驱动的社会模式。然而,在这部分的第 4 章"'发展':起源、变迁与政府转型"与第 5 章的"社会政策的赤字平衡——欧洲统一的内发式路径",我们还看到另外一种模式——以自律为前提的、不依存于他者的社会经济模式。在一个社会、经济与秩序关联的世界,发展不仅仅是指经济增长,而是与社会发展、制度建构紧紧关联。

三、从"效率"到"公正"——内发式发展的方法论视角

"效率"与"公正"的优先顺序一直是官方与学者争议的问题。如果把"效率"与"公正"纳入方法论的视角,那么,它会展现一个宽广的研究空间。第一,从宏观层面分析,它涉及到经济学的属性——是自然科学还是道德科学? 这是一个方法论的问题。第二,从微观层面分析,它涉及到"资本与劳动"关系——公司管理层是服务于股东价值的最大化? 还是忠实于已经建

---

① 鹤见和子『国際関係と近代化・発展論』、西川潤『人間のために経済学』、(日)岩波書店、2006 年、102 頁。

立起信赖关系的客户？这是研究公司治理结构的方法论问题。

凯恩斯在《自由主义与工党》(1926)一文中提出了基于经济学基础上的人类政治结构——"效率、公正与自由"。无可置疑，从亚当·斯密到凯恩斯，经济学始终是一门道德的科学，而新自由主义把经济学引向"实现有效率的资源分配"。然而，这一导向实际上把价值判断剥离了经济学体系，从而把经济学引向一个类似于自然科学的领域。1938 年，当美国经济学家J. Tinbergen 做成宏观经济模型的时候，凯恩斯对此持批判态度。凯恩斯认为，计量经济学采用了与自然科学相同的方法，以过去预测将来，无视经济学与自然科学的区别。问题是，"过去"是在怎样的条件下生成的？依据这一条件来推测将来，然而，不断变化的国内国际市场是不确定的，效率是动态的，社会公正、自由也是多样的、动态的。

进入 21 世纪以来，"利益相关者"(stakeholder)理论在市场经济国家兴起，逐渐进入主流的理论体系，并对世界各国的企业与社会关系给予了巨大的政策影响。如果说经济发展是一种"外生"变化的话，那么，"利益相关者"理论，作为公司社会责任的方法论视角，它是一种"内生"的变化。

这部分由三章构成：第六章"经济学的道德科学回归"、第七章"走出公司治理的权力结构：企业发展的内发式路径"、第八章"公司社会责任与公共治理"，这三章都在揭示一个共同主题：即公司的"正当性"。随着全球化的推进，公司的"正当性"不断的作为一个问题而引起争议，与此相关的"自由"与"公正"越来越成为社会所关注的热点问题。如果企业持有无限制的权力，并且，永远以"法"的姿态来强化其权力的话，那么，企业的"正当性"将无法得到社会的认可。所以，发挥全球利益相关者的力量，对跨国公司的经营方式予以影响，从而把全球化纳入"公正全球化"轨道。

四、内发式发展：从"理性经济人"到"地球环境经济人"

传统经济学首先考虑的是"财富"。国家财富由个人财富组成，因而追求私利的行为也带动国家财富的增长。这就是"理性经济人"对"财富"作出的解释。可是，20 世纪中期的英国经济学家、化学家、诺贝尔化学奖获得者索迪却对"财富"作出了不同解释。索迪认为,所谓"财富"不过是对自然的负债而已,一种负债的"富"是不存在的。以煤炭、石油为动力源的扩大再生产,致使煤炭和石油的储藏量逐年减少,地球生命的资源逐渐被耗尽。在这个过程中生产的财富,如果称之为"富"的话,那只不过是一种财富的幻影。那么,什么是"富"? 索迪指出,"富"应该是指人与自然的一种和谐,对自然不能负债,向自然索取的应该归还。

从"理性经济人"到"地球环境经济人",它要求建立一个与自然和谐的、符合市场伦理的、具有承诺、约束、责任感和自制力的价值理念。今天,生态危机有愈演愈烈之势。在石油消费型的现代化社会,我们在生态危机与地球生命之间架起一座桥梁,而作为这座桥梁的通道,是以"地球环境经济人"为价值链的可持续发展能力。

从"理性经济人"向"地球环境经济人"转型,一个国家能否达成共识? 全球能否达成共识? 这部分以第九章"政府可持续发展能力"、第十章"《京都议定书》——内发式发展与全球治理"以及第十一章的"低碳型都市的建构与治理"等三章来探究"地球环境经济人"的国际共识。

五、21 世纪市民社会的内发式路径:权利、参与、协同

从外发式发展向内发式发展转换,是由政府、企业与市民社会共同来完成的,它包括:第一,21 世纪政府范式,是民主政体运作方式还是企业化运作方式? 作为民主政体的运行机制,它首要的任务是让公众从经济发展的成果中获益。第二,新公共管理下的"行政委托",非营利组织(NPO)逐渐成为一支重要的力量,然而,随之而来的 NPO 行政化现象,致使"官"主导的公共属性仍然难以改变。21 世纪的公共治理,是一个"大公共"的视野。第三,内发式发展旨在构筑一个不同的治理结构——一个系统之间的各部分协同过程,这被称之为"协同性"。这一"协同性"可以使国家(权力动机)、企业(营利动机)、公民社会(权利动机)之间达成一种新的均衡。

如何确立市民的"公共"? 20 世纪 90 年代以来,市民运动重点从"批判型市民运动"逐渐向"政策提案型市民运动"转换,与此对应的是,"政府与

市场"的二分法,向"政府、市场与市民社会"的三分法转换。对于市民来说,NPO 的组织运行如何向参与性治理转换,这是一种"组织治理";而对于政府来说,通过市民参与式治理来平衡政府、企业与市民社会三者关系,这是"大公共"视野的政策过程。

公共服务视野中的"公共",是一种多元的结构,它考虑的是公共服务提供的多种途径和公正效率的价值体系。公共服务中的"公共"面对一种内在机制的驱动,在没有外界特定的干涉下,自发、自主地承担起公共服务的提供。在社会服务与社会救济的领域里,第三部门的兴起就是这一模式的多元体现。例如,泰国:"社会参加型佛教"与"协同型民主社会";斯里兰卡的"觉醒运动";亚洲城市贫民窟的自立运动与非政府组织(NGO)的作用;日本社区的地域货币与绿色循环制度供给,等等。这部分由第十二章"21 世纪的政府范式"、第十三章"市民的公共:行政委托的公共性缺失与回归"以及第十四章的"21 世纪市民社会"构成。

综上所述,全书分为五大部分、14 个章的结构,以"内发式发展"为主线,借鉴发达国家以及发展中国家有关"发展"的理论创新与经验,并在此基础上,对"发展"——一个伟大的命题进行路径探索。如果说,20 世纪的公共治理是在国家主导的"经济增长主义"模式下,以"效率至上"的经济运行机制强行改变社会管理模式的话,那么,21 世纪的公共治理是在国家经济权力向民众经济机制转型的过程中,以"公平正义"的价值理念来达到"自然、经济、社会"的整体平衡。

第一编

21 世纪三大危机

近年来国际和国内发生的所有危机,几乎都与全球化有关,而全球化必然通过外发式发展为其开辟道路。全球市场经济导致了生产的无限扩张,它威胁和破坏了地球的空间极限与物质极限。在这个过程中,可能应对的战略、生活方式以及发展模式的选择越来越单一,由此发生的财富分布的冲突、获取公共商品的冲突等等,直接危及到国家发展能力的基本结构。

首先,全球化致使相互依存的市场与社会的关系发生剧变,"市场"向海外转移。然而,企业与社会发生变化的时间模式是不一样的,构成"社会"的制度与组织,在文明与文化的层面,很难接受一个全球化的市场。在这种情形下,"全球化市场"与接受这一"市场"的社会之间便发生摩擦与冲突,"企业与社会"的关系出现新的、而且是深刻的分化。

其次,20 世纪 90 年代以来,新自由主义的财富积累模式风靡全球,这种模式以产业金融化方式对财富进行重新分配。新自由主义的财富分配结构是全球性的。美国巨大的金融利益来自发展中国家发生的泡沫经济,例如对中美洲国家,美国通过国际货币基金组织(IMF)与世界银行进行大量融资;对中东国家、非洲、东欧国家、新兴工业国地区以及亚洲国家以借贷方式渗透,从而形成全球性泡沫,正是在这种泡沫下,形成了以美国为主导的国际金融自由化结构,全球形成了依存于美国的国际资金回流。然而,所谓的财富积累方式是以投机的、掠夺的方式进行的。"次贷"的欺诈、通过通货膨胀掠夺资产、有组织的股票操作、通过合并、收购(M&A)强夺资产、公司欺诈行为,等等,由此引发全球性的公司道德危机。

最后,外发式发展模式导致了生产的无限扩张,它威胁和破坏了地球的空间极限与物质极限。1972年,由科学家、经济学家和企业家组成的民间学术组织——"罗马俱乐部"发表了题为《增长的极限》的报告。人们批评这份报告的片面和悲观的观点,可是却忽略了一个重要警示:自然界的资源供给与环境容量无法满足外延式经济增长模式。人类的生产活动既是财富的增长过程,也是"废热·废物"的增长过程。以复杂系科学的方法来分析"废热·废物",它揭示了一个开放、稳定的复杂系统,地球上的人类之所以能够生存,这是因为地球并不是一个完全封闭的系统,它有一个排放"废热·废物"的系统,但是,这一功能的实现必须具备两个条件,那就是水和土。

第一章 全球化与社会危机

经济全球化、金融全球化、文化生活全球化⋯⋯这个重复出现频率最高的词汇——全球化，正在把世界融合为一个相同模式的市场：没有国界的自由贸易、低廉的运输成本、高科技的通信网络、统一的劳动力市场⋯⋯全球化是一种冲突与演化。

20世纪90年代以来，全球化进入了一个新的阶段，以美国为中心的盎格鲁—撒克逊资本主义模式给其他经济圈带来的风险是前所未有的，与全球化结伴而行的危机，在大多数情况下，都是在市场经济制度不完善、或者是市场经济制度形成比较滞后的国家发生，也就是说，攻击其制度的弱点，攫取其巨额利润。1997年的亚洲金融危机首先在泰国发生，是最好的例证。

为什么美国模式会带来如此大的风险？因为美国具有控制资本与信息的实力，而对于不具备这一实力的经济圈，两者之间自然形成了两极分化的格局，这是危机发生的一个方面。另外，全球化与市场化推进了全球的同质化，从而产生出巨大商机，制度的差异成为利益的源泉。而且，因资本与信息产生的两极分化不仅仅发生在经济领域，它延伸到社会制度与文化领域，从而动摇了经济社会的基盘。正是从这意义上来说，全球化给社会带来了不可避免的危机。

一、全球化的连锁结构

全球化表现为多重侧面的现象，在网络结构下，各个侧面形成一种复合的连锁，它们相互影响，有时会产生预想不到的结果，这种相互影响的作用形成连锁结构。①

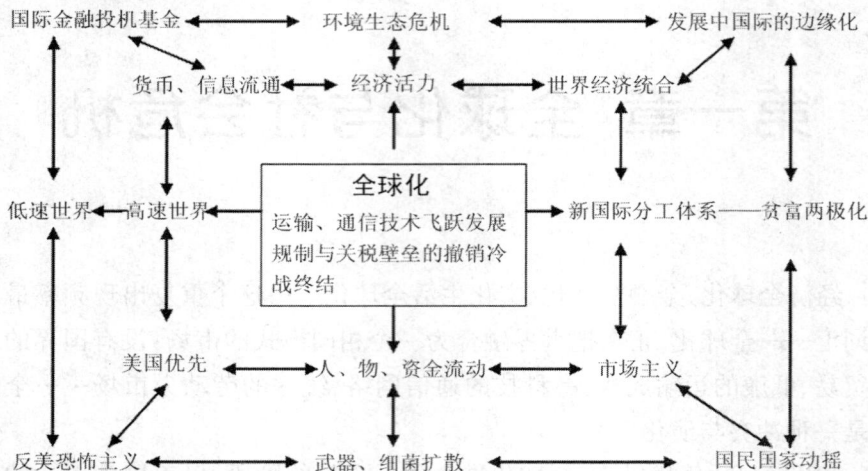

国际金融投机基金　　　　环境生态危机　　　　　　　　发展中国际的边缘化

货币、信息流通　　　经济活力　　　世界经济统合

全球化
运输、通信技术飞跃发展
规制与关税壁垒的撤销冷
战终结

低速世界　高速世界　　　　　　　　　　　新国际分工体系——贫富两极化

美国优先　　　人、物、资金流动　　　市场主义

反美恐怖主义　　　武器、细菌扩散　　　　　　国民国家动摇

图1　全球化的连锁结构

（一）安全保障与全球化

金融、信息以及运输通过全球化的网络扩散,安全保障的概念也发生了巨大变化。也就是说,正是由于网络自身的弊端,招致世界规模的混乱,从而对网络体系中的行为主体造成威胁。1999 年西雅图高峰会议期间,反全球化人士发动了一场网上静坐抗议活动,成千上万的反对者在一个指定时间同时登陆世贸组织网站,导致网站瘫痪。

今天,"安全"日益遭到威胁,传统的安全保障结构面临严峻挑战。例如,生物武器技术、核物质以及超国家的恐怖组织引发的破坏活动;病毒性细菌与传染病的跨国境蔓延;环境恶化的全球扩散等等,就连第一号强国的美国也无法幸免。所以,在信息、通信以及金融等领域尽早进行网络治理,重构安全保障与政治治理结构势在必行。为此,世界各国纷纷通过制定法律确保网络安全。在电子商务方面,数字签名予以法律认可。美国电子签

---

① 青木一能『地球型社会危機』、(日)芦书房、2005 年、第25 页。

名法案规定的电子签名可以是交易双方同意的任何形式。欧盟委员会颁布远程销售指导性意见,要求每一笔电子商务交易都必须向消费者公开某些特定信息,包括供货商身份、商品价格、送货详细费用等等。消费者有权在7天之内撤销买卖合同而不用承担违约责任。法国 2000 年实施的"通信自由法案"规定在国际互联网上张贴信息的公民都必须注册为出版商,也就是说,将一些特定的责任规范赋予在公共空间活动的人和团体,以此重构超国家的或者是全球规模的安全保障结构。

(二)文化的全球化

对全球化持怀疑态度,主要集中在文化领域,一种有代表性的观点认为,全球化是美国模式的全球化。现在的全球化,也就是新自由主义的价值规范在全球扩张的过程,全球化是确保美国控制力的一种形态。

无可置疑,在全球化的经济层面,美国的影响力几乎涉及所有的领域,市场规制缓和、国际自由贸易等等,都在贯彻美国的新自由主义主张。有关公司法与金融体系的规制、全球化资本市场、美国的跨国公司等等,都在创造一种美国的全球化模式。

美国在经济领域具有压倒一切的优势,在社会文化领域同样引领潮流。如果要在经济上要保持这种领先地位,那么必须向社会文化以及历史领域渗透,这就是美国式全球化的特点。全球化,在经济领域,意味着对新开发的一切手段的控制;在社会文化领域,意味着超越多种文化的美国文化的普遍性,而这种文化的普及,一般由民间跨国公司来完成。正是由于两种作用的互动,全球化被强行注入美国式的全球化要素。实际上,社会与文化的变容,与经济与军事全球化的结果有密切关系。

然而,美国要素的全球化带来社会文化的变容,并与经济、军事的全球化互为因果。可是,这一变容过程却隐含巨大危机,反美的情感汇聚成一股反全球化的潮流。

表 1　500 个跨国公司的所在地（1999）

美　　国	179
欧　　盟	148
日　　本	107
加 拿 大	12
韩　　国	12
瑞　　士	11
中　　国	10
澳大利亚	7
巴　　西	3
其　　他	11
合　　计	500

资料来源：Alan Rugman,*The End of Globaliza tion*,2001,p. 8.

反全球化应该从不同的侧面来看。欧盟诞生可以是抵御美国文化的一种视角,欧盟以欧洲固有的文化为出发点,以地域一体化抵御美国式的全球化。而以激烈的暴力形式来反抗美国式全球化,这又是一种视角。恐怖主义缘起全球化还是"文明的冲突"？这是一个带有争议的问题。但是有一点是可以肯定的:现实社会的正统性在逐渐崩溃,公众(尤其是社会弱者)对于现实变革持有强烈的要求,可是在制度层面并没有回应他们的要求。

总之,围绕全球性的文化渗透,由此形成对立的关系,这是在全球化不断深化的过程中反复出现的问题。形成全球化基本结构的新自由主义思想,在全球范围内与传统价值、制度相互碰撞,尤其当美国式文化强制地浸透到某一国家的时候,很容易引起暴力冲突。美国布什政府的单边主义,包括发达国家在内的大多数国家都在蓄积一种对抗的能量,是爆发还是沉静？这涉及美国的行动,同时也决定 21 世纪全球化的趋势。

（三）新的历史起点

美国金融危机是否意味着自由民主主义已经走到了"历史的终结"？的确,能够代替自由民主主义的意识形态尚未出现。冷战后的意识形态,是作为自由民主主义的胜者向全球扩张,众多的国家进入了民主化进程,以制度创新为目标,实现国民主体的政治。当然,这种民主化也不能说是一件坏事。

可是,另一方面,这种意识形态是在寻求经济与社会的剧变,这一世界潮流的速度与冲击力很难停止其脚步。正如连锁图所表示,世界是"高速化"的,可是,这种速度越快,与后进世界的差距越大,于是,"高速世界"与"低速世界"同时并存,而且这种差距不可逆转,"胜者"与"败者"就是在这两种速度中产生。由全球化所产生的复杂的连锁,就是在连锁图中所显示的最外侧的状况,它作为全球化的"影"而存在;中心部内侧是全球化"光"的部分,而"光"的构成要素在其展开的过程中产生了种种问题,这也是现阶段全球治理所必须面对的问题。现实的对策是全球化进程中的地域治理,域内国家通过在各个领域的合作来抵御全球化带来的冲击。从全球来看,这同样是一种趋势。最终不可避免的仍然是全球治理的创新,因为全球规模的网络化同样是不可避免的,一旦网络崩溃,全球必将陷入混乱。

可是,从全球世界来看,全球化——作为一种方向被确认的话,国家主义的回归或者是在削弱国家主义基础上的地域主义或者是具有地方特色的、自主的发展模式,等等,调整这些多元的发展方向,探索一种稳定的结合点,这是21世纪公共治理的难点。被称作全球化社会的一体化能否产生?或者说是否因全球化而使世界进入从未有过分裂、混乱?这是全球化治理的分歧点。

二、企业与社会的冲突

全球化致使相互依存的市场与社会的关系发生巨变,"市场"与"社会"分离,全球化在不同的文明之间、不同的经济体之间、在各国不同的文化、制度与组织之间发生冲突,全球化社会远远滞后于全球化企业。

(一)全球化进程中"市场"与"社会"的分离

20世纪90年代以来,全球化进入了一个新的阶段,以美国为中心的盎格鲁—撒克逊资本主义模式给其他经济圈带来的风险是前所未有的。在全球化与信息化的冲击下,企业与社会的关系发生了质的变化。全球化致使美国国内相互依存的市场与社会的关系发生巨变,"市场"与"社会"分离,"市场"向其他经济圈转移。也就是说,全球化致使原来与"市场"共处于一个共同体的"社会"留在了美国,"市场"向海外转移。于是,全球化在不同的社会形态之间发生冲突,这一冲突的主要形式是把不同的文明、不同的经济体以及不同国家的文化与制度朝着同质化的方向演进。

然而,这是一个不同文明和文化的经济圈。在全球化进程中,在同质化与均质化的竞争中,企业增强其效率的能力呈逐渐增强趋势。可是,各个国家或者是各经济圈的"社会"并没有发生急剧的变化,这是因为构成"社会"的制度与组织具有文化与文明的特性,而文化与文明的变容是极其缓慢的。也就是说,在全球化的冲击下,企业与社会发生变化的时间模式是不一样的。构成"社会"的制度与组织,在文明与文化的层面,很难接受一个"全球化的市场"。在这种情形下,"全球化市场"与接受这一"市场"的社会之间很有可能产生摩擦与冲突,"企业与社会"的关系出现新的、而且是深刻的分化。

全球化致使企业与社会关系面临危机,是文明的冲突吗? 冷战结束后,现实世界进入了新的对立与摩擦,亨廷顿认为,这是从意识形态的对立向"文明的冲突"转换。他从文化相对主义的立场出发,指出,世界并不是西欧化的单线发展,它是由多样的文明构成,当欧洲文明的核心价值——自由、平等、民主主义以及个人主义向其他文明浸透的时候,冲突由此而来。

福山(Hurannshisu Hukuyama)从文明之间的共同轴心——"信赖"作为切入点,他认为,在道德相对主义基础上形成的个人主义会使人与人之间的信赖度低下,在集团之间,或者是从属于该集团的人与人之间,这一现象在不断地扩大,最终导致社区功能萎缩。正是在这种情况下,NPO、NGO 等非营利、非政府组织开始急剧增加。问题是,社会学家与政治学家们主要关注的是这些组织的数量与规模,而质的层面,即人与人之间、企业与社区之间的道德、价值观变化等原因分析往往被忽视。

市场与社会的分开,在全球化的推进下,形成了全球化市场与全球化社会。从理论上来说,全球化经济与全球化社会应该是同时发展。可是,全球化社会的步伐远远滞后于全球化企业的进程。

(二)全球化社会滞后于全球化企业

市场体系在自我调整的过程中与社会分离,虽然市场与社会可以相互补充,但是,市场与社会仍然遵循不同的理论在运作。

市场以价格体系为基础、效率主义为运行机制,它是企业与个人追求自我利益的场所;而社会是由社区构成的、以共同价值观为基础的、决定集体意见的场所。市场被社会所涵盖,社会由市场来支撑。可是,当全球化企业进出于他国文明圈的时候,全球化社会的形成却远远滞后于全球化企业。

1. 全球化进程中的财富与权力

全球化以市场经济化为标准,把全球纳入一个均等、同质的结构内加以推进。跨国公司进出于他国文明圈的时候,就企业活动的场所来说,必须保障其享有自由市场竞争的权利,也就是说,在全球化规范的基础上展开经济活动,跨国公司能够影响一国的政策制定。从这意义上说,跨国公司享有一种权力的让渡。即使是对以美国为中心的全球化持批评态度的国家或者企业,当它进入全球化市场的时候,其运行机制很难说与美国模式有任何的区别,这就是全球化企业的共通性。

当全球化企业进入经济相对滞后的国家时,一方面,跨国公司要求获得自由市场经济的竞争条件;另一方面,跨国公司正是利用了发展中国家的制度弱点来开展其经营活动。例如,利用一些对外资的优惠政策,生产高污染产品,从而引发企业伦理、环境等一系列与后发国家社会结构关联的问题。然而,即使出现了上述社会后果,对引进外资的后发国家来说,还是能够产生可观的经济福利。于是,经济发展成为后发国家的权力象征。

20世纪80年代的"东亚模式",积极引进跨国公司,通过跨国公司的出口取得本国经济的高增长率,以15%~16%的出口增长诱导7%~8%的GDP增长,这就是东亚创造的奇迹。问题是,全球化带来的最富裕层与最贫困层的落差是前所未有的,生活条件的结构性缺失、贫困、不平等的扩大等等也逐渐呈全球化的趋势。

对新自由主义的全球化模式始终持批判态度的国际 NGO(ATTAC)副代表 Sudann Zyozi 认为,跨国公司正是利用了一些后发国家在制度上的缺陷、或者在制度形成方面的滞后来获取其财富的,通过其权力的运作,把财富集中在社会上层。Zyozi 与世界银行经济学家 Matcxi Uruhu 讨论的时候,两种意见针锋相对,Uruhu 指出,全球化以经济发展为目标,为了达到这一目标,全球化体现为财富、服务、资本以及劳动的统合过程;对此,Zyozi 进行了反驳,她认为,"所谓全球化,是在不可逆转的跨国公司权力下,各国之间的不平等与一个国家内部不平等越来越扩大的机能装置"。① 1999 年 12 月在美国西雅图举行发达国家首脑会议之际,国际 NGO 与 NPO 举行了大规模的示威活动,这实际上是对这种不平等体制的抵制。"人类的存在应该置于利润之上",它提示了一种对抗新自由主义全球化的新的价值体系。

2.滞后的全球化社会——社区功能弱化

财富与权力的对立,从宏观的层面来看,它体现为企业与社会的对立。在企业与社会发生质变的今天,社会福利如何提高?或者对企业的利益相关者来说,效率与公正的关系如何保持平衡?这些问题都涉及到社区功能问题。在全球化急速扩张的今天,世界"同质化"不断地被推进,而社区功能却在弱化。

"全球化社会"的基础在社区,福山曾经说过,根据共同的价值观形成的社会是社区,在这价值观方面,其权威性如果获得广泛支持的话,那么,这个社会整体的信赖度是很高的。可是,今天的社会,价值观的多元化以及对权威的不信任感呈逐渐走强的趋势;另一方面,集团的归属意识也在不断的增强,为此,"自主性"与社区归属,两种相反的立场同时存在,于是,形成了众多的、松散的组织与集团。近年来,多样性的 NPO 与 NGO 就是在这种背景下产生的。

多元的价值观、信息的普及,从社会整体的视角来看,在不断选择的过程中会形成一种差别结构。这是一种功能性的选择体系,人一旦进入这选

___
① 青木一能『地球型社会危機』、(日)芦書房、2005 年、第 69 頁。

择体系,那么,在同一个社区,由于个人费用负担能力上的差异,会产生生活舒适度的差别,这一差别累积到一定程度,会进一步扩大社区内在生活质量上的差异。于是,传统意义上的社区,人与人之间的纽带逐渐淡化,社区社会关系弱化,个人的社会性逐渐低下,"具有社会意识的人"逐渐减少,最终导致"社会"的缩小。这种倾向一旦持续下去,全球化社会的形成将变得越来越困难。

古典经济学的经营思想是以市场与社会一体化为基本假设的,问题是,全球化致使"市场"与"社会"的依赖关系分离,并且,这一分离产生的矛盾以及危机越来越表面化。社区小型化、利益多元化、社会弱化……对财富的憧憬以及对技术的追求推进了市场领域的扩大,可是它却侵蚀了社会领域,而且,新自由主义对社会的渗透加速了市场扩大的速度。"市场优先"还是"社会优先"？在全球化的推进下,古典经济学所谓"市场能够降低企业权力对社会危害的程度"这一假设被众所周知的现实所颠覆。

三、全球化的"光"和"影"

在全球化的推进下,超大陆的相互作用更加深化,可是,全球化的作用,从"恩惠"这一点来看,是极度不均等的。而且,在全球化进行的过程中,它给各个领域所带来的变化也是不确定的。

市场的全球化与全球化的企业资本,在其影响力逐渐走强的进程中,迫使现代国家重新构筑经济、政治与社会空间。然而,在建构的过程中,国家机能变质,国家功能动摇,尤其在政治文化空间,全球化与"国家主义"之间形成一种紧张状态。正是在这种复杂的连锁性与不确定性共存的情况下,对全球化自然会有两种不同的评价。1996 年在法国里昂举行的西方 7 国首脑会议上第一次提出全球化的"光"与"影",并强调对这一问题采取共同措施的必要性。[①]

---

① 西川潤「21 世紀の市民社会」、(日)『軍縮問題資料』2004 年、第 2 期、第 51 頁。

（一）全球化的贡献

以经济为例，历史演进中的世界经济相互依存，并在全球化进程下逐渐增强，其经济规模也不断扩大。

表 2　主要地域的产品输出

	1870 年	1913 年	1950 年	1973 年	1998 年
西欧	8.8	14.1	8.7	18.7	35.8
西方国家	3.3	4.7	3.8	6.3	12.7
东欧与前苏联	1.6	2.5	2.1	6.2	13.2
拉丁美洲	9.7	9.0	6.0	4.7	9.7
亚洲	1.7	3.4	4.2	9.6	12.5
非洲	5.8	20.0	15.1	18.4	14.8
其他	4,6	7.9	5.5	1.5	17.2

资料来源：青木一能『地球型社会危機』、（日）芦書房、2005 年、第 17 页。

以上数据表明，通过全球化来扩大世界经济相互作用的规模，国家主义的经济模式向全球生产和交换的经济体系转换。在发达国家，重新构筑后工业化的经济结构，制造业生产通过跨国公司向发展中国家转移，从而形成新的国际分工体制。尤其是总人口 30 亿的 24 个发展中国家加入全球化市场，致使制造业产品出口成倍增长。24 个发展中国家的制造业产品出口，1956 年为 15%，1995 年上升为 80%。从世界银行的统计来看，加入全球化市场的中国、匈牙利、印度、马来西亚、墨西哥等国家实施高度开放的贸易投资政策，通过一系列战略改革，扩大了劳动力市场，从而实现了经济增长与贸易的良好循环。

根据世界贸易机构（WTO）的统计，从关贸总协定（GATT）实行以来的 50 年，全球性的商品贸易，每年以 6% 的速度增长，增长了 18 倍。商品的生产量每年以 4.2% 的速度增长，即增长了 8 倍；全世界商品贸易占国内生产总值的比率从 7% 扩大至 17.4%；1998 年世界贸易总计为 6.6 万亿美元，其中 5.3 万亿美元（80%）是商品、1.3 万亿美元（20%）是商业服务。从经济增长规模来看，每年平均增长的 GDP 是 1.9%；从收入来看，1998 年的平

均收入是 1948 年的 2.5 倍。① 所有这一层面的发展,可以称之为全球化的
"光"而得到高度评价。

然而,全球化给发达国家带来的经济繁荣,主要来自对国内农业保护政
策的结果。20 世纪 70 年代初期到 90 年代末,发达国家的商品出口比率从
58.8%上升至 66.3%,与此同时,发展中国家的出口商品,在 70 年代初期
是 31.5%,而 90 年代减少到 26.3%。发展中国家的市场占有率在减少,咖
啡、糖、棉等传统的商品价格持续下落,其主要原因是富裕国农民能够获得
政府对企业的补助金。

(二)全球化的逆向推动

全球化的另一方面,约占 20 亿人口的发展中国家陷入了负增长,在世
界经济体系中被置于边缘化。例如,包括非洲和前苏联等国家在内,在新的
国际分工体制下,一次性产品大幅度出口,从而对一次性产品出口的依存度
不断增强。然而,如何确保国内珍贵的一次性产品的资源,它成为国内权力
的源泉,从而引发国内纷争。在非洲,从 1990 年开始内战频发,而绝大多数
的内战与对资源的掠夺有关。纷争的多发,导致国内经济衰退、贫困与社会
混乱、政治不稳定,而这一现象又进一步加剧国家持久的纷争,最终陷入恶
性循环。

一般来说,内战频繁的国家,自然禀赋的条件也不会太好,而一次性产
品出口导致的资源破坏,致使这些国家永久地锁定在最贫国地位。于是,内
战不断,国家陷于绝境,而且,这一混乱不仅仅是一个国家的问题,难民的流
出,给邻国带来连锁的灾难。

21 世纪的世界,全球化导致发展中国家的两极分化,也就是"胜者"与
"败者"的两极化。国际上南北问题的矛盾更加激化,从世界人口、世界收
入水平来看,南北问题被称作"香槟酒杯型结构",上面是最富裕阶层,下面
逐渐走细的部分表示在不同生活水平的世界人口,最细的部分表示最贫困
阶层。世界人口分布与收入状况数据如下。

---

① Jeremy Seabrook 著、渡辺景子訳『世界の貧困』、(日)青土社、2007 年、第 46 頁。

表3　世界人口与收入状况

世界人口		占世界收入水平
最富裕层	20%	87.7%
第2位	20%	11.7%
第3位	20%	2.3%
第4位	20%	1.9%
第5位	20%	1.4%

资料来源:青木一能『地球型社会危機』、(日)芦書房、2005 年、第 21 頁。

当然,世界银行也指出,平均收入 1 日 1 美元以下的绝对贫困数有减少的趋势,但至少还有 12 亿人左右,其中包括世界最富裕的美国的贫困数 4000 万人。如果以 1 日 2 美元为标准的话,贫困数应该是 24 亿人左右。今天的世界,富裕与贫困形成对极的结构状态,在世界经济日趋活力的背后,贫困的阴影难以驱散。

全球化促使国家机能转变,几乎所有的国家都在建构以社会保障与福利政策为核心的社会安全网,然而,政策转换的背景,一个相同之处是国家与市场的平衡力。由于全球金融市场发展,资本流动性增强,国家政策被迫向市场中心转换,如抑制财政赤字、规制社会财富、直接税减轻、民营化以及劳动力市场的放松规制等等,这些都是政府政策优先考虑的。但是,国家已经融入了全球化的体系内,传统的国家活动,如国防、经济管理、保健、法与秩序等等,在这些传统领域,对于一些问题的处理,政府很难从国家主义的层面来考虑,而更需要从多国协调的角度去实施。于是,政府政策选择的范围逐渐狭窄,与国民意愿之间的距离逐渐扩大,双方的调整将会变得很曲折。而且,多国间协调往往在制度化方面是不完善的,在绝大多数国家,国家与市民社会之间的关系也出现一种不确定的状态。

还不仅仅如此,全球化的动向与世界各国的经济命运紧紧相连,一旦发生经济危机,它必然带来全球的、连锁的影响,可以说,全球酿成了一种命运的共同体。2008 年的美国金融危机就是典型的案例。

　　在上述国际、国内两个层面的非均衡状态下,非政府组织应运而生,它包括国际、国内两个层面的非政府组织,或者是更高层次的地域性的国家间协定或者机构。可以说,全球化进程中的非政府组织超过了现代社会组织的规模与形态。这是对全球化的一种应对能力。21世纪的市民社会,这种全球化的应对能力越来越显得重要。

　　全球化的"光"和"影",正负的交织,各种力量的相互作用,使前景变得越发不可预测,传统的现代国家将在深层次的结构层面发生变化,这就是21世纪全球化趋势。

四、全球化与反全球化

(一)全球化含义

　　全球化作为一个特殊用语,盛行于1990年,并逐渐成为当今世界各国政府决策的关键词之一。全球化是指跨越国家的商品、服务以及劳动力的流动,其动因是跨国公司的多国生产、多国交易所带来的资本、技术以及人才的流动。

　　有关全球化的意义,政治理论家 D. 毕尔特与国际关系分析家 M. 马库如认为,全球化不仅仅是指社会相互作用的规模与范围扩大,它还表现为对各国的冲击力呈日趋增强的趋势;社会理论研究家 J. 汤姆森把全球化称作"复合的结合性",并认为,全球化具有近代社会生活的特点,相互结合与相互依存是近代社会特点的体现,而在网络社会急速发展的状态下,"复合的结合性"更趋紧密。安全保障专家 J. S. 纳依从环境的视角探索全球化,他认为,在网络社会,资本、财富、信息、人以及与环境关联的疾病、公害也呈全球扩散的趋势。[①]

　　在各个层面对全球化诠释的基础上,一种共识逐渐形成,那就是:全球化与世界的相互依存,在一个超大陆的范围内,网络的建构、时空的短缩、全球化的"光"与"影"形成一种连锁的反应。然而,全球化的影响并不是均质

---

① 青木一能『地球型社会危機』、(日)芦书房、2005年、第12頁。

的,覆盖全球的网络化也不是均质的,那么,是否能形成协调的世界社会?在全球化统合的进程中,如何抵御文化与文明的扩张与收缩? 这一系列问题都是全球化所关注的。例如,在经济全球化过程中,随着市场的崛起,社会相互作用与组织化脉络呈现不断变容的过程,由此产生错综复杂的、难以解决的一系列问题。作为边缘化的大量人群将给既定的网络结构投入大量的混乱要素,它影响到网络社会的稳定性。也就是说,稠密的网络社会内在的不确定性呈不断放大的状态,反全球化也是从这意义上产生。

(二)全球化起因

从历史的视角来看,全球化已经经过了几个世纪。然而,从以上所述的"复合的结合性"方面来看,地球规模的人、资金、物、信息流通以及网络信息的构筑,等等,它演绎了19世纪末形成的、并延续至今的全球化形态。

从贸易、人口流动、资本投资等指标来看,全球化可以分为三个时期。第一时期从1870~1914年,即第一次世界大战以前,这被称之为全球化的第一波。第一波的全球化是从帆船到蒸汽船转换,由于蒸汽机的发明,运输成本下降,关税也随之下降,由此推动世界贸易增长,出口占世界收入的比重达到8%。人们寻找更好的工作机会的愿望,推动了大规模的移民。全世界大约有10%的人移居到新的国家。欧洲有6000万人移居到北美和其他新大陆。随着第一次世界大战的结束,世界进入了一个保护主义时代,建立了关税贸易壁垒。世界经济增长停滞了,出口在世界收入中的比重跌至1870年的水平。

1945~1980年称之为全球化的第二波,第二波与终结第一波的国家主义对抗,在战后国际主义推进下开始了全球化进程。为了消除贸易壁垒,欧洲、北美和日本通过一系列多边贸易的开放举措恢复了贸易关系,从而实现了发达国家之间的一体化。这次浪潮主要特征是:发达国家的经济合作取得了快速的经济增长,然而,大部分发展中国家没有得益于这个一体化的浪潮。

第三波全球化浪潮始于1980年,是由大量的、试图通过国际贸易吸引外国投资的发展中国家推动的。第三波的全球化由以下因素促成。

第一,规制改革、民营化等一系列新公共管理的改革给各国经济政策带来巨大变化。一方面,发达国家对制造业产品实施一系列关税优惠政策;另一方面,一些主要发展中国家采取了与全球化相协调的国内政策,如发展中国家的贸易自由化以及为了吸引外资所出台的优惠政策。

第二,运输、通信技术的进步。集装箱化与空运提高了运输速度,新的信息通信技术致使长距离的网络化供给成为可能,从而使投入与产出的成本最小化。数字化信息致使高新技术迅速从发达国家向发展中国家转移,使所有类型的信息传递,没有时间和空间的障碍,不同类型的信息可以通过同一网络进行传送。

第三,冷战终结给国际政治带来了巨大变化,1990 年前后的冷战终结是促进全球一体化的政治背景。冷战世界处在一个封闭、隔离的状态,在这一状态下存在着从社会主义到自由市场经济等不同的经济形态以及不同的社会文化模式。然而,随着冷战的终结,封闭、隔离的状态不复存在,市场经济作为"胜者的理论"在全球推进,从而揭开了新一轮全球化浪潮的时代序幕。

可是,这些仅仅是全球化的表象,更深层次的意义是:随着市场经济扩大,来自国家层面的规制改革加速推进,市场开放、小政府、民营化等等,与经济自由主义并行的政府改革向全球推进。

(三)反全球化

全球化的"正"与"负"两个层面是 21 世纪初世界经济秩序的主要因素。全球化促进资源与资本集中并带动技术创新,从而促进经济繁荣。可是在其反面,世界规模的贫困、地域两极分化(南北问题、南南问题)、环境破坏等一系列现象与全球化结伴而来。与此同时,对全球化反思的诸因素也逐渐显现,并逐渐成为一支反全球化的力量。反全球化主要来自三种不同的力量。

第一,地域主义。在这里,地域主义包括二层含义,其一,建构地域合作体制,加强地域内国家间联系。如欧盟、东盟就是属于这一形式。其二,国家内跨国境的地方合作,缔结相互交流与合作关系,这也被称之为"地域主义"。地域主义对第三者而言,是一种具有差别性的地方保护主义,它与全球化产生矛盾。可是,在全球化的今天,地域如何生存? 一系列的负面因素使得地域主义作为全球化对策而进入政策视野。当 WTO(世界贸易组织)的贸易自由化进入困境的时候,各国把视角投向 FTA(两国或多国间的自由贸易协定)。近年来东亚经济圈(东盟 10 国加日本、中国与韩国)的路径探索是地域主义的生动案例。

第二,与全球化并行的市场原理主义的影响力逐渐增大,与此相关的是贫富分化格差的同时增大,而美国政治的、军事的控制力在左右这一趋势的走向。然而,反全球化意味着人们对美国这种控制力的反感,反美恐怖活动由此而来。可以说,9.11 事件对全球化产生巨大影响,全球化与美国的安全保障思想紧密联系,美国以单边主义代替国际协调主义,以经济帝国主义代替传统的外交政策。问题是,恐怖主义的资金源来自国际资金的支持,正是从这意义上来说,恐怖主义是全球化产生的一种负面因素。

第三,市民社会对全球化负面因素的纠正,并逐渐形成市民运动。全球化是由跨国公司推进的,而营利动机贯彻这一过程始终。于是,地域与贫富差别的悬殊、经济投机横行、生态恶化、失业等一系列问题在全球蔓延,这些都被称之为"市场失败"。1995 年由联合国主持的世界社会开发最高首脑会议(WSSD)在丹麦的哥本哈根召开,会议专题研究世界性的社会问题。WSSD 宣言中指出:世界的社会问题——贫困、失业、社会分裂等一系列问题的解决,不能仅仅依靠政府力量,市民社会的参与、政府与市民社会合作,才是形成社会发展的环境条件。会议通过的《宣言》做出了如下承诺:创造一个能够使人民实现社会发展的经济、社会、文化和法律环境;达到消灭世界贫困的目标。

由此可见,在这次世界社会发展首脑会议上提出的社会发展(social development),一方面是指社会问题的解决,另一方面,它又是指市民社会发展。全球化的营利动机、市场经济竞争至上的倾向越来越严重,而纠正这一倾向的非营利动机、志愿者服务、权利意识等等的市民社会的作用也越来越显得重要。首先,对于在全球化进程中不断增大的贫困、失业以及逐渐边缘化的"社会弱者",地域社会是一种解决的方法。其次,市民社会的参与是解决社会问题的又一路径。例如,在1999年科隆的世界首脑会议上,由于NGO的呼吁,最终取消了最贫穷国的债务。20世纪80年代以来,"政府失败"致使市民社会在世界经济社会的作用受到高度关注。

五、世界贫困构图

今天的贫困与以往的贫困不同,它不是一种自然的贫乏,而是富人获得了更多的优先权利而导致了两极的分化。世界银行《2006年世界发展报告》指出,公平性的基本定义是人人机会均等……我们的目标不是追求结果平等,而是扩大对贫困人口的医疗、教育、就业的资金通道。显然,公共行动在谋求扩大那些最缺乏话语权、资源和能力的人群的机会(世界银行《2006年世界发展报告》)。

据美国最大投资银行Gorudomann·Sakkusu2007年报告,金融危机爆发前,支付银行职员的年薪达到200亿美元,职员总共3万人,平均每人的收入约66万美元。可是,美国没有加入健康保险的,没有条件去医院看病的人接近5000万人。[①]

随着经济全球化的推进,贫困也随之扩大,主要表现在:第一,世界金融经济的不稳定因素所产生的掠夺性贫困;第二,产生贫富分化的"贫富分化机能"作用的结果,"中产阶层消失",从而产生社会的两极化现象;第三,地球污染加速、全球食品污染的连锁反应所出现的环境型贫困。

(一)世界贫困扫描

全世界有8.4亿以上的人处于营养不良状态;

每年有600万不满5岁的幼儿因营养不良而死亡;

全世界有12亿人生活在一日不足1美元的状态下,世界人口的一半生活在一日不足2美元的状态下;

世界上1%最富裕阶层的收入相当于57%最贫困人群的收入;

---

① 中谷巌『資本主義はなぜ自壊したのか』、(日)集英社、2008年、第16頁。

发展中国家 1000 人中间有 91 名小孩未满 5 岁而死亡；

每年有 1200 万人因水缺乏而死亡，11 亿人喝不到干净水，24 亿人缺乏卫生设备；

发展中国家有 1.13 亿以上的孩子无法接受基础教育，其中 60% 是女孩；

世界上有 4000 万人患艾滋病；

全世界 70% 的女性处在绝对贫困状态中；

世界女性工作收入占全世界工作收入的 10%，但她们的资产不到世界资产的 1%；

世界上最富裕的 2000 人的资产占世界人口总年收入的 41% 以上。根据联合国的人的发展指数统计，世界最富裕阶层 20% 的收入是 20% 最贫困阶层的 150 倍。1960 年，全球 20% 最贫困阶层的收入占全球收入 2.3%，1991 年这一比率减少到 1.4%。① 产业革命以来的 200 年，贫民的安置一直是政策制定者们最为关注的事。根据贫困削减战略 UNCTAD 报告，全球化的宗旨是通过持续的经济发展，减少后发国家的极贫数量，可是，事实上这一目的并没有达成。报告指出，有 10 亿人在接受政府的无偿援助和债务救济，几乎所有的《贫困削减战略计划》都是通过宏观经济政策来提高家庭平均生活水平，换句话说，世界性的削减贫困方法仅仅是经济增长。

如何测量贫困？在后发展中国家，人的脆弱性指标，如营养、保健、教育、成人识字率等等基准，都是测量贫困的变量，这又与低收入指标（人均 900 美元以下）相关。

1. 消费测量

世界人口最富裕层的 1/5 消费了世界肉、鱼的 45%，而最贫困的 1/5 消费的肉、鱼仅仅是 5%；世界人口最富裕层的 1/5 消费了总能源的 58%，而最贫困的 1/5 消费的能源还不到 4%；世界人口最富裕层的 1/5 持有全球电话的 74%，而最贫困的 1/5 所持有的电话仅仅是 1.5%；世界人口最富裕层

---

① 　Jeremy Seabrook 著、渡辺景子訳『世界の貧困』、（日）青土社、2007 年、第 36 頁。

的 1/5 所消费的纸占全球的 84%,而最贫困的 20% 所消费的纸仅占全球的 1.1%;世界人口最富裕层的 1/5 拥有全球 87% 的汽车,而最贫困的 1/5 所拥有的汽车不到 1% 。[①]

2. 识字能力

世界有 10 亿成年人不能读书,其中 2/3 是女性,98% 生活在发展中国家,其中 52% 在印度和中国;撒哈拉以南的非洲,小学生在校人数,1980 年从 58% 减少到 50%;发展中国家 45% 的孩子无法上学;识字率不足 55% 的国家,平均收入为 600 美元;识字率从 55% 上升到 84% 的国家,平均收入在 2400 美元;识字率从 85% 上升到 95% 的国家,平均收入一般在 3700 美元;识字率在 96% 以上的国家,平均收入一般在 12600 美元。

3. 寿命

最富裕国的平均寿命,1950 年是 67 岁,1995 年为 77 岁;发展中国家在同样时期的平均寿命分别为 40 岁和 64 岁;后发展中国家,从 36 岁延长至 52 岁,可是在非洲的大部分地区,由于艾滋病的传播,平均寿命进一步缩短。

(二) 美国模式的全球化与美国模式的贫困化

美国模式——压倒一切的富裕形象,当美国模式向全球推进的时候,国内的贫困人群却呈膨胀态势。

1. 中流社会的消失

一个制造业大国,制造业工人是中层收入阶层,制造业工人形成中流社会砥柱,由此推动制度变迁与环境改善。从 20 世纪 80 年代以来,美国信息化社会的快速发展,制造业逐渐衰退,于是,收入差距扩大,贫富社会再现。

美国中流社会变质开始于 1981 年的里根政权,里根一系列的改革,如"小政府"、高收入者的减税等等,对于刺激美国经济的活力来说,是有一定成功意义的。然而,里根改革之后的 30 年,美国社会的两极分化扩大,由此而来的是中流社会消失、医疗福利后退等一系列问题。根据 Tomasu bikatixi

---

① Jeremy Seabrook 著、渡辺景子訳『世界の貧困』、(日)青土社、2007 年、第 40 頁。

与 Emanyueru Saezu 的著名研究,在 2005 年,美国 1% 富裕阶层的收入占国民总收入的 17% 以上;美国 0.1% 的超富裕阶层占全美国收入的比率是 7%。以上数据在里根政权之前分别是 8% 与 3%。①

这 30 年贫富分化的过程中,美国大企业 CEO 的年薪金额却逐年走高。20 世纪 70 年代,美国最具代表性的大企业 102 家,高层经营者年薪是本企业职工平均工资的 40 倍,可是到了 2000 年,这一比例一跃超过 367 倍,而且,这一时期的所得税率是大幅度下降的。②

再来看企业职工的工资收入,收入的平均值是在提高,可是靠近收入中央值的群体,也就是中流层的收入,在近 30 年几乎没有什么变动。中流阶层实际上已经被低收入阶层所吸收。贫困线如何设定?在英国,贫困线设定在中位收入的 60%,如果有钱人更加富裕的话,收入的中央值就上升,多数的人就成为贫困。这一定义的测定促使贫困不断地向好的方面变化。在这里,贫困不是指生活手段的消失,而是指经济的实力,致富的能力。

2. 美国的非法移民

美国大约有 600 万非法移民,农业劳动力匮乏是其中一个原因。中间商向农场雇主贩卖非法移民,农活的工资低下,可是应该向中间商支付的费用却不断上涨,如果无法支付中间商的费用,那只能通过劳动来偿还。可是,由于警察对农场非法劳务的管制,这些人又被驱赶到城市。在加利福尼亚、纽约、佛罗里达、德克萨斯等各州的城市,这些非法移民都在从事家务劳动、季节工、小商小贩等各种低工资的工作。

根据美国移民局统计,在非法移民中占最大比例的是墨西哥人,占全部移民的 54%。在加州,一年总计 20 万的非法移民中,墨西哥 6.4 万人、菲律宾 2.3 万人、中国 1 千人。纽约州的非法移民共有 15.4 万人,其中,前苏联 2.5 万人、多米尼加 2.1 万人、中国 1.1 万人。佛罗里达州共有非法移民 7.9 万人,古巴 2.2 万人,等等。③ 在美国,最贫困阶层中绝大多数是非法移

---

① 中谷巌『資本主義はなぜ自壊したのか』、(日)集英社、2008 年、第 44 頁。
② 中谷巌『資本主義はなぜ自壊したのか』、(日)集英社、2008 年、第 44 頁。
③ Jeremy Seabrook 著、渡辺景子訳『世界の貧困』、(日)青土社、2007 年、第 19 頁。

民。

3. 权利的贫困

众所周知,失业产生贫困,可是,即使充分就业,如果无法支付最低生活费用的话,同样产生贫困。1999 年马萨诸塞州的各个食物仓库的食物服务需求比往年增加 72%;威斯康新州的"极贫"阶层(低于美国贫困线的50%)获取食物分配券的比例达到过去 10 年的 3 倍。2000 年 8 月,1970 万人申请食物分配项目。根据美国市长会议 2002 年的报告,申请紧急粮食援助的人平均增加 19%,而其中的 48% 是有孩子的家庭。据美国最大的粮食银行网络披露,2001 年有 2330 万人接受食物券,这一数据与 1997 年比较,增加了 200 万人以上,其中 40% 是工人。①

贫困来自于社会公正的缺失。在一个"实力主义"的社会中,不具备获得高薪才能的群体,其结果是悲惨的。美国社会学家 Ritydo・Senetto 曾经说过,"机会与同情的结合,就是一种不平等的结局"。罗斯福新政以来,美国政府对有能力的贫困者实施教育培训,这一战略基本上是成功的。福利国家同样产生出黑人中产阶层,而政府起了很大作用。然而,"实力者优惠待遇"致使有实力的、无实力的人之间产生了巨大落差,"机会难以惠顾"的群体在过去 40 年间生活水平普遍下降。根据 NCOA(全美老年人协议会)的记事报道,在世界最大的食物生产国美国,老年人饥饿指数增大,全美多个州实施面向低收入者的医疗保险制度(Medicaid),费用由政府与州各出一半,可是,由于这方面的开支逐渐增大,致使政府财政陷入困境。现在 65岁以上老人中间,约 3/4 的人过着独居生活,这些老年人的医疗费用绝大多数用在食物等其他生活必需品方面,而没有能力去支付医疗保险费。

(三)日本:从"一亿中流社会"到"贫困大国"

全球化激流中的日本也没有例外,由"次贷"引发的金融危机直接影响到日本传统价值,人与人之间存在的相互信赖关系逐渐消失,对日本来说,这是最严重的问题。

---

① Jeremy Seabrook 著、渡辺景子訳『世界の貧困』、(日)青土社、2007 年、第 23 頁。

日本是崇尚平等的国家,日本企业职工的团体意识,致使企业的发展成果也能顾及到员工。战后日本被称作"一亿中流社会"(平等社会),与外国企业不同,日本企业职工没有一种被企业"榨取"的感觉,公司的凝聚力促进了生产力的提高。

可是,近数十年来,为了唤起公司职员与管理层的活力,日本企业积极引进美国式的成果主义,企业认为,贫富分化能激起人的干劲,于是,日本以低工资改革进入全球化进程。致使低工资工人供应过剩。

1. 贫困率的"中央值"统计方法

2008 年 10 月发表的 OECD(经济合作开发机关)的报告(Growing Unequal Income Distriution and Poveerty in OECDCoutries)披露,20 年来日本收入分配发生了重大变化,其中重要的是"贫困率"。所谓"贫困率"是指各国工人工资收入仅仅是中等收入者工资一半以下的贫困者在全体工人中的比例。在这里,使用的是中央值,它是指一国国民收入沿着数量的多少顺序排列,而在其中央位置上的收入额(Median Income)就是中央值。为什么不用收入的平均值而用收入的中央值呢?如果把收入单纯地平均计算,一年收入数百亿日元的超级富翁只要有一二个的话,该集团全体收入的平均值自然就高了。在这种情况下,平均值提高了,但中央值没有变化。所以,了解国民生活水平的实际状态,不能用平均值的方式,而收入的中央值是一种比较科学的方法。

以"中央值"方法看日本贫困状况,从 1985 年到 2005 年贫困率的变化,基于税收扣除与社会保障支付前后二个阶段的比较(再分配前与再分配后)。

表4 主要发达国家的贫困率比较①

国家 百分比(%)	1985 年		2005 年	
	再分配前	再分配后	再分配前	再分配后
日本	12.5	12.0	26.9	14.9
美国	25.6	17.9	26.3	17.1
法国	35.8	8.3	30.7	7.1
德国	26.9	6.3	33.6	11.0
英国	—	—	26.3	8.3
瑞典	26.1	3.3	26.7	5.3
挪威	18.7	6.4	24.0	6.8
丹麦	20.1	6.0	23.6	5.3

从以上表格来看,在再分配之前,日本的贫困率,1985 年是 12.5%,在当时的 OECD 国家中是最低的,然而,20 年以后的 2005 年,日本的贫困率(再分配前)上升到 26.9%,20 年贫困率增长 1 倍以上。其他发达国家的贫困率在 2005 年基本维持 23.6% ~30% 前后,像日本这种贫困化急剧跳跃的国家是没有的。

再来看"再分配后"(税后,或者是政府转移支付以后)的贫困化比较,表中显示 2005 年再分配后的贫困率,日本是 14.9%,再分配前的贫困率是 26.9%,再分配后的贫困率为 12%。这一数据与欧美发达国家比较,高福利国家的挪威、丹麦等北欧国家的贫困率明显低于日本;就连贫困率较高的德国,也只有 11%。

2. 从基尼系数看日本的不平等

Gini coefficient(基尼系数)是测量收入不平等的尺度。对于贫困率的测量,必须包括中等收入在内的整体的数据。如果所有人的收入都是平等的话,基尼系数应该为零;相反,如果一个人垄断了所有人的收入,那么系数为 1。所以,现实的基尼系数都是在 0 ~1 之间。基尼系数优点在于把社会全

---

① 中谷巌《資本主義はなぜ自壊したのか》、(日)集英社、2008 年,第301 頁。

体收入的不均衡度以数值的形式表现出来。

我们来看主要国家的基尼系数,同样是 20 年的跨度,以再分配前的收入与再分配后的收入来表示。由此可见,日本的基尼系数在这 20 年上升幅度很快,再分配前约上升了 0.1,再分配后上升约 0.017,收入格差呈扩大趋势。与欧美主要国家比较,日本明显高于美国、英国;北欧国家的基尼系数也低于日、英、美等国家。

日本基尼系数扩大的主要原因是退休人员的大量出现,这涉及到养老金与医疗保险等一系列问题。近年来,得不到医疗保险制度保障的人逐年增多,据统计,未加入医疗保险的人大约在 20% 左右。显然,这是贫困层增大的原因之一。

表 5　主要发达国家的基尼系数比较[①]

国家　　百分比(%)	1985 年		2005 年	
	再分配前	再分配后	再分配前	再分配后
日　本	0.345	0.304	0.443	0.321
美　国	0.404	0.338	0.457	0.381
法　国	0.524	0.313	0.482	0.281
德　国	0.441	0.257	0.507	0.298
英　国	0.440	0.325	0.460	0.335
瑞　典	0.404	0.198	0.432	0.234
挪　威	0.354	0.234	0.433	0.276
丹　麦	0.373	0.221	0.417	0.232

3. 日本型贫困的由来

战后日本制造业以一流品质的产品而获得国际竞争力,而这一竞争优势来自日本独特的企业文化。在日本企业,职工与管理职之间并没有"阶级的"障碍,共有的价值观念形成了企业共同体。终身雇用、年功序列制度下的就业与收入保障了职工生活,由此而来的是职工对企业的忠诚。

---

① 中谷巌《資本主義はなぜ自壊したのか》、(日)集英社、2008 年、第 301 頁。

然而,来自美国的经济学、经营学对日本公司那种共存共荣的制度提出了批判。美国模式的市场主义认为,劳资协调方式,终身雇用、年功序列的职工生活保障体系等等,从经济合理性来看,是一种非效率的、不合理的管理方式。为此,废除日本传统雇佣体系,引进以能力主义、成果主义为基础的人力资源管理成为日本公司制度改革的主要内容。改革对社会带来巨大冲击,企业为了增强竞争力,减少正式社员,扩大派遣职工与合同工的数量。总之,以低成本的雇用形态降低企业劳动成本。今天,日本职工的1/3是非正规雇员。

雇用方式的巨变冲击了公司福利体系。长期以来,日本社会稳定靠的是"公司型社会"的保障,"公司福利体系"构筑了现代福利保障体系,这一体系一直持续到20世纪80年代。90年代日本经济进入衰退时期,公司共同体随之崩溃。

(四)中国扶贫更加艰巨

世界银行2009年5月发布的《中国贫困状况评估报告》指出,在过去的25年,中国扶贫工作取得的成果喜人,但减贫任务依然存在,在某些方面比以前更艰巨。

按照官方贫困标准计算,中国农村贫困率从1981年的18.5%下降到2004年的2.8%,农村贫困人口的数量从1.52亿下降到2600万。按照世界银行的贫困标准,平均每人每年888元计算,中国的扶贫工作成绩显著。从1981~2004年,贫困线以下的人口所占比例从65%下降到10%,贫困人口的绝对数量从6.52亿下降到1.35亿,将近5亿人摆脱了贫困。[①]

但是,根据2005年的直接问卷调查数据显示,中国仍然有2.54亿人每天的消费少于1.25美元(按2005年美元购买力平价)。在农村,70%的收入贫困者以及40%的消费贫困者是由于各种风险造成的。

人们把扶贫基于经济的增长,可是,经济增长的扶贫效应开始下降。在

---

① 世界银行东亚及太平洋扶贫与经济管理局:《中国贫困状况评估》,《社会科学报》2009年5月21日。

第六个五年计划期间,经济每增长1个百分点,就能使贫困率下降2个百分点以上,然而,在第十个五年计划期间,贫困率对经济增长的弹性系数已经下降到1%左右。[①]

在收入增长与扶贫方面,一般来说,收入增加能够获得教育与健康的改善。可是,在农村,由于卫生与教育等公共服务的市场化与商业化,农村家庭教育与卫生支出的负担越来越重,从1988~2003年的15年,农村家庭教育支出比例占总支出比例从1%上升至8.3%。[②]

从20世纪90年代中期开始,中国开始出现大批的下岗工人。1994~2006年期间,国有企业与城市集体企业的就业人数从1.45亿下降到7200万,减少了7300万人。[③]

原因是显而易见的,中国农村贫困人口的特征是依赖于单一的农业生产,在农村环境污染日趋严重的情况下,常常表现出教育水平较低、健康较差的特征。近年来教育费用和医疗费用居高不下,致使贫困群体背上了沉重的负担,最终导致"越穷越病、越病越穷"的恶性循环,甚至出现了"因教致贫"的社会现象。

对发展中国家来说,发展不仅仅是经济增长,贫困、不平等和失业的减少或根除也是发展的重要内容。在经济增长过程中,我们必须看到的是:贫困是否发生了变化?失业是否发生了变化?收入是否发生了变化?如果这三方面都从高水平向低水平下滑的话,那么,这个国家必须调整发展方向;如果上述三项指标中的一种或两种,甚至全部三项都在恶化的话,即使这个国家的人均收入在翻番,也不能说它在发展。发展,首先是满足人类一些共同的基本需要,即维持生存所必需的,如食物、住房、健康以及与此相关的基本权利。如果这些基本需要不能得到满足,那就可以称为"绝对不发达"。

---

① 世界银行东亚及太平洋扶贫与经济管理局:《中国贫困状况评估》,《社会科学报》2009年5月21日。

② 世界银行东亚及太平洋扶贫与经济管理局:《中国贫困状况评估》,《社会科学报》2009年5月21日。

③ 世界银行东亚及太平洋扶贫与经济管理局:《中国贫困状况评估》,《社会科学报》2009年5月21日。

第二章 公司道德危机

——基于美国金融危机的视角

2008 年美国"次贷"危机是一场酝酿已久的道德危机。从表面上看,美国金融危机是来自金融机构的监管不力,而深层次的问题是经济学的道德理论建构。世人惊异地发现,被视为资本主义核心价值与市场经济基础的"诚信"居然是一场掠夺式的欺骗。由于借贷机构的道德缺失,致使道德风险遍及金融市场每一个角落,众多的会计欺诈、内幕交易等违规行为不断被媒体曝光。

更严重的是,现在发生的金融危机不仅仅是美国的问题,而是全球问题,因为全球形成了依存于美国的国际资金回流,通过长期证券投资流入美国的资金额始终呈现一种高增长态势。日本的美国国债持有量位居第一,中国名列第二。问题是,由美国"次贷"危机引发的全球性经济危机正在继续发展,资产泡沫一旦破裂,全球必将陷入债务危机。一旦金融诚信崩溃,必将触发全球公司道德危机。

新自由主义主张通过非规制的政治过程来扩大金融的影响力,政府把构筑良好的企业环境置于全球政治的首要位置,发达国家是如此,发展中国家也是如此。新自由主义理论加剧了公司道德危机,金融机构的非规制化致使全球市场充满了不确定性。

一、企业政治战略——公司道德危机的逻辑起点

今天的企业,仅仅以生产品质超群的产品已经不可能在竞争中完全取胜。传统的五种经济战略,即价格、质量、观念、市场调查、广告也不一定能

奏效,所以,必须再加上一种新的战略——政治力,市场上得不到的东西可以通过政治力得到。在美国,20世纪70年代以来,深刻的资本积累危机致使企业以更多的资金以及全国的组织网络去获得一种政治力,并以此获取国家权力的支持。

(一)资本积累危机与企业政治战略

从美国国内情况来看,第二次世界大战以后,为了确保国内的和平与稳定,政府着手建立劳资间的阶级协调体制,以建立国家、市场与民主主义的混合体制。美国两位社会科学家罗伯特·达尔(R. Dahl)与查尔斯·林德伯络姆(C. Lind Blom)把这一路径描述为:和平、宽容、福利与稳定。①

多种形态的国家都接受了一个共同的理念:国家必须重视就业、经济增长应该带来市民福利,为了达到这一目的,国家权力与市场过程必须步调一致。无可置疑,它包括了国家对市场的干预,"凯恩斯主义"实现了20世纪60年代西方国家高度的经济增长。政府对经济的积极介入,通过资本交易规则对自由资本实施一定的监控,并取得了较好实效。在经济循环方面,由于采用了凯恩斯主义的积极财政政策,宏观调控也取得了较好效果。可以说,通过政府干预,形成了有规则的、有伦理基础的经济市场。在美国,凯恩斯主义的政治经济结构被称作"被埋葬的自由主义",它是指公司的活动被置于政治的、社会的规制下,公司的经济产业战略被制约,有时被逆向推进。②

战后几乎所有的西方国家都不同程度地限制上层阶级的经济权力,工人收入水平有了较大程度的提高。在美国,收入最高的1%的人占国民收入比例,从战前的16%下降到8%以下,在资产价值方面,由于股票、不动产价格的急剧跌落,资产价值占GDP的比例从1965年的38%跌至1975年的

---

① R. Dahl and C. Lind Blom, *Politics Economy and Welfare: Planning and Politico – Economic Systems Resolved into Basic Social Processes.* New York: Harper, 1953.

② S. Krasner, *intermational Regimes.* lthaca, NY: Cornell University Press, 1983.; M. Blyth, *Great Transformations Economic ldess and lnstitutional Change in the Twentieth Century.* Cambridge University Press, 2002.

22%。①

20世纪70年代以来,深刻的资本积累危机致使"被埋葬的自由主义"在经济与政治两个层面逐渐陷入困境。在经济上,失业率与通货膨胀并存导致税收剧减,社会支出直线上升。世界各国的美元为了脱离美国统制,纷纷流向欧洲银行。1971年取消了固定汇率制,黄金失去了国际货币的基础机能,从而导致外汇市场动荡不安。英国在1975~1976年曾经接受IMF救济。如何重新构筑资本积累体系以克服危机? 以美国为代表的西方国家面临重大抉择。

资本积累危机致使经济精英与统治高层明显感到一种政治上的威胁。在美国民主党控制下的国会制定了大规模的规制改革,改革从环境保护到劳动安全以及公民权、消费者主权等一系列领域,但这些解决方法与资本积累要求相差甚远。在欧洲,希望通过协调国家主义和社团主义(corporatism)来实施国家规制,推进这一提案的是欧洲社会民主党,可是这也与资本积累目标不符。当时,一种意见是维护社会民主主义式的国家干预;另一种意见主张取消企业与财界的种种束缚,重新确立市场自由。这两极化之间的论证,到了20世纪后期,后者的意见逐渐占了上风。资本积累体系回归的条件如何确立? 统治阶层把视角转向新自由主义。从国际层面来看,作为新正统性的华盛顿体系(Washington Consensus)为新自由主义转换提供了制度保障。统治阶层为了维护在政治经济逐渐失去的权力和利益而转向新自由主义。

新自由主义以著名的政治哲学家哈耶克为中心,他们信奉19世纪后半期新古典经济学的自由市场原理,他们决心与国家计划制度以及凯恩斯主义进行一个世纪的斗争。20世纪70年代以后,新自由主义在政治领域逐渐显现出它的影响力,一个基本点是与经济自由主义并行的"小政府主义"。

---

① David Harvey著、渡辺治訳『新自由主義——その歴史の展開と現在』、(日)株式会社作品社,2007年,第28頁。

　　如何对政府行为进行"质"的制约？对企业界来说,运用国家权力是一个中心问题。尼克松政府任命的联邦最高法院鲍埃尔曾经在给全美工商会议的一份报告中对企业政治权力作了如下阐述:"……对自由的公司体制的批判已经过时,在美国,应该与破坏这一体制的行为抗衡,以此唤起美国企业界的智慧与才智,为了实现这一计划,必须建构具有长期目标的组织,以更多的资金以及全国的组织网络去获得一种政治力。"①

　　为了获取国家权力的支持,全美工商会议所的影响力不断扩张,在它名下的企业,1972 年是 6 万家,10 年后增至 25 万家以上。1972 年全美工商会议所建立 CEO 公司圆桌会议 BRT(Business Round Table),公司圆桌会议一年用于政治活动的资金达 9 亿美元。全美工商会议所凭借它雄厚的资金对联邦议会进行游说活动,并对政府、大学、媒体、出版界和法律界等主要机构采取攻势,以改变人们传统的思考模式。当时的政策智囊集团,如胡佛研究所、美国公司研究中心(CSAB)、美国企业研究所(AEI)等都设立了政策研究机构,这些机构都积极地向政府提供新自由主义政策。

(二)企业"政治活动委员会"

　　企业政治战略基于特定的经济基础、围绕特定利益、并借助于公共权力,以实现其特定权利。从 20 世纪 70 年代开始,企业政治战略的组织结构基本成型,其标志是建立企业"政治活动委员会"。

　　当时,企业政治战略是阻止制定保护消费者的劳动法则,并促使政府制定出有利于公司的税制和规制立法。为了争取共和、民主两党的支持,"政治活动委员会"应运而生。政治活动委员会是企业之间组成的政治资金团体。在美国,直接的企业政治捐款是不允许的,所以,企业组成政治活动委员会,以该委员会的名义向议员或政党捐款。"政治活动委员会"企图通过募集大量的资金来控制两大政党的财政,而予以法律支持的是 1971 年制定的"选举资金法"与 1976 年的宪法修正案。在宪法修正案的第一条首次规

---

　　① J. Court, Corporateering: *How Corporate power Steals your personal Freedom*. New York J. P. Tarcher/putnam, 2003: pp. 33 – 38.

定了企业有向政党捐款的权利。结果是显而易见的,民主、共和两党事实上已经依存于巨额的政治捐款而不能自拔。与此关联的是,"政治活动委员会"的数量从 1974 年的 89 个增加到 1982 年的 1467 个。①

(三)纽约财政危机与企业政治战略

20 世纪 70 年代发生的纽约市财政危机是实现企业政治战略的良好契机。纽约市在 20 世纪 60 年代发生"都市危机",急速发展的"去城市化"、贫困化从城市中心发生。与此同时,公务员数量的剧增与福利扩张,导致纽约市的收入与支出失衡。最初,金融机构通过借贷弥补赤字,可是到了 70 年代中期,投资银行拒绝纽约市政府拖欠债务,纽约市的财政被逼入困境。急剧恶化的财政状况致使公共福利以收益者负担的原则而被大幅度地削减,工资冻结、公务员雇用减少、自治体工会甚至把年金基金投资市债,等等。这就是纽约市的财政危机。为了获得投资银行的借款,新的政府预算管理机构以债权者优先为原则,赋予债权者对市税收有第一请求权。然而,这是对收入、财富与权力进行逆向分配的"抑制通胀战略"。当时"救市"的唯一方法是把创造良好的企业环境放在最优先的地位,如果市民利益与金融债权者利益发生冲突的话,政府向金融机构倾斜。

长期以来,企业政治战略是在公共政策的层面上来发挥作用的,而政府的"企业优先"政策致使行政与企业的关系事实上向伙伴关系转换,可是,这一转换的风险是巨大的。企业政治战略的功效在于把风险从市场向社会扩散,这是一种风险外部化的过程,企业"反社会行为"的表现。在金融市场,它成为金融道德危机的逻辑起点。

二、"企业化政府":公司道德危机的制度原因

资本积累体系回归的条件如何确立? 从 20 世纪 80 年代以来,传统官僚制范式遭到新自由主义抵制,而且,这一抵制逐渐成为美国主流的政治过

---

① David Harvey 著、渡辺治訳『新自由主義——その歴史の展開と現在』、(日)株式会社作品社,2007 年,第 72 頁。

程。

（一）新自由主义的理论与实践

1947 年,以学究主义为主的经济学家、历史学家和哲学家以著名的政治哲学家哈耶克为中心,创设了朝圣山学社协会（Mont Pelerin Society）。学会忠实于个人的自由理念,他们信奉 19 世纪后半期的新古典经济学的自由市场原理,他们认为,私利对财富与权力的渴望是人之本能最卑微的地方,可是它又是动员万人利益的最佳装置。新自由主义的宗旨是保护私有制、个人自由以及企业的活动自由,新自由主义对所有领域的国家权力抱有不信任感。可见,新自由主义的教义与凯恩斯的国家干预主义格格不入,新自由主义视野中的市场与国家是相互矛盾的。哈耶克在《自由的条件》一书中表达了他与亚当·斯密、李嘉图、马克思古典派理论以及凯恩斯主义的本质区别:"……不仅仅是对马克思主义的思想斗争,对社会主义、国家计划制以及凯恩斯主义的斗争也至少持续一个世纪才能获得成功。"

哈耶克创设的朝圣山学社协会获得了各种财政的支援。在美国,对所有形式的国家干预与规制天生具有一种抗衡本能的富人和企业精英组成一个旨在反对混合经济的阵营。他们担忧在战时构筑的指令性经济在战后全面推进,为此组成了政治防御。

20 世纪 70 年代以后,新自由主义在政治与学术领域逐渐显现出它的影响力。一个基本点是以经济为中心的自由主义;在社会结构的基本层面,新自由主义主张应该向以效率为中心的管理社会转换,在民主的制度层面,民主意义上的自由逐渐走向其反面——新自由主义从治安的角度把自由作为警戒的对象。

民主主义并不是新自由主义批判的对象,可是,新自由主义崇尚的自由经济活动以及对政治的不信任互为因果,所以,他们设置的政治边界自然约束了民主主义范围。新自由主义认为,市场的合理性由个人构筑,个人是自我决定的主体,个人为自我决定承担责任,而政治承担公共责任的范围应该缩小。

新自由主义对社会主义和经济学主流派的批判不仅仅局限于意识形态

层面,他们对经济学的知识结构也进行了大幅度修正。例如,哈耶克把矛头指向经济学的效率与自由的关系问题,他认为,个人行为的选择自由可以形成市场秩序,是形成"伟大社会(great society)"基本原理。"伟大社会"的知识向社会扩散,政府不可能掌握社会全体的知识,如果说政府可能,则只能是发生谬误的可能,而市场是利用和控制这些分散知识的最好方法。

新自由主义作为一种理论在全世界得以认可,是在20世纪70年代中期。1974年与1976年,哈耶克与弗里德曼分别获得诺贝尔经济学奖,致使新自由主义的货币主义在各个政策领域开始发挥现实的作用。当时,政策研究机构纷纷建立,这些政策研究室都是从朝圣山学会派生而来,它们有雄厚的财源,如伦敦经济问题研究所以及华盛顿的世袭财团,等等。美国芝加哥大学为新自由主义提供了广阔的理论平台,其中就有经济学家密尔顿·弗里德曼。

新自由主义作为国家层面上的政治经济正统原理来自1979年的撒切尔改革与里根改革。撒切尔改革缘起英国20世纪70年代的经济滞胀,以货币主义为基础的供给主义获得了政治家们的认可,改革带来的是,第一,撒切尔放弃了1945年以来确立的社会民主主义制度,福利国家的相关政策解体;第二,以公营住宅为首的公共企业民营化,而社会协同组织以妨碍经济为由被限制;第三,减税以及营造有利于投资的政策环境;第四,政府与工会形成对立态势。撒切尔的名言是:"社会并不存在,存在的是男人和女人";"经济学的目的是改变国民的信念"![1]

1979年10月美国进入里根执政时期,联邦储备基金理事会议长保罗·伯卡(Paul Polka)实行了金融政策的急剧变革。历史上的罗斯福新政是以充分就业为主要目的,它在广义上体现了凯恩斯主义的财政金融政策。20世纪70年代的美国,通货膨胀以两位数增长,实质金利出现负增长。保罗采取了一个"让美国走出滞胀危机的方法",联邦储备基金设置一个正的

---

① David Harvey 著、渡辺治訳『新自由主義——その歴史の展開と現在』、(日)株式会社作品社,2007年,第96頁。

利率水准,1981年7月上升幅度接近20%,这被称之为"保罗冲击"。"保罗冲击"把债务国逼进了破产深渊,迫使其他国家的中央银行从正统的凯恩斯主义政策向货币主义转换。

里根时代是批判"大政府"的时代,从航空、电气通信到金融,所有领域的放宽规制,为大企业开辟了无轨制的市场。由于对投资的优惠政策,促使资本从组织率较高的东北部和中西部向组织率较低的、规制较宽松的南部和西部转移,金融资本也逐渐向高收益率的海外输出。在市场,法人税下调,个人所得税的最高税率从70%下降为28%。这被称之为"史上最大的减税",可是带来的是社会不平等加剧。

(二)从"福特模式"到"丰田模式"

政府的新自由主义转型以企业转型为基础。20世纪70年代,企业面向市场的方式由"福特模式"向"丰田模式"转换。

传统企业面向市场的方式是以"库存方式"为主,也称"福特模式"。1913年亨利·福特在福特汽车公司首先推行泰罗制,从而形成"福特主义"。福特主义的企业组织结构呈现纵向控制模式,在这种模式下,统一标准规格以及制度规范,实现操作的可替换性,并有计划、最大限度地利用各道规范的工序来创造规模效益。从第二次世界大战后到20世纪70年代中期之前,欧美国家相继进入福特主义阶段。凯恩斯主义与欧美福利国家政策一般都以福特主义为基础。

"福特主义"最重要的制度形态是"管理制度化的劳资妥协"(工资劳动关系形态)。凯恩斯主义的介入,福利国家、消费者信用制度、管理货币制度、固定汇率制以及内需为主的经济等等,这些制度形态支持了20世纪70年代发达国家的经济增长。

20世纪80年代以后,企业面临市场的方式由"库存方式"向"订单方式"转换,即由"福特模式"向"丰田模式"转换。丰田模式是一种效率模式,它以"顾客导向"为特征,以"灵活生产"、"灵活消费"的JIT(just in time)运行机制为其宗旨,力求完成"多工序操作人员—多台机械—多工序流水作业"的工作流程。效率之上的组织结构与分权模式是丰田模式的核心之处。

丰田控制模式从纵向型向横向型移行,强调管理的自主权以及重视结果的责任模式。以这一模式"重塑政府",目的在于确立效率优先的行政目标,以实现政府行为的非官僚化、政府管理的非规则化。

（三）金融市场的"丰田模式"——"企业化政府"

在金融市场,以"丰田模式"来创设一个无规则的"场外市场",效率之上的组织结构与分权模式,这就是新公共管理的实践。20世纪80年代初期上任的里根政府在航空、电气通信、金融等领域放宽规制,除了规制工人的条款除外,所有规制都被视作妨碍经济增长的因素。在里根总统的指示下,行政管理预算局把过去以及当前的所有规则都做成本与效益分析,如果成本高于收益,便废除规制。里根的规制改革为大企业开辟了无规制的市场。例如,1930年的金融危机,美国投资银行衰亡,一度从金融领域消失。可是,战后的全球化,政府让投资银行复活,而80年代的规制缓和,投资银行重新成为华尔街的金融中枢。

20世纪90年代中期美国遭遇经济衰退,各州的财政赤字增至几十亿美元,此时,作为民主党主要智囊团的成员戴维·奥斯本与特德·盖布勒合作,出版了《改革政府——企业精神如何改革着公营部门》一书,书中提出了"企业化政府"。"企业化政府"得到了民主党自由派的高度评价,克林顿对此书作了全面推荐:"美国的每一个民选官员都应该读这本书,此书给我们提出了改革蓝图"。[①] 戈尔副总统领导的行政改革小组化了6个月时间撰写的研究报告,以及报告后政府采取的一系列措施,都是对"企业化政府"的回应。

"企业化政府"的主张是"小政府论"。"小政府"是新自由主义的一个标志性口号,但是它与美国崇尚自由之上的"最小国家"主张是不同的。当市场无法提供环境、卫生与基础设施等这类服务的时候,新自由主义也认同政府的介入,但需要强调的是,新自由主义所讲的"小政府"不是指政府规

---

① ［美］戴维·奥斯本和特德·盖布勒:《改革政府——企业精神如何改革着公营部门》,同敦仁等译,上海译文出版社2006年版,第3页。

模的一种"量"的改变,而是指政府行为,也就是对政府行为的"质"的制约。显然,新自由主义视野中的政府是以特定的目的、以统制的方法确立的,而市场能把握自由的秩序。由此可见,新自由主义的秩序观已经超出了经济学范围,它包括了法的原理和政治体制问题。

　　处于经济衰退的克林顿政府依赖于巨额的政治捐款,在主要的政策层面实施一系列有利于企业和金融界的新自由主义政策。克林顿政权的最好业绩是财政赤字的扭亏为盈,可是,在金融领域的市场主义方面,也许是实施得最彻底的。1998年11月发表的《金融市场总统令以及作业委员会报告》中,CFTC(期货交易委员会)曾提出过金融衍生产品的规制案,然而,法案遭到了财政部长罗宾、联邦储备委员会主席格林斯潘以及证券交易委员会主席莱布特的强烈反对。于是,金融衍生产品规制案被取消,期货交易委员会主席辞职。显然,民主党自由主义派掌控了政治运营的主动权,它唯一的宗旨是提供金融领域各利益集团的资金保障,这就是金融市场的非规制化,在美国,这被称之为"利益集团的自由主义"。

　　布什政权下的联邦政府实现了以企业为中心的政治结构转换,这是一个历史性的变化。罗斯福新政以来,社会分配机能与规制是联邦政府的两项基本职能。民主党在20世纪60年代建构了社会再分配制度,美国政治学家洛伊在1979年出版的《自由主义终结》一书中把社会分配机制称之为"第二共和制"。[①] 可是,布什政权下的联邦政府在社会分配方面却实施了一种逆向转换政策。在政治结构层面,向企业分权,构筑一个"以企业为中心"的福利国家;在经济层面,联邦资金的重点向企业利益倾斜,无限制的发挥公司活动的自由。布什政府把新自由主义"私"的理念扩大至公共领域,其真实的含义是把国家的规制部门都引入非规则的"私"的范围中,金融机构的非规则化就是典型一例。新自由主义主张中央银行等主要机构要抵制来自民主的压力,资本应该在各地域之间、各个国家之间自由的流动,

---

　　① 砂田一郎「ブッシュの保守主義政治はアメリカに何を残したのか」(日)『世界』、2008年2月、第61頁。

因此,必须取消妨碍资本自由流动的所有规制。2004 年 4 月 SEC(证券交易委员会)实施了大幅度的规制改革。在这场规制改革中,取消了五大投资银行的借入金限制,并容忍金融风险的自我管理,等等。这种自由放任的政策实际上放弃了证券交易委员会的监督权。于是,对于华尔街的金融活动,政府已经没有办法控制。

三、金融资本主义的"掠夺型"积累

20 世纪 70 年代以来,作为企业政治战略,美国贸易型财富积累体系开始向资本自由型财富积累体系转换,通过产业金融化的方式对财富格局重新分配,以夺回在政治经济中逐渐失去的权力和利益。这被称之为"金融资本主义"。

从产业资本主义向金融资本主义的转换过程中,"企业化政府"却发挥了一种"负"的功能,金融市场"公"权力的弱化直接导致"次贷"危机的发生。

(一)金融资本主义模式确立

翻开美国的历史,刚刚跨入 20 世纪的时候,这个国家还没有中央银行,1913 年成立联邦储备委员会,可以说,20 世纪初期才开始筹建中央银行。所以,传统的融资以直接金融为主。银行的地方贷款业务中心也是以证券这种直接的金融中心模式来运行,这就是历史上美国模式的金融体系。1929 年世界经济危机引发的股市暴跌,随着实体经济萎缩,银行业与证券业的一体化,投机风险剧增。于是,1933 年的美国银行法规定,银行户头与证券分离,银行不准经营股票业务和参与证券业。可是,1970 年以后,这一规制开始放宽。到了 20 世纪 80 年代,尤其 90 年代,"美国模式的金融体系"被称作"新经济"或者"IT 革命"而进入了 10 年的繁荣期。于是,直接金融中心的美国金融模式得到国际的推崇,美国证券市场一片活跃,金融资产在经济结构中的比例大幅度提高,这被称之为"金融资本主义"。

以过去 30 年世界经济体系中的国际资本膨胀为例。从 1991 ~ 2000 年,发达国家实质的 GDP 增长为 26%,世界的贸易额占 GDP 的比例,1980

年是 36% ,2006 年增大到 55% ;而跨国境的金融资产流动占 GDP 的比例,1990 年是 58% ,2004 年膨胀到 131% 。其中,发达国家的资本流动 300% ,直接投资 600% ,证券 600% ,债券 130% 。①

综上所述,美国贸易型的财富积累体系已经向资本自由型的财富积累体系转换,这是资本积累方式的根本变革,是一种金融资本主义模式的财富积累。

(二)"次贷"——"掠夺型"贷款

"次贷"是典型的、资本自由型的财富积累方式。由"次级按揭贷款"引发的"次贷"危机无可置疑是"政府失败",更确切地说,是以企业为中心的政治结构导致了"次贷"危机的发生。

美国的房地产业从兴旺走向泡沫。2001 年联邦储备为应付经济衰退作出了货币宽松和低利率政策,结果之一是房地产业的兴旺。到 2005 年,国家已经建造了多出其居住和融资能力 200 万～300 万套的房产。因为人口结构老化使得生活需求空间缩小。

可是,这一次房地产兴旺与以往不同的是,低利率与原始贷款人能够将成千上万抵押借款打包成抵押债券,这些债券可以在一般资本市场出售,而买进的人并不真正了解其中的抵押风险有多大,信用评级机构自身也陷入利益冲突之中。

20 世纪 80 年代以后的金融化是以投机的、掠夺的方式进行的。如果购买了一种复杂的"次级"抵押打包债券,它可能还不值一年前价格,事实上可能根本找不到承兑人,也无从知道两三年内其价值是多少? 当你想将其变现还债时,它基本一文不值,就是说,它既不能出售,也不能使用,又不能用作抵押。如果是从银行借贷的话,那么,银行与借款人全都受骗上当。

银行、投机基金及保险公司都为他们自己挖下了类似的相互联结的陷阱,他们从其他金融机构借款,从而对风险资产进行复杂抵押;他们还借给

---

① 赤木昭夫「アメリカ型グローバライゼーションの終了」、(日)『世界』、2008 年 2 月、第 48 頁。

其他举债经营机构,以便让他们再重新对风险资产作复杂赌押,这就是压垮银行资产负债表的"有毒资产"。没有人确切知道他人的资产值多少。他们拥有的是价值不确定资产,其中包括其他机构的债务,但这些债务也是不确定的。

一旦危机发生,相互联结的信贷时常冻结,银行机构相互之间都不愿意贷款给对方,因为担心借款人破产。问题是,那些为日常经营目的需要信贷的普通企业不能以任何合理理由获得贷款。商业票据市场,即日常业务借款市场停止运转,金融系统瘫痪,而瘫痪又危及更多金融与企业的偿付能力。

另外,通过利率调整进行掠夺是一种更为隐蔽的手法。从 2001 年初美国联邦基金利率下调 50 个基点开始,美联储 13 次降息,到 2003 年 6 月,联邦基金利率降低到 1%,达到过去 46 年以来的最低水平。在房地产市场上,30 年固定按揭贷款利率从 2000 年底的 8.1% 下降到 2003 年的 5.8%;1 年的按揭贷款利率从 2001 年底的 7.0%,下降到 2003 年的 3.8%。然而,从 2004 年 6 月起,美联储的低利率政策开始了逆转,经过连续 13 次调高利率,到 2005 年 6 月,联邦基金利率从 1% 提高到 4.25%,到 2006 年 8 月,联邦基金利率上升到 5.25%。2008 年 2 月的总统经济报告《美国经济白皮书》承认,住房抵押贷款融资——"次贷"是一种"掠夺型"贷款。①

除了利率风险之外,掠夺性的积累方式还包括:有组织的股票操作、通过通货膨胀掠夺资产、通过合并、收购(M&A)强夺资产、公司欺诈行为以及养老金的挪用等等。在美国,不断推进的金融创新加快了贷款债权证券化的步伐,由于住宅泡沫,民间的住宅融资公司犹如雨后春笋,而华尔街的煽动致使住宅泡沫无限制地膨胀,"次贷"危机愈演愈烈。

四、金融危机的全球扩散

金融资本主义是通过"经济金融化"与"金融证券化"来实现的,而"经

----

① 原伸次朗など「米国発の金融危機とドル体制のゆくえ」、(日)『経済』、2008 年、10 月号、第 14 頁。

济金融化"与"金融证券化"是以投机、掠夺的方式进行的。

（一）金融市场的风险扩散

以国际市场的金融交易来看,金融市场一天的交易额,1983 年为 23 亿美元,2001 年上升至 1300 亿美元;从一年的交易量来看,一般推定支持国际贸易与生产性投资的必要资金流量是 8000 亿美元,而 2001 年一年的金融总交易量约 40 万亿美元,显然,金融性活动远远超过生产性活动。[①]

经济金融化是通过金融证券化来实现的。20 世纪 80 年代以前以储蓄贷款组合(S&L)为中心,对住宅购买资金实施贷款,即住宅按揭。因为长期融资的资金利息高,所以,储蓄贷款组合是通过长期利息(贷款利息)与短期利息(借入利息)之间的差额来获取利润的。可是,90 年代初期,随着短期利率(借入利息)上涨,利率方面出现反向差价,储蓄贷款组合出现危机。于是,银行进入住宅按揭。可是,银行持有长期住宅按揭以及抵押,利率差价风险巨大,所以,银行把贷款债权上市转卖,这就是金融证券化。债权证券化以后,银行可以在自己没有任何抵押的情况下把债权关系转卖出去。从表面上看,以长期高利率贷出,而实际上是通过短期转卖赚手续费,这就是银行借贷债权的证券化。20 世纪 80 年代以来,一个面向美国的投资体系逐渐形成,证券化的股票投资与住宅投资呈扩大趋势,从而使美国的金融资产迅速膨胀。例如,美国五家投资银行的总资产,1990 年占美国国内生产总值(GDP)的 10% 左右,而 2007 年超过了 30%。[②] 问题是,国外资金向美国环流,致使美国的长期利率处在一个较低的水平,结果导致投资银行运用资产的膨胀,从而生成严重泡沫。

一般来说,股票价格重视投资者的"公司股票的购入权",通过报酬制度,把资本所有者与经营者的利益结合在一起。可是,今天的证券市场是以牺牲多数人的利益来满足少数人的财富扩张,美国的两大住房抵押贷款融资机构房利美(Fannie Mac)和房地美(Freddie Mac)就是典型例子,在华尔

① David Harvey 著、渡辺治訳『新自由主義——その歴史の展開と現在』、(日)株式会社作品社,2007 年,第 224 頁。
② 報道「ウォール街型経営の幕」、『日本経済新聞』、2008 年、9 月 30 日、第 5 版。

街,这被称之为"风险的扩散"。

(二) 全球形成依存于美国的国际资金回流

金融危机产生于美国主导的全球金融自由化结构,由此可见,金融危机不仅仅是美国的问题,而是国际性的问题。全球形成了依存于美国的国际资金回流。从美国资本的收支动向来看,"次贷"问题中所显现的、通过长期证券投资流入美国的资金额始终呈现一种高增长态势,一般都是通过购买美国的国债、公司债以及政府债券。日本购买了大量的住宅金融公司等等的政府债券。日本与中国的美国国债持有量位居榜首。

银行借贷债权的证券化,从国际视角来看,它是作为发展中国家的债务累积问题而使用的手法。发展中国家的长期发展基金一般通过发达国家或者是国际机构的借款来实现。20 世纪 80 年代发生了还贷危机,这是一种结构性的支付危机结构,国际金融界在 1989 年意识到了这一问题,并制定了新债务战略,首次提出削减发展中国家债务。在这一过程中,借贷银行切断了与借入方国家的关系,债务换成以美元计算的国债,从而使债务证券化。于是,借贷方国家政府保证国有企业民营化,民营化后的企业向外资开放,国外大银行扮演了投资顾问银行的角色,并起了中介作用。证券化的意义在于融资转卖,由于转卖,风险向他人转移。这就是美国金融机构的炼金术。

"经济金融化"与"金融证券化"旨在创建一个世界性的、面向美国的投资体系,而全球的资本自由化加速了世界经济向以美国为中心的"金融主导模式"转换的过程。

例如,以美国里根总统访问日本为契机,美国取消了对日本的外汇实需原则与日元兑换规制,从而构筑能使金融资产自由地在国内外进行投机交易的平台。20 世纪 90 年代初,俄罗斯、东欧国家在向市场自由化转型的过程中也开始了资本自由化。发展中国家的资本自由化也逐渐开放。正是在这一背景下,美国跨国公司向全世界推进的过程中,世界资金向美国回流,国际资本交易激增。据统计,美国经常性收支中的收入,即从国际投资中获利远远多于支出。显然,美国资本在全球扩大,全球化加速了这一进程。为了保持这一态势,美国进一步战略是创建一个世界性的、面向美国的投资体系,于是,证券化的股票投资与住宅投资逐渐呈扩大趋势,从而使美国的金融资产迅速膨胀。美国金融资本市场异常发展状态见下表。

表6　一些国家(地区)所持有的美国国债①

单位(亿美元)

	2000 年	2001 年	2002 年	2003 年	2004 年	2005 年	2006 年	2007 年
日　本	311.7	317.9	378.9	550.8	689.9	670	622.9	581.2
中　国	60.3	78.6	118.4	159	222.9	310	396.9	477.6
英　国	50.2	45	80.8	82.2	95.8	146	92.8	156.7
石油输出国	47.7	48.7	49.6	42.6	62.1	78.2	110.2	137.9
香　港	38.6	47.7	47.5	50	45.1	40.3	54	51
新加坡	27.9	20	17.8	21.2	30.4	33	31.3	39.7
瑞　士	16.4	18.7	34	46.1	41.7	30.8	34.3	38.9
墨西哥	15.3	19.3	24.9	27.4	32.8	35	34.9	34.4

　　从以上表中可以看出,通过长期证券投资流入美国的资金,中国、日本等国家始终呈现一种高增长态势。据中国 2009 年 7 月举行的中美战略高层会谈的资料披露,中国购买的美国债券达到 8000 亿美元。

　　金融资本主义是原始的、本源的积累行为的延续和扩大。20 世纪 90 年代以来,美国金融主导模式以它独特的方式风靡全球。金融主导模式在于财富积累方式的高效率,然而,这种高效率的方式不是在生产和收入层面,而是在金融层面,通过产业金融化方式对财富进行重新分配。然而,它面临巨大的道德风险。

　　①　毛利良一、荻原伸次朗など「米国発の金融危機とドル体制のゆくえ」、(日)『経済』、2008年、10 月号、第 33 頁。

第三章 21 世纪生态危机
——动力源危机

　　今天,以煤和石油为中心的近代工业社会构成了单向的物质流动,即资源—产品—废弃物的经济发展模式,这就是全球人类共同面临的环境问题。在这一章,把人类的开发(发展)引入燃料、动力的历史演进过程中,在一个复杂性科学的框架内,把一个真实原理揭示给公众:所有文明衰败的地方,都是水与土地资源过度利用的地方。人类所有的环境灾难都是争夺水与土地资源的必然后果。

一、文明社会的动力源转换

　　英国经济学家威廉·斯坦莱·捷沃斯在 100 多年前提出一个重要命题:"文明——动力源的经济"。17 世纪,西班牙依靠风力占据了世界霸权的地位。18 世纪,英国利用风力制服了西班牙无敌舰队。19 世纪,英国以蒸汽机为起点,以煤炭为动力,获得了世界第一强国的地位。今天,美国要以绿色能源重新引领世界……无可置疑,一个国家如果站在动力源转换的前沿,那么,这个国家必将是文明的先驱。

(一)17 世纪的动力源危机

　　动力源改变着人类的生存与生产方式,从而改变人类的文明方式和文明程度。从 15 世纪开始,风力对人类的生存空间产生巨大影响。随着西班牙和葡萄牙的帆船驶向世界,哥伦布发现美洲新大陆,人类历史进入了一个全球体系的世界航海时代。"凡海水所及之处,都有殖民者留下的踪迹"。从 15 世纪到 16 世纪,支撑着这一时代的动力源是风力。

哥伦布的船只驶抵美洲大陆以后，在1519～1521年期间，西班牙武将科尔特斯征服了阿兹特克帝国（中南美地域）。1533年，西班牙殖民者皮萨罗率领的远征队占领了印加帝国首都库斯科。1620年，英国的清教徒乘坐"五月花号"帆船离开英国普利茅斯港，并在美国的马萨诸塞州登陆，全体清教徒在那里定居，并将其定名为普利茅斯。这一系列的征服，靠的还是风力这一动力源。

17世纪，荷兰、英国和法国在印度展开激烈争夺。1600年，英国创立东印度公司；1602年，荷兰东印度公司成立，随即开始荷兰在印度殖民地的贸易，1610年，第一箱亚洲茶叶运抵荷兰阿姆斯特丹；1644年，法国东印度公司成立……

历史承认在世界贸易体系形成的初期充满了血腥和暴力，如达·加马、哥伦布及其后来的继承者们在建立全球概念的同时，也大肆进行掠夺。然而，历史还是把这一时期看作是全球贸易体系形成的初期。但是，人们是否想到，推动这一全球化进程的动力源却是风力。

英国与西班牙、葡萄牙争夺海上霸权，建造帆船需要更多的木材，木材来自对森林的砍伐，使森林资源不堪重负。17世纪，英国的手工业逐渐发展起来，手工业制作，使用的也是木材，尤其是炼铁，用铁矿石炼铁，需要大量木炭。对森林资源的破坏还来自于英国最初的圈地运动。从15世纪开始，名义上由领主占有的土地逐渐成为共有地。农民开垦荒地，并围起木栅，成为农民私有地。这就是最初的圈地运动。农民在围圈的土地上饲养牛羊，畜牧业开始发达起来。当时的农民为了扩大牧草地，不惜砍伐森林，森林资源遭到了严重破坏。动力源的危机由此开始。

寻求动力源转换，煤炭开始受到重视。当时，除了木材和木炭，煤炭也开始被运用。煤炭开采，挖掘由浅表地层向深层逐渐推进。可是，煤炭如何运到地面？这还是一个动力源的问题。浅层的煤炭可以利用人力、畜力，可是，深层的煤炭怎么办？一方面，提供木材、木炭的森林资源逐渐匮乏；另一方面，煤炭开采过程中矿井的排水无疑又是一个难题。这一切正是17世纪英国的现实状况。

(二)动力源转换与生态危机

1.从风力向煤、石油的动力源转换

煤矿排水问题的解决来自法国工程师托马斯·塞巴利的设想。塞巴利的最初设想是利用煤炭燃烧产生的动力进行排水。也就是说,在井下挖掘的煤炭,通过燃烧把水加热成为水蒸气,再利用水蒸气这一动力把水引向高处,从而把矿井中的水排出井外。塞巴利经过多次试验,也取得了多项成果,但一直无法进入实用阶段。

当时的欧洲,法国贵族在自己庭园浇花时运用了水蒸气动力这一原理,这一原理来自法国工程师索罗门·道·卡尔的独特智慧。为了满足贵族们的喷水游戏,他把水加热形成蒸气,通过水蒸气的动力,把水推向高处。卡尔的发明在17世纪传到了英国。法国贵族的游戏技术能否运用到产业?这一实践的运用是在18世纪,由英国发明家纽科门(Thomas Newcomen)实现了这一奇想。托马斯·纽科门发明的蒸气排水于1712年获得成功,并应用于矿山开采。1760年,瓦特发明气水分离器,克服了蒸气排水的缺陷,蒸汽机诞生。瓦特的蒸汽机致使热效率大幅度上升,燃烧1吨煤炭产生的动力可以开采50吨甚至更多的煤炭。煤炭的扩大再生产成为可能。

蒸汽机作为近代工业的原动力,在各个领域发挥着它的巨大功能。19世纪初,英国技术专家特莱比西科成功开发高压蒸汽机,并把它装在车上,通过煤燃烧和水加热来发动车辆和船只。也就是说,通过蒸汽机开采煤炭,并利用水蒸气的动力来运输煤炭,以少量煤炭燃烧产生的动力来运输大量的煤炭,这是煤炭采掘史上的又一创举。如果把托马斯·纽科门发明的蒸气排水当作蒸汽机发明的第一阶段,那么,用少量煤炭拉动大量的煤炭,就是蒸汽机发明的第二阶段。

蒸汽机的发明使动力源由煤炭代替木材成为可能,燃料、动力的转换使英国面临的森林资源枯竭问题得以解决。

19世纪初期,英国工程师特莱比西科利用蒸汽机动力开采的煤炭,再一次放入蒸汽机内,使其产生运动——火车应运而生。以煤炭代替木材,火车的发明是生产力飞跃的标志,几乎在同时,美国的福罗敦发明了蒸汽船,

这一发明使跨海的煤炭运输成为可能。

两代蒸汽机的发明和运用,使煤炭开采变得简单,运输更为便捷。伴随着蒸汽机的运用,金属冶炼方法的革命性变革是促使动力源转换的又一推动力。17世纪后期,英国工程师达道莱用煤炭加热干燥的方法炼出了焦炭,这是最初的焦炭冶炼。19世纪英国企业家贝塞麦发明了转炉炼钢法,使煤炭冶炼最终成为可能。

动力源的转换,煤与铁成功地结合,在英国的经济史上,这一发明有着无可比拟的历史地位。人们都知道产业革命,然而,也许并不知道这一动力源的循环结构:通过蒸汽机,以少量的煤作为动力源,开采大量的煤炭,再用开采的煤炭冶炼铁,然后用铁制造蒸汽机。这一循环结构演绎了地球生命循环中的资源循环以及人们对地球生命的呵护,而现实的意义在于,英国面临的木材枯竭和森林资源问题得以有效遏制。

石油原来是当作照明用油使用的。《圣经·旧约》中的《诺亚方舟》对此也有记载。神对诺亚说:"你用衫木造一个船,再把船涂一层柏油。"柏油就是从石油提炼后的残油中获得的。把石油当作动力源,当时谁也没有想到过。德国专家用石油代替煤气,从而发明汽车。20世纪初,戴姆勒汽车公司(后来的戴姆勒奔驰公司)完成了使用石油的内燃机。

石油燃烧时,气体是向大气排放的,正是这一"优点",又使飞机的发明成为现实。莱特兄弟设想在汽车的两翼插上翅膀,通过螺旋桨旋转飞上天空,这就是最早的飞机。与煤炭一样,用少量的石油运输大量的石油,这又是一个时代的变革。

2. 动力源转换的不可持续

动力源从风力向煤、石油转换,尤其是石油的扩大生产,原油大量地被精制,如汽油、轻油、重油、柏油等等;另外,粗汽油(石油化学工业的原料,城市煤气、合成煤气等原料)可以制成各种树脂产品,于是,塑料制品被广泛运用。可是,石油燃烧致使石油中的一些添加物,如贵金属等等的不纯物污染了大气,最终引发酸雨。塑料制品是耐久性很强的物质,具有难以分解的特性。一般的有机物还原于土壤之中马上会分解,而塑料制品却不能。

如果燃烧的话,它会挥发出恶臭,引起更严重的污染。一种氧化的维尼龙,燃烧时随着温度升高,它会转化成一种剧毒的二噁英。汽油中的铅和硫造成大气严重污染,尤其是硫。现在,随着铅从大多数国家使用的汽油中消失,一场防止硫对空气污染的行动正在全球拉开序幕。中国的汽车销量每年以80%的速度增长,在导致交通堵塞的同时造成世界上最严重的空气污染。世界银行在2004年发表的一份报告中指出,发展中国家应当尽可能迅速降低燃料中的硫含量,因为硫含量高的原油价格比较便宜,发展中国家一般愿意购买这种原油。

动力源由风、木向煤炭、石油转换,增大的废热在地球扩散、最终导致气候变化,而这一变化在风作为动力源的时代是难以想象的。煤炭、石油在人类社会的发展过程中,在人类生产活动与能源的关联中表现出一种独特的姿态,但却是一种让人类难以接受的姿态。[①]

然而,动力源转换的不可持续性还表现其不可再生的特点,石油资源逐渐枯竭,而能够代替石油的动力源还处于局部的、实验的阶段,由此产生的危机将给21世纪人类社会以深刻影响。

1998年,《科学美国人》学术刊物刊登了美国经济学家坎贝尔对世界各地油井开采状况的调查报告。他的结论是,世界原油产量在2003年到顶。这里讲的到顶是指世界原油产量在2003年达到历史最高点,然后就开始下滑。这条原油产量的下降曲线与原油需求量的上升曲线相交,石油价格就会在这一年急剧上升。[②]

石油资源的逐渐枯竭引起国际社会的高度关注,一些科学家专门组织该课题的研究会,科学家们估计世界石油到2005年到顶。能够找到的新油田越来越少了,能够提供的用于消费的储备也越来越少了。目前石油的年产量达到270亿桶,如果坎贝尔的估计是正确的话,那么,世界石油产量是不可能超过这个数字的。据他们估计,这个产量可以保持到2010年,然后

---

① 室内武『君はエントロピーを見たか』、(日)朝日文庫、1991 年、第 66 頁。
② 住明正「気候大変動」、(日)『世界』、2004 年 10 月、第 74 頁。

就开始下滑。据统计,天然气的前景与石油相似,天然气产量在 2015 年到顶。科学家指出,政府继续投资输油管道、输气管道和销售网还值得吗?

那么,是否可以用原子能代替石油呢? 认为原子能可以代替石油的,一般都运用了爱因斯坦的理论:$E = MC^2$(E = 能量,M = 质量,C = 光速度)。这一公式表示了能量与物质质量的比例。1 克的铀在完全核分裂的情况下,能产生相当于 2 吨石油的能量,所以,原子能可以维持相当于 200 万倍石油的能量。问题是,原子能是一种迂回生产的产物。作为动力源,期待以原子能代替石油,实际上它将越发增加石油的消费,以至于一些专家指出,原子能是一种为了加速石油消费的技术。因为从原子能自身来看,它不是一个从自身就能够产生无限能源的永动机器。从表面上看,似乎没有使用石油,可是,1 克铀当它产生相当于 2 吨石油能量的时候,究竟需要开采多少铀矿石呢? 为此,又需要多少石油呢? 一般来说,对这一问题是无人问津的。人们也许忘了,一座规模巨大的原子能发电所的建成,石油需要量是多少? 原子能的能量成本是多少? 原子能发电,并不是靠铀的一次性燃烧,而是需要使用大量的石油。再从原子能发电的成本核算来看,设备的维修、放射性物质的处理、超长期的保管等等,实际上的收支一般都是负运转的。

而更重要的问题是,处理原子能发电所产生的核废料以及废热还将投入大量的石油。尤其是由于原子能发电的不确定性,原子能发电风险很大,核废料的处理也同样存在风险。在可以预见的将来,地球似乎还无法提供一个安全的场所来存放核废料。正是从这一意义上,英国经济学家捷沃斯指出:"能够大量使用的、并能代替煤的燃料并不存在"。

(三)中国的动力源危机

动力经济是文明的象征,它的意义在于我们这一代人给子孙后代开辟和保留生存以及可供持续发展的自由空间。

1972 年,由科学家、经济学家和企业家组成的民间学术组织——"罗马俱乐部"拿出了一份题为《增长的极限》的研究报告。科学家虽然在研究报告中发表了某些片面和悲观的观点,但是也提出了不少科学的真知灼见,尤其是科学家给我们提供了一个重要警示:自然界的资源供给与环境容量无法满足外延式经济增长模式。

从《增长的极限》来看中国的动力源危机,它似乎在验证两个问题:其一,动力源增长的环境容量;其二,持续的外发式发展,中国经济还能增长多久?

1. 持续的外发式发展,中国经济还能增长多久?

研究表明,大约 50 年后,人类目前广泛使用的传统能源——煤、石油和天然气将面临严重短缺的局面。中国是一个资源和耕地非常稀缺而人口庞大的国家,这一问题将变得尤其突出。

从 1990 年到 2001 年的 11 年间,中国的石油消费量增长 100%,天然气增长 92%,铜增长 189%。但中国的石油储藏总量仅占世界总储量的 1.8%,天然气占 0.7%,铜矿不足 5%。中国的单位产值耗能比世界平均水平高 2.4 倍,而生产总值氮氧化物排放量却是美国的 61 倍,日本的 68.7 倍。[①] 中国人多,资源少,消耗多,产出少,拿到手的每一笔收入,都要消耗比别人更多的自然资源,同时造成更大的环境污染。

中国在 2004 年发生的"电荒煤荒",似乎验证了"自然界的资源供给与环境容量无法满足外延式经济增长模式"这一预测。在突然而至的电力危机面前,政府、企业都感到迷茫和束手无策。2004 年 6 月 30 日,国务院常务委员会讨论并原则通过了《能源中长期发展规划纲要(2004~2020)》草案,确定了"以煤炭为主体、电力为中心、油气和新能源全面发展的战略"。面对极度缺电的现实,大干快上燃煤发电厂,一些地方开始对热电厂项目的审批大开方便之门。

从理论上说,产业结构调整是节电和节能的大战略,从宏观来考虑,应该限制高耗能产业的过度发展。可是,近几年,高耗能企业的发展速度远远超过预期。短时期高耗能产业是拉动 GDP 增长的有效动力,但对于我们这个煤、水、石油等主要能源的人均拥有量远远低于世界平均水平的国家来说,却无疑是饮鸩止渴。而更严重的是,煤炭的扩大生产造成区域性的生态

---

① 谭露:《企业都该算算环保帐》,《环球时报》2004 年 7 月 28 日。

灾难,最终影响全球气候。如果经济增长方式不转变,那么,中国经济还能增长多久?

2. 动力源增长的环境容量

中国目前有 80 多个资源枯竭型城市。阜新是一座因煤而立、因煤而兴的典型的资源型城市,已有 100 多年的煤炭开采历史。然而 20 世纪 80 年代以来,阜新的煤炭资源逐渐枯竭。据国家发改委统计,中国共有资源型城市 118 个,约占全国城市数量的 18%,总人口 1.54 亿人。目前,中国 20 世纪中期建设的国有矿山,有 2/3 已进入"老年期",440 座矿山即将闭坑,390 座矿城中有 50 座城市资源衰竭,300 万下岗职工、1000 万职工家属的生活受到影响。

中国是世界上最大的煤炭生产国和消费国,煤炭消费量约占世界煤炭消费量的 1/4 左右,据有关资料显示,世界煤炭消费增长量的一半来自中国。建国以来,煤炭在中国一次能源消费比重中一直占 2/3 以上,并将在可预见的时期内保持其不可替代的主导地位。20 世纪 80 年代以来,中国煤炭消费持续快速增长,从 1980 年的 6.1 亿吨增加到 1995 年的 13 亿吨。2003 年,中国煤炭产量达到 16.67 亿吨,创历史新高。

GDP 连续多年的两位数增长,使得中国成为世界上单位 GDP 能耗最高的国家之一。电力行业火电煤耗比国际水平高 30%,万元 GDP 耗水量比国际水平高 5 倍,万元 GDP 总能耗是世界平均水平的 3 倍。

"中国制造"是中国经济快速发展的有力推动器,但一部分"中国制造"却严重危害着中国的能源安全。不少高耗能项目的主要市场在国外,中国却不惜资源、环境代价,不顾国内能源紧张的形势,努力为别人提供高耗能产品,实在得不偿失。

中国经济发展模式依靠高能耗、高污染、低附加值来支撑这个庞大的经济大国崛起;另一面科学技术开发率、应用率极底,依赖先进技术生产力达到节能减排难度很大,这一恶性循环,造成当前能源危机的现实。这将是关系到 21 世纪中国崛起的重大问题。

二、动力源逆转:"废热·废物"的最大化

人类的经济发展史实际上是一部人和自然的关系史。以煤和石油为中心的近代工业社会构成了近现代经济学体系。然而,人类的生产活动既是财富的增长过程,也是"废热·废物"的增长过程。

(一)文明社会的"废热·废物"向最大值方向演进

"废热·废物"(Entropy)是德国物理学家鲁道夫·库拉吾丘斯在总结法国政治家、数学家卡诺·萨代对蒸汽机热效率研究的基础上提出来的,时间是在150年以前的1865年。

1865年,鲁道夫·库拉吾丘斯整理了卡诺的命题,第一次提出了"废热·废物"这一概念。"废热·废物"的原意来自希腊语的"方向的逆转"。从"废热·废物增大法则"出发,它涵盖了所有的"动力方向逆转"。"废热·废物"是什么?"废热·废物"的增大法则是什么? 一言以蔽之,"废热·废物"是指热能所具有的基本性质,随着热能的移动,"废热·废物"也随之移动。"废热·废物"论的一个基本点是能量与物质的扩散以及劣化,所有的材料资源一旦成为废物的话,那么,所有的热量资源便成为废热。库拉吾丘斯指出:"世界的能量是有限度的","世界的废热·废物向最大值方向演进"。[①] 全球系统内大规模的生态和气候变化都与"废热·废物"的增大方向是一致的。

热能单位用卡路里(Kalore)表示,"废热·废物"如何计算?我们用温度计上的一种绝对温度的刻度来加以说明(日常生活中绝对温度几乎不使用)。一般家庭用的温度计或者是寒暖计上面的摄氏刻度是℃,如果加上273度的话,就成为绝对温度。绝对温度用省略符号K表示。水开始结冰的温度是0摄氏度,用绝对温度来表示的话,就是273K。如果你的体温是37摄氏度,那就是说,绝对温度上的刻度是310K。当我们计算"废热·废物"的时候,是以人体向周围寒冷空气释放1000Kalorie热量为前提的。

---

① 室内武『君はエントロピーを見たか』、(日)朝日文庫、1991年、第44頁。

　　知道了这一点,"废热·废物"的表示就简单了。用热量(卡路里)除以热的绝对温度(K)得出的商就是"废热·废物"的大小。在中国,"废热,废物"被称作"熵","熵"正是从这一意义上产生的。

　　"废热·废物"的单位值用 Kalore÷K 的形式表示。如果你的体温是37°,那么绝对温度是310K,如果你运动出汗,1000 的卡路里热量向空气释放的话,那么你身体中大约有 3.2 kalorie/K 的废物排出。在冬季,气温是 0度,绝对温度是 273 度。如果你运动而向空气释放 1000 卡路里的话,同时排出的废热是 1000÷273 = 3.7Kalorie/K。

　　在这里,我们以一个人与周围大气所构成的体系来研究"废热·废物"。一个人释放 3.2 Kalore/K 的废热,大气吸收的废热是 3.7 Kalorie/K。我们知道,失去的用"负"表示,得到的用"正"表示,于是,负的 3.2 Kalorie/K 和正的 3.7 Kalorie/K,从一个体系来看,纯增 0.5 Kalorie/K。

　　库拉吾丘斯以及同时代的科学家明确提出,热能的"热"是从温度高的物体向温度低的物体流动,而且,它是单向流动的。也就是说,热不会从温度低的物体向温度高的物体流动。我们把这一法则运用于人与大气的体系中。以上列举纯增 0.5 Kalorie/K 的"废热·废物",其计算方法是以人体向周围寒冷空气释放 1 000 Kalorie 热量为前提的。然而,当寒冷的空气向你温暖的躯体传递其寒温的话,体系中的"废热·废物"不会增加,而是减少0.5 Kalorie/K。这就是"热力学第二法则"。

　　可以想象,作为体系的"废热·废物"是不可能减少的,如果说有变化的话,那么,这一变化是朝着"废热·废物"增大的方向变化。正是从这意义上,"热力学第二法则"可以称为"废热·废物增大法则"。这一法则不仅适用于人与大气的体系中,整个宇宙空间都在这一法则下运动。

　　作为物理学的基本法则之一,"废热·废物"被称作"热力学的第二法则",也被称作"废热·废物增大法则"。该法则认为,全球系统内大规模的生态和气候变化都与"废热·废物"的增大方向是一致的。环境问题的一个基本点是能量与物质的扩散以及劣化,所有的材料资源一旦成为废物的话,那么,所有的热量资源便成为废热。如果没有一个处理废物与废热的场所,那么,地球将被"废热·废物"所覆盖,地球将变为一个死亡的世界。

我们阐述"废热·废物"的重要意义,是因为生命(人类和生物)在其生存、生长的过程中,同样也是"废热·废物"的增大过程。如果没有"废热·废物"的增大,人与生物也就无法生存。然而,我们必须要考虑的是,地球上所能容纳急剧增大的"废热·废物"的场所是有限的,也就是说,现在社会已经不是一个物和服务不足的社会,而是一个"废热·废物"丢弃场所不足的社会。

(二)文明社会的"废热·废物"

文明社会的"废热·废物"是向最大值方向演进的。今天的政策是以增强工业部门、服务部门,即第二产业、第三产业为目的。从世界各国来看,不管是资本主义国家,还是社会主义国家,似乎都在实施这一政策。"废热·废物"增大、生态环境恶化,在此前提下的"大量生产、大量消费"型社会是否会给人们带来真正幸福? 遗憾的是,丢弃"废热·废物"的场所不足,这一社会最大的问题被经济学家们忽略了。由此而来的是,地球的复合污染不断呈上升趋势,而且,污染范围不断在扩张,趋势不断在加剧。

1. 放射能污染

20 世纪 50 年代,英国改变了自 12 世纪以来一直以煤炭为能源的局面,在此后的 40 多年,英国的环境问题主要伴随着石油消费量的增加而增加。解决大气污染的对策最先考虑的是改换燃料,而替代燃料总是优先考虑原子能。但这些替代原料不断发生事故,从而造成新的危害。其中以英国著名的坎伯利亚湖泊之乡塞拉菲尔德核燃料再处理厂因废弃物处理而产生的污染问题最为典型。英国于 20 世纪 60 年代解决了大气污染问题;70 年代解决了水污染问题;80 年代以来却发生了核燃料废弃物问题。虽然是按照国际公约,而且是在特定的区域范围内进行处理,但仍然有大量的带有放射性物质的废水流入爱尔兰河。

原子能所产生的放射性公害不仅仅产生于生产过程,还发生于运输、储藏、废弃的全过程。原子能产业与军事有关,军事企业具有高度的机密性,这些企业不会公开生产过程中使用有害物质的状况,即使发生事故,外部人员也不能干预。

近 30 多年来,一个非常严重的问题是原子能发电站在正常运转的情况下排放一种气体状的放射性物质——氪。另外,原子能发电站的冷却水,也就是废热的粘合剂,如果使用海水洗涤的话,它就会通过温排水的方式向大海排放,而且,温排水的方式将使海水温度上升 7 度左右。问题还不仅仅在此,因为在洗涤排水的过程中,依附在配管中的放射能和合成洗涤剂等有毒物质将会转换成一种致命的氯,氯的积聚是相当危险的,它将给海洋和大气造成难以弥补的危害。

2. 热污染导致南极的冰山融化

热污染造成气候异常,原子能发电也是热污染的一种。我们知道,石油、煤炭、天然气等物质燃烧时,热污染随之扩散。以前,由于使用量较少,热污染问题也并不严重。近数十年来,石化燃料使用剧增,伴随而来的是,废热通过水循环向大气层排放的废热量已经超过一定限度,于是,地球温度上升。随着地球温度的上升,南极的冰山开始融化。据美国每日科学网站在 2009 年 7 月 2 日报道,格陵兰岛附近的海冰面面积处于 800 年以来的最低水平。哥本哈根大学尼尔斯·博尔研究所"冰和气候中心"的专家阿斯拉克·格林斯特德把斯瓦尔巴群岛一处冰帽冰核里发现的气候信息和从芬兰树木的年轮中发现的气候信息结合起来,得到一个过去气候的曲线。为确定以前的海冰量,研究人员从船只航海日志中寻找资料,因为捕鲸者和渔民在这些航海日志中记录了他们到海冰边缘的情况以及海冰的地理位置。航海日志一直可以追溯到 16 世纪。通过气候曲线与航海日志的结合,研究者指出,海冰量从未像 20 世纪这样少。格林斯特德解释说,海冰面面积在 20 世纪初期发生明显改变,1910～1920 年期间,海冰面缩小了 30 万平方公里,但是在最近,海冰面面积达到有史以来的最低水平。由于世界著名的大城市一般都在海岸线地带,海平面上升会导致大城市的沉没,那么像美国电影《后天》中所描绘的那些灾难,将绝不仅仅是骇人听闻的故事了。

3. 城市废热

中国的城市正在失去它原有的文化氛围,城市的同质化导致气候异常。

随着城市化速度加快,热污染随之扩散。近数十年来,石化燃料使用量剧增,城市温度上升。城市的气温比周边地区高,这是人工制造的废热使城市温度持续走高的缘故。为了摆脱酷热的煎熬,人们纷纷安装空调。一般认为,空调是一个使物质冷却的装置,其实并不如此。空调是通过向室外排放热量来降低室内温度的,但是,室内空气热度的下降却引起室外空气热度的上升,从而引起整座城市的温度上升。一旦城市温度持续在一个高温控制下的话,空调便失去意义了。

4.产业废弃物公害

20世纪70年代以来,世界各国对产业废弃物公害采取了具体对策。在此以前,由各企业自主决定废弃物处理,导致废弃物的大量堆积,而且绝大多数是未经处理过的垃圾。1977年美国发生了拉夫运河河谷土壤污染事件,从而使废弃物公害问题表面化。据当时联邦环境厅调查,美国有3.2万多个废弃物投弃地,为了解决这么多投弃地所带来的环境污染以及对人造成的伤害问题,美国在80年代初期就支付了16亿美元。这些费用的88%来自排放废弃物的产业界,其余由中央政府和地方政府财政负担。

卡特执政时期,政府为了缓解高失业率和财政危机,开始放宽联邦环境厅的行政措施。里根政府也于1981年设立了"缓和规制总统特别委员会",从那以后,所有的管制政策都必须依据行政管理局所作的费用利益分析,这一政策使企业获得最大利益。1984年修订了《资源保护再生法》,法律限制了400多种毒性物质的排放,可是,现在美国仍有27万个有害废弃物发生源,每年排放3500万吨的有害废弃物。

伴随着产业结构的变化,采用尖端技术的一些产业出现了一种新的公害。如被称之为绿色产业的IT产业,为维持清洁度而使用的脱脂洗涤剂中的三氯乙烯和四氯乙烯污染了地下水。美国硅谷等地区的地下水已经无法作为饮用水。此外,生物工程产业排放的细菌和病毒也是一种新的污染源。

5.旅游、休闲引发的污染

这是迎合大城市发展的环境舒适化需求带来的公害。由于旅游的产业化,所以,为了尽可能地促进消费,修建了迪斯尼乐园和高尔夫球场这类大型的休闲设施,建设了拥有这些设施的大型宾馆和度假村。于是,因汽车过多而导致的交通公害;因游客丢弃的空罐而造成的垃圾堆积;因饭店的排污引发湖面、河流的污染,等等。快速增长的服务化产业对环境的破坏已逐渐成为主要的环境问题。

6.有害物质的国际间移动

有害物质是不允许在国际间流动的。1989 年在瑞士的巴塞尔签署了《有关有害废弃物的超国境移动以及处分规则》的国际性条约,即《巴塞尔条约》,该条约于 1992 年 5 月 5 日生效。有害废弃物在国际间的移动,最早成为世界性问题的是在 1976 年,发生于意大利的一次农药工厂爆炸事故。由于爆炸,剧毒的化学品二噁英污染了土地。可是,意大利的那些被二噁英污染的泥土被装入桶中后便不知去向,结果在法国的北部被发现,于是引发国际问题。

美国曾经计划把核废料运往南太平洋的深海处丢弃,可是遭到南太平洋沿岸国家的强烈反对,最终这一企图没有得逞。有害物质的国际间移动是有巨额利润的。刚果的一家幽灵公司在 20 世纪 90 年代初连续 3 年从美国进口有毒废弃物 100 万吨,获利 420 万美元。

而英国《卫报》2004 年 9 月 20 发表的约翰·维达尔的一篇题目为《英国新的垃圾场:中国》的文章披露,在英国地方当局、超市和企业收集起来准备再处理的废纸和塑料制品中,有 1/3 以上在人们不清楚其对环境和社会造成多少损害的情况下送到了 8000 英里之外的中国。根据政府公布的最新统计数字,每年出口到中国的塑料垃圾高达 20 万吨,废纸和硬纸板多达 50 万吨,英国《卫报》的调查表明,一些中国公司的代理商正在购买并出口成千上万吨未经洗涤的空塑料瓶、容器和其他家庭垃圾。在英国,大约有 300 家公司在收购垃圾,其中大多数是中国公司。

（三）中国产业的废热·废物扩张

2006 年《华尔街日报》有一则关于中国环境报道,报道指出,在中国,如果能源多样化难以实现的话,可能会进一步破坏本已恶化的环境。过去 10 年来,中国政府一直在致力于用天然气来替代煤炭和石油的使用,但天然气价格的飙升却打乱了这种部署。报道还援引了中国一个城市的状况,这就是位于中国中部、人口为80万人的铜川市。铜川市在20世纪90年代的空气污染非常严重,以至于在卫星图像上都无法看到这个城市。当时的铜川市被人戏称为"看不见的城市"。

中国持续快速的经济增长,刺激了煤炭生产的持续走高。可是,中国煤炭生产方式是一种高投入、高增长、高消耗、高污染、低效益的粗放型增长模式。

中国发电厂一般使用煤炭作燃料。可是,大量的煤尘和硫化物排入了大气,能源消耗引发生态恶化。燃煤发电究竟对环境污染造成何种程度?官厅水库附近的大青山,连绵起伏的一座座山峦,如今已变成"大秃山",显然,燃煤发电是罪魁祸首。有充分的证据说明,沙尘暴以及北方缺水是由工业污染所引起的,而导致北方生态退化的第一大隐形杀手正是燃煤火力发电。一家电厂一天就污染上千立方公里的大气,污染的范围达到数万平方公里!长年累月的二氧化硫的排放,直接通过植物的叶面吸收,很短的时间内就可以引起植被大面积的枯死。除了燃煤发电污染之外,没有任何一种其他的工业污染,会造成如此大的影响,并且造成如此毁灭性的生态后果。遗憾的是,2003年末,发改委批了1.3亿千瓦的发电项目,其中0.86亿千瓦仍为燃煤发电。总资本高达220亿元的山西大同煤矿集团,已经成为中国最大的动力煤集团,也有可能成为第二家年产亿吨的煤炭企业。可是,大同是靠高污染产业发展起来的,政府没有发展其他产业的优惠政策,由于大同环境恶化,也根本没有其他大企业进入。高污染的产业导致那一带山体像火烧过一样,那绝对不是"过度放牧"之类的原因,完全是因为污染。

人类本来是自然进化的产物,可是,当人类进化到工业经济时代以后,却以一个人造的"文明"将自己包围起来,使自己与大自然隔离,远离自然,甚至站到与自然"为敌"的地位。人类大规模的制造活动对于其自身的生存环境造成了不可逆转的影响。

三、水与土——开放、稳定系统中的地球生命

美国经济学家鲍尔丁(Kenneth. E. Boulding)用经济学方法开拓了生态学的学科领域,他把现代社会形象地比喻为"宇宙船地球号"。但是,鲍尔丁是把世界看作一个封闭的体系来考虑的。鲍尔丁认为,以前,为了寻求新资源,人们可以到处迁移,可是,现在人们可以去的地方已经越来越少了。

文明社会的生存和开发过程是一个"废热·废物"的增大过程。地球上的人类之所以能够生存,这是因为地球并不是一个完全封闭的系统,它有一个排放"废热·废物"的系统,也就是说,地球有一个排放"废热·废物"的出口,正是从这意义上说,地球是一个开放、稳定的系统。一个开放、稳定的复杂系统,地球具有向宇宙排放"废热·废物"的功能,但是,这一功能的实现必须具备两个条件,那就是水和土。

(一)地球"废热,废物"进口与出口

人类的生产活动既是财富的增长过程,也是"废热·废物"的增长过程。从地球的生态系统来说,"废热·废物"是一个进口,而水与土是地球排斥"废热·废物"的出口。一个值得担忧的问题是,"废热·废物"的进口逐渐扩大,而出口在逐渐缩小。例如,石油代替煤炭,原子能代替石油,原子能发电代替火力发电,从而使"废热·废物"的进口逐渐扩大。然而,作为地球生存的通道,应该确保"废热·废物"出口的畅通。遗憾的是,人们仅仅考虑"废热·废物"的入口,而把"废热·废物"的出口问题放在一个次要的地位。那么,出口究竟是什么呢? 它能起到什么作用呢?

1. 水——地球"废热·废物"的出口

地球是一个水的行星,海水的蒸发形成了云,雨和雪汇集成大江大河,并流向大海。生物世界也是如此,冬去春来,万物更新。这被称之为更新性,而且,这一更新完全是遵循一定的周期进行。"废热·废物"增大,可是,世界万物仍然以它特有的方式生存、循环。

水是地球上生命活动的象征,它是地球具有更新性的关键所在。例如,雪的融化汇集成河流。地球以光和热的形式接受来自太阳的巨大热量,根

据"废热·废物增大法则",太阳热量逐渐劣化,从而成为废热。可是,地球是水的行星,劣化的废热可以从地球排向广阔的宇宙空间。这靠的是水的循环。

太阳光照射到地球表面,由此引起海水、河水、湖水的蒸发,从而变成水蒸气。水蒸气比周围空气的比重轻,于是,水蒸气上升,当它达到一定高度的时候,与低温的大气融合,产生急剧膨胀,这被称作"断热膨胀"。此时,水蒸气体积也随之膨胀,与"断热膨胀"同时发生的是"断热冷却"现象,正是由于这一"断热冷却",致使在地球表面吸收的废热以长波长辐射的形式向地球外面释放。向大气层外释放废热的水蒸气变成细的冰粒,集聚而成为云,接着又变成雨和雪降落到地球上的海洋、河流、湖晌以及我们生存的大地和家园。

46 亿年历史的地球史,一个开放,稳定的地球系统,水循环发挥了它巨大的功能。这就是地球生存的秘密。

2. 地球生存系统

当地球接受太阳光照射的时候,绝对温度达到摄氏 290 度,而地球向大气层的上层部排放废热的时候,是零下 250 度。高温接受的热量以低温排出,这也是水的功效,即通过水循环。地球通过水的循环把"废热·废物"向地球外排放,正是从这个意义上来说,地球是一个开放、稳定的系统。这可以用数学方程式来表示。地球接受太阳一定量的热能 Q 和高温 T_1,当相同量的热能 Q 排放到大气层之上时则变成了低温 T_2 而被排除。地球正是通过这一温度之差,把"废热·废物"排放出地球之外。

用公式表示:废热·废物变化量 $= Q/T_1 - QT_2$

从物理学的视角出发,地球这一功能的意义是深远的。在此以前,人们总是有些疑问:"废热·废物增大法则"始终存在,在石油文明之前,为何地球的"废热·废物增大法则"并不那么明显?奥地利物理学家欧文·思库劳汀(Erwin Schrodinger)在《生命是什么》一书中使用了"负的废热·废物"这一概念。根据"负的废热·废物"这一思路,太阳向地球输送负的废热,所以,当太阳的热量到达地球时,可以抵消地球上正的废热,从而使"废热

·废物"的值为零。

在自然科学研究者中间,有些人也使用了"负的废热·废物"来说明生物体的生存和循环。他们认为,生物吸取"负的废热·废物",从而抵消"废热·废物"的增加部分。然而,在热学和统计力学的视野里,从"废热·废物增大法则"的原理出发,"负的废热·废物"这一概念是难以接受的。日本物理学家槌田认为,水具有排除"废热·废物"的能力,所以,生物可以把体内增大的"废热·废物"向体外排放,它是生物体生存的唯一条件。例如人的生存,这是因为我们体重有一半以上是水,而水具有排除"废热·废物"的能力,人自然能够生存下来。而地球通过水的循坏和对流,才可能具有排除"废热·废物"的能力。具有46亿年历史的地球,其生存也遵循了生物体的这一规律。如果把这种生物系统称作是"生存系统"的话,那么,从广义上可以说,地球也是"生存的复杂系统"。这就是地球和其他星球的根本区别。而更重要的意义在于,以水为中心的循环与我们人类生活的联结,靠的是土。

3.土——地球与人类的联结

通过植物、动物、土壤之间的作用产生的物质以及光和热的代谢关系,一般称之为"生态系统"(ecosystem)。食用植物的动物、食用动物的动物以及食用所有动植物的人类,其生存的原理是相同的。所有动物的排泄物以及动物死后的遗骸、枯萎的植物等等都回归于土。而"土"则是各种微生物细菌集合体的总称。微生物分解动植物排泄的有机废物,也就是说,通过一种非常原始、简单、自然的方法来分解无机物和废热。正是依靠这一分解作用而获得的无机物,作为培育植物的养分又一次被利用。例如茶树等植物,在它的叶子被分解成无机物以前,茶叶中所含有的一种氨基酸是作为有机物被吸收的。另一方面,废热可以被周围的水所吸收,吸收了废热的水在某种场合下变成水蒸气,水蒸气上升变成雨。而土壤有极强的渗透性,降水经过土地的蓄存,在其吸纳的过程中,又将经过沉淀、去污、净化的水渗入地下蓄水层以补充水源。也就是说,经过土壤渗入蓄水层的水可以成为浅层地下水系统的一部分,进入水循环的过程之中。如果没有土,那不过是水的蒸发、降雨的循环而已，而作为微生物集合体的土以及作为有机物分解者的土壤的存在，才是生物生存的条件。可以说，人类生存的条件是由"土"来保障的。水和土是打开地球封闭的渠道，雨水是"废热·废物"的搬运者。

日本物理学家槌田在 1975 年开始注意到这一问题。槌田对梦幻般的核聚合能量持有怀疑。槌田指出，通过核融合发电必须要大量的石油和矿产资源，就从这一点来讲，所谓节省能源的原子能发电完全是虚构的梦幻。动力源以原子能代替石油，其功效是无法期待的。问题解决的根源在哪里？无可争辩的是：必须从地球所具有的更新性这一特点来考虑。地球更新的秘密又在哪里？那就是水与土。

地球是一个开放、稳定的系统，水和土的生态系统也是一个开放、稳定的系统，而人类、动物和植物也有各成体系的开放、稳定的系统。社会整体作为一个有机体，实际上是一个生态的构成体。然而，现代工业化社会在其形成和发展过程中，难以回归水、土的东西越来越多。各种塑料制品、二噁英（dioxin）、联苯（biphenyl）等成分在土中是难以分解的。另外，核武器的使用、原子能发电所产生的放射性物质等等，即使把它埋入土中，但它仍然在释放射线。目前，地球上还没有一个能够容纳核废料的场所。所以，一旦水、土受到核污染侵害，它便会失去更新的功能。

从原来自然生态的角度来理解的话，一种物质回归于水、土，通过分解作用和循环作用，在短时期是可以分解、处理的，可是今天，这一处理能力越来越低下。水、土的巨大正数已经难以抵冲工业生态功能之负数。可以说，水、土难以处理的东西，是人类社会根据自己的意志制造出来的。从这个意义上可以说，地球排放"废热·废物"这一出口被人类自己封死了。

（二）水与土——地球生命遭受严重威胁

河流、湖泊、沼泽、海岸线以及我们周围的稻田是生命的载体，是文明的诞生地。水和土——稻田的生态与粮食安全构成了地球生态的生物链。一块梯田犹如一个池塘，千千万万个小池塘组合成了一个巨大的水域，使原本光秃秃的山地成为绿色的生态环境，它有效地防止了水土流失。今天，我们从地球——开放、稳定的复杂系统来看待水和湿润的土壤，这是生命最基本的要素,而对于地球的生存来说,它是排放"废热·废物"的出口通道。

在中国,农业用地减少,农业用水短缺程度加剧。随着城市化和经济社会发展,土地被大量占用,非农业灌溉用水需求在急剧增加,农业与工业、农村与城市、生产与生活、生产与生态等诸多用水矛盾进一步加剧。尽管中国采取了最严格的耕地保护措施,但大量的农田和农业灌溉水源被城市和工业占用,耕地资源减少的势头难以逆转,水资源短缺的压力进一步增大。

1. 人类正在以惊人的速度污染和消耗生命之源——水

对于一个耗尽水源的星球来说,没有任何科学技术能够使其起死回生。水属于地球及生活在地球上的所有物种。

中国水资源已经降至生存警戒线以下。联合国相关组织的有关水的生存警戒线数据是 500 立方米/1 人,而我国海河流域仅为 300 立方米/1 人。长江、黄河、淮河、海河均处于"不堪重负"状态中。更为严重的是,长江、黄河、淮河屡遭污染,污染一次比一次严重,而且频率也在加快。大量的工业和生活污水未经处理直接排入水中,农业生产中化肥和农药大量使用,使得部分水体污染严重。水污染不仅加剧了灌溉可用水资源的短缺,成为粮食生产用水的一个重要制约因素,而且直接影响到饮水安全、粮食生产和农作物安全,造成了巨大经济损失。

比水荒更触目惊心的是,我们仍在粗暴地浪费和污染生命之源。我国为此付出了沉重的代价:因为缺水,每年工业总产值约有 2000 亿元的损失,因为缺水,每年农业总产值约有 1500 亿元的损失。

江南是中国历史上是最富裕、最美丽的地区,而这些全来自于水。然而,现在的水乡江南,却面临着缺水的困境。在浙北杭嘉湖地区,河网纵横,有钱塘江、太湖和长江水源。但近些年来,经济迅猛发展,用水量已远超出水资源的承受能力,加上水资源保护不当,大量水体遭污染,可利用的水资源急剧减少。

根据水利部《21 世纪中国水供求》报告分析,2010 年我国工业、农业、生活及生态环境总需水量在中等干旱年为 6988 亿立方米,供水总量 6670 亿立方米,缺水 318 亿立方米。这表明,2010 年后我国将开始进入严重的缺水期。在鲁中山区,前几年由于连续干旱,春季连井水也大都干枯了,有时一口井会呼啦围上近百人,因抢水争斗甚至还曾闹出过人命。

水利部最新统计显示,2003年中国万元GDP用水量为465立方米,是世界平均水平的4倍,这说明中国水资源利用方式粗放,用水效率非常低下。这项统计还表明,全国工业万元增加值用水量是发达国家的5~10倍,水的重复利用率为50%,而发达国家已达85%。水资源短缺已经成为未来20年中国所面临的重大挑战。

2. 土地保卫战——18亿亩的底线

2009年2月26日,国土资源部公布的2008年全国土地利用变更调查结果显示,截至2008年12月31日,全国耕地面积为18.2574亿亩,比上一年度减少29万亩。这已经是耕地面积第12年持续下降,与1996年的19.51亿亩相比,12年间,中国的耕地面积净减少了1.2526亿亩,其中,2006年全国耕地面积为18.27亿亩,比2005年的18.31亿亩净减少460.2万亩,2007年全国耕地面积18.26亿亩,净减少61.01万亩。[①]

中国水土流失尚未得到有效控制,生态脆弱。中国众多的山地、丘陵,因季风型暴雨,极易造成水土流失。同时,对水土资源不合理的开发利用,加剧了水土流失。目前,中国水土流失面积356万平方公里,占国土面积37%,每年流失的土壤总量达50亿吨。严重的水土流失,导致土地退化、生态恶化,造成河道、湖泊泥沙淤积,加剧了江河下游地区的洪涝灾害。由于干旱和超载过牧,导致草原出现退化、沙化现象。

水与土维系着农业的生态功能,从而维系着地球生命。以前,我们仅仅把农业理解为农食之源,当我们的农业遭受到工业化的冲击时,有人曾经设想,通过粮食进口,以后我们吃的食物可以不再依赖农业劳动,一切衣食将可以从工业流水线上产出。然而,我们需要大声疾呼的是:农业是人类与地球的一个巨大接口,水与土是这一接口的通道,人类活动所产生的"废热·废物"正是从这一通道得以排出。在这一意义上,农业生态功能的巨大

---

① 张艳玲:《2008年中国耕地面积净减29万亩》,caijing.com.cn.2009年2月26日。

正数可以冲销工业生态功能之负数,从而使地球生命得以维系,人类得以生存、发展。

3. 水与土——地球的生命与人类的权利

从地球的生命来看水与土的意义,"湿地"的消失最具代表性。湿地的存在是与地球同龄的。湿地就是河流、湖泊、沼泽、海岸线以及我们周围的稻田。近30多年来,人们对湿地有了全新的认识:湿地是生命的载体,是人类文明的诞生地,从巴比伦文明、古埃及文明到中国古代文明,都起源于大河流域。今天,我们从地球——开放、稳定的复杂系统来看待湿地,这是因为湿地提供了水和湿润的土壤。对于植物和动物来说,这是生命最基本的要素,而对于地球的生存来说,它是排放"废热·废物"的出口通道。

以云南元阳梯田为例。稻、鱼、鸭共成一体,水和土——稻田的生态与粮食安全构成了地球生态的生物链。一块梯田犹如一个池塘,千千万万个小池塘组合成了一个巨大的水域,使原本光秃秃的山地成为绿色的生态环境,它有效地防止了水土流失。元阳的地貌特征是山高谷深,河坝峡谷因水分蒸发量大而干热,高山因云雾多而阴湿,当河谷中大量的水蒸气随着热气团层层上升,到达高山后因受到冷空气而形成浓雾和雨水,雨水降落归于河流,河流蒸发,再形成雨水,就这样周而复始,循环往复。湿地的水和土打开了地球封闭的渠道。

然而,人类对湿地的破坏是极其巨大的。无论是发达国家还是发展中国家,对湿地的破坏却有着惊人的相似。在荷兰或者是日本,拦海造地曾被认为人类改造大自然的壮举,但今天看来,这是对海岸湿地的极大破坏。沿着中国18000公里的海岸线,我们亲眼目睹了强大的经济力量:填海工程、房地产开发、高速的城市化……天然的海岸线遭到了空前的破坏,湿地面积减少几近一半。尤其像上海、大连这样的沿海城市,在过去的20年里,人口增加近50%。贫困的内地人去那里淘金,有钱人去那里购房……工业化社会的发展已使大片的湿地消失,随之消失的是湿地独特的生态功能和物种基因,导致的是不利于人类生存的环境变化、物种灭绝、污染加重、水源短缺……

连接陆地和海洋之间的滨海湿地是最容易受到人类活动冲击的地方。生长在河海交汇水域里的红树林遭到了非常严重的破坏，福建省福鼎县到海南岛南岸，红树林面积减少了近70%。红树林具有神奇的生态功能，它能够对流经的水体中的有机物和污染物进行过滤，这会大大降低那些有害物质通过食物链向其他海洋生物以及人类传递的程度。从"废热·废物增大化法则"出发，在地球开放、稳定的系统下，一种湿地类型的红树林实际上成为地球排放废物的出口。当海啸来到热带自然海岸的时候，红树林会减缓海啸的速度。有专家说，如果泰国南部保留大面积红树林的话，那么，2004年年底的印度洋海啸造成的损失就可能减少1/3。

1971年2月2日，在伊朗一个不知名的小镇拉姆萨尔，来自全球18个国家的代表签署了一个湿地公约，其法定名称为《关于作为水禽栖息地的国际湿地公约》。《湿地公约》得到全球科学家、民间组织和普通公众的全力支持，各国的官方组织对这个公约都寄予了热心和赞同。《湿地公约》的初衷是为了保护水禽，然而，在今天，湿地的概念已经由水禽的栖息地变成了地球上最重要的生态系统，它与水循环、生物多样性及全球变暖等息息相关。从1971年2月到2005年的1月，《湿地公约》的参加国已由18个发展到144个。各国约定共同保护湿地，因为湿地不仅是一个国家的资源，而且为全球所共享。

水与土是人类生存的依托，如果失去了美好的生存环境，大地所能承载的一切生命也将不复存在。从这一意义上来说。水与土不仅仅是一个区域性的问题，而是叩问人类生存的问题。

（三）农业与工业：一种非连续的更新与连续的消耗

"废热·废物增大法则"是人类经济活动无法避免的规律，有的经济学家已经开始注意这一基本事实。在经济学界中，尼古拉斯·桥捷斯科是第一次直面"废热·废物"问题的经济学家。桥捷斯科生于罗马尼亚，在巴黎和伦敦学习统计学，然后去了美国。在美国，桥捷斯科是一个相当活跃的数理经济学家，是近代经济学的巨匠之一。

桥捷斯科是从农业问题的视野中来关注"废热·废物"问题的。移居美

国的桥捷斯科曾经在 1950 年回到罗马尼亚。当时的罗马尼亚基本上是一个
农业国,而桥捷斯科研究的是以工业为中心的经济学,桥捷斯科考虑的是,以
工业为中心构筑的经济学是否适合于农业问题? 结论是,贯穿于农业的理论
与支配工业的理论是不一样的。桥捷斯科有关农业经济的论文发表于 1960
年,以"废热·废物"论为框架,桥捷斯科构筑了新的经济理论结构。

　　桥捷斯科理论的要点之一是分析了农业经济理论与工业经济理论的区
别。农业也好,工业也好,都是在生产各种的商品,生产向国民分配的财富,
从表面上看都是人类的经济活动。然而,工业生产和农业生产却有着本质
的区别。农业活动自身具有一定的周期,并且是一种非连续的更新;而工业
活动是一种连续的、不休息的生产活动,它没有解决"废热·废物"问题的
结构体系。桥捷斯科的研究是以罗马尼亚为样本的,但揭示的问题却具有
普遍意义。水稻春天插秧,夏天除草,秋天收获。收获的稻米大部分用于食
用,留下一部分作为种子,来年春天育为秧苗再次耕种。可是,工业活动基
本上是大量消耗、吞噬地下资源的过程。例如煤矿,煤炭自身的埋藏量是一
定的,随着人们的开采而逐年减少,煤炭开采是一个"坐吃山空"的过程。
尤其是在煤炭燃烧的时候,它变成了"废热·废物"。所以,在地下埋藏的
煤炭资源一经开采,便成了既是一个"废热·废物"的转换过程,又是一个
不断耗尽资源的过程。工业活动就是建立在这一基础之上。

　　我们来看农业活动。农业生产过程中,"废热·废物增大法则"尽管不
可避免,然而,农业活动是一种更新的活动,之所以能够更新,是因为水与土
的存在。农业与工业,一种非连续的更新与连续的消耗,从"废热·废物"
论的观点看,完全是两种性质不同的活动。尽管桥捷斯科还没有从水和土
的意义上去考虑工业、农业的区别,但是他的思路方向——对于传统经济学
的反思,实际上从 20 世纪 70 年代的中东石油危机已经开始。

第二编

走出危机——从"外发式发展"到"内发式发展"

　　走出增长的极限,是克服危机的关键一步。"发展"——当然包含科学技术的进步以及人与自然的和谐,然而,"发展"转型,首先是一种哲理上的转变,以"发展"转型为路径走出三大危机,这是世纪性的转变。

　　"发展"与西欧市民社会同步,"发展"是指市民社会内部、一种内发的变化过程,它包括:第一,财富的创出和资本积累;第二,市民社会的自我发展。也就是说,"发展"是指经济与社会同步发展。17世纪中叶的英国工业革命、18世纪的美国独立宣言、法国的市民革命以及19世纪的欧洲革命,自由主义和民族革命呈汹涌澎湃之势,这一系列革命以市民社会的自我发展为主题,以打碎封建王权和殖民主义的枷锁为目标而展开。

　　然而,市民社会理性的发展,在其发展过程中却向国家理性以及权力体系转换,"发展"——从内发式发展转向外发式发展,它作为世界范围的资本积累体系而展开,这就是"发展"所具有的两面性。

外发式发展是一种"经济增长至上"的发展模式,美国经济学家克劳尔(Clower. R. w)曾经对利比亚的"经济增长至上"模式作过深刻分析。他指出,跨国公司对利比亚的石油开发,确实使人均收入有了大幅提高,可是,利比亚的环境在逐渐恶化,技术水平、人力资源也没有相应的提高,尤其是全体人民的生活水平并没有因石油开发而提高,反而拉大了贫富差距。经济增长没有与社会发展同步,这被称之为"经济增长型社会"。从发展的模式来看,它可以称之为"外发式发展"。

"东亚奇迹"是典型的外发式发展模式。"公共投资型"的经济结构,把本国经济发展建立在引进巨额资本和国家公共工程方面。可是,这种现代化模式是以牺牲个人和社会利益为代价,重"增长"轻"福利",社会发展严重滞后于经济发展;重"效率"轻"公平",城乡差距与贫富差距进一步扩大。发展以可环境为代价,产业进步主要依赖于有害于环境的技术,致使环境和资源遭到严重毁坏。

20世纪80年代以来,在亚洲的一些国家,外发式发展模式进入了结构性的转型期,它表现为国家主导的"经济增长型"模式向国家与市民互动的"社会发展型"模式转换。从目标来看,充实衣食住的基本需求,开发人的发展的充分可能性;从全球化的视角来看,内发式发展是多元的、平等的、公众参与型的发展模式。

第四章 "发展":起源、变迁与政府转型

　　"发展"是指市民社会内部涌动的变化过程,它包括经济、政治与社会制度的全面进步。可是,随着"经济增长型"社会的形成,"发展"开始带有强烈的经济利益关系和政治企图,而强大的国家主义致使"社会发展"被制约在一个较小的范围内。

　　20 世纪 80 年代以来,对国家主导的经济增长型社会的反思,内发式发展推进了亚洲政治社会转型。在公共治理的视野中,内发式发展是从"统治"向"治理"转换中的社会发展模式。公众参与、环境保护和全球化的地域治理是内发式发展与外发式发展的根本区别。

一、"发展"——市民社会内发的发展过程

(一)"发展"的最初概念是指社会发展

　　当代语境中的"发展",它最初的概念是指社会发展,更确切地说,它是指西欧市民社会自我发展的过程。19 世纪苏格兰社会改良家斯迈尔斯(Samuel Smiles)在《自助论》一书中指出,国家富强的源泉来自于个人对勤奋和正直品行的追求,"外部对人的影响是有限的,人的发展,其动力总是从内部产生"。① 哲学家黑格尔把摧毁封建社会身份制和等级制以及在市场经济发展过程中摆脱地缘、血缘束缚的市民社会的自我发展称之为"发

---

　　① Samuel Smiles. "Salf – Help", London:J. Murray, Let ed,1956. p. 2.

展"。①

我们来看 18 世纪前半期的法国。当时,尽管政治状态还没有发生变化,但经济发展已经使巴黎成为欧洲政治文化中心,文明从那里向世界扩散,我们看到了人类历史上"光辉灿烂的黎明",这个时代出现了它的精神代表——启蒙哲学。

经济发展成果向社会扩散,这就是 18 世纪欧洲经济社会的发展状况,在那里,一个崭新的词汇——"发展"——体现了 18 至 19 世纪欧洲社会的时代精神,它包括:自由权与私有权为象征的市民社会的兴起、市场开发、资本积累、法治以及废除宗教政治等等,在此基础上,形成了相互关联的社会体系。

从市场开发到社会文明进步,这就是"发展"最初的含义。虽然,市场开发在不断地创造出能使财富增大的资本积累体系,可是,财富创造与资本积累,它是一种内发的发展过程。

亚当·斯密架构下的自由市场经济展现了内发的经济活动秩序。首先,作为内发的经济活动秩序,它是指在没有特定外界的干预下,自主地构筑市场运行过程。斯密用"看不见的手"对市场经济的自我发展作了形象描述。虽然市场经济是一个开放的演化过程,但外界输入的不是决定事物内部结构和功能的具体指令。其次,作为内发的经济活动秩序,它"展现文明盛衰的自我组织化过程",它揭示了一个真理:"发展"是"人类对于环境认识的变化,以及适应于这种变化的一种文明替代的选择"。② 再次,作为内生、自发的经济活动秩序,它把社会进步作为关注点。斯密提出了适合于近代资本主义社会的、新的伦理学原理,他把一个和谐世界的思想扩展到了经济学领域,并指出,财富增大与道德世界的和谐以及良好的秩序密切相关,公共利益基础上的私利,是幸福的条件。③

在 20 世纪,把"发展"界定为"内发式发展"的是约瑟夫·熊彼特(Jo-

---

① [德]黑格尔:《历史哲学》,王造时译,三联书店 1956 年版,第 493 页。

② M. M. worldrode 著、田中三彦訳『复杂系』、(日)新潮社、2001 年、第 140 页。

③ Adam Smith 著、水田洋訳『道德情操论』、(日)筑摩书房、1973 年、第 58 - 59 页。

seph. A. Schumpeter），他在《经济发展理论》一书中认为，"发展"并不是从外部强加于它的，而是从内部自行发生的变化。① 而法国经济学家弗朗索瓦·佩鲁（Francois Perroux）在熊彼特"发展观"的基础上，把经济发展与社会相连紧密相连。他认为，"发展"一方面形成"增长极"，另一方面，发展的效果向社会扩散，通过社会整合实现其发展效果。② 在这里，佩鲁所说的社会环境是指能使发展效果向社会扩散的政治与法的制度框架，它包括市民组织的健全、教育和保健等基本需求的充实以及公众参与社会治理的民主制度。

作为一个完整的内发式发展（endogenous development）概念，是 20 世纪 80 年代在亚洲逐渐形成的。对内发式发展的理论阐述，最早见于日本学者鹤见和子的《内发的发展论》一书，她对内发式发展表述为："内发式发展，从目标来看，是人类共通的，那就是：充实地球上所有人的衣食住基本需求，开拓人的发展的充分可能性，并创造出充分的条件，变革国内与国际间这一差别的结构。正是从这目标出发，不同的社会、地域住民以及集团，应该去适应固有的自然环境，遵循文化传统和历史条件，有选择地学习外来知识、技术和制度。所以，在全球化进程中的内发式发展，是一种多元的发展，它不在乎先发或后发，而是一种对等的、公众参与的、具有活力的经济发展。"③由此可见，内发式发展不是一种欧美式的现代化，更不是遵循一种单一范式的发展模式，而是根据本地区自身的政治、经济、历史、地理和文化等条件，构筑一个具有地域特色的、公众参与的可持续发展模式。

今日世界，"发展"已经成为主导时代的关键词，它犹如十八九世纪的"进步"、"进化"概念，闪烁着时代精神。在过去一个多世纪里，我们目睹了发达国家和发展中国家为了发展而付出的前所未有的努力。然而，这种努力的基础主要是经济的发展。黑格尔的"发展"，经过 19 世纪，成为当时比较落后的德国国家的指导理论。在历史学派的视野中，黑格尔的"发展"被

---

① ［美］约瑟夫·熊彼特：《经济发展理论》，何晨、易家详等译，商务印书馆 1990 年版，第 70 页。
② 西川潤『人間のために経済学』、（日）岩波书店、2006 年、102 頁。
③ 鹤見和子『内発の発展論』、（日）藤原书店、1997 年、第 522 頁。

理解成落后国家赶超发达国家的过程。法国经济学家弗朗索瓦·佩鲁的"增长极"被引向单纯的经济发展，"增长"——作为经济发展的支配效果，呈日益走强的趋势。

(二) 内发式发展特点

与外发式发展(exogenous development) 比较，内发式发展具有以下特点。

(1) 相对独立性。外发式发展是一种自上而下的、依靠外来资本、技术和理论寻求发展的方式，发展以发达国家的工业化、城市化为模式，忽视本国的产业结构和经济结构。内发式发展并不拒绝外来的资本和技术，但是它不是单纯地依赖世界市场，而是强调一种多元的、多层次的、多角度的发展模式，这种地域发展模式具有自主的、重视传统和文化的相对独立性。

(2) 自发性。内发式发展意味着统治(government) 向治理(governance) 的转换。"治理"是"自组织"的结构形态，它是指一个系统在内在机制的驱动下，在没有外界特定的干预下，自主、自发地从无序走向有序的过程。而"统治"是从外部对系统加以设计、组织和控制的过程，这是一种"他组织"模式。工业经济的行为模式是对自然过程进行人为的、强制性的干预，一种典型的"他组织"结构。

(3) 互动性。"治理"的概念最初是用来有效地解决地方问题的，治理的能力，除了政府机构和各种职能部门以外，还需要市民社会的参与。治理促进了国家与社会的互动。正是从这意义上说，内发式发展是个人与机构、国家与社会的互动。外发式发展是一种国家主导的经济增长模式，它在国家层面上运作，并以此维系公共秩序。

(4) 生态性。经济发展与保护环境存在着"两难选择"。以"世界工厂"为主要特征的新兴工业化国家和地区，是通过快速消耗能源和原材料的方式发展起来的，所以，经济发展往往以破坏环境为代价。内发式发展强调"自然、经济、社会"的整体协调，环境是第一位的，发展经济必须以保护环境为前提，创造出一个自然与经济文化融合的生存空间。

(5) 地域性。经济全球化的形成同时也伴随着地域化的形成。国民国家的特征是中央集权以及中央对地方的控制。但是，在全球化时代，国家之间或者是超越国家的地域之间，还有一个国家内部的各地方行政区划之间的协作，这就是全球化进程中的地域性。欧盟是国家间的融合，从而形成了一个欧洲地域。日本地方自治体正在构筑一个环日本海联合。俄国、中国、韩国等国家的地方自治体之间的交流，形成了超越国家的地方自治体。随着经济全球化的深入，人们对地域治理的关心程度也随之加强，例如，地域的资源结构、地域的经济文化、地域的经济机构、地域特色的经济体系，等等。内发式理论就是制定符合地域实际的发展政策。

二、"发展"——向国家理性以及权力体系转换

(一) 19 世纪功利主义的发展理念

黑格尔把"发展"界定为市民社会内发的变化过程；斯密把自由市场经济看作是市民社会自我发展的经济活动过程。斯密的自由市场经济以"理性经济人"为前提，市场经济的理性发展与"利己"的种种情念联系在一起。可是，斯密所指的"私利"是建立在道德世界和谐的基础上的。他在《道德情操论》中指出……来自于私利驱动的竞争社会，它保障了资源的有效配置和生产效率的提高……然而，一味地追求私利（财富）会产生危及社会的行为，所以，在公共利益基础上的私利，是幸福的条件。[①] 显而易见，财富增大与道德世界的和谐以及良好的秩序密切相关，在那里，斯密的道德观是利他的。

然而，在《国富论》中，斯密将一个和谐世界的思想扩展到了经济学领域："……资本积累或开发与财富的形成密切相关，'富'是人的自由和幸福的基础，个人的贫富是指能够享受多少生活必需品、便宜品、娱乐品的一种能力"。[②] 正是为了对私利（财富）的追求，产生了社会最合适的状态，这就是人类行动的基本原理——理性经济人。在《国富论》中，斯密的道德观是

---

① Adam Smith 著、水田洋訳『道德情操論』、（日）筑摩書房、1973 年、第 58 - 59 頁。
② ［英］亚当·斯密：《国富论》，唐日松译，华夏出版社 2005 年版，第 24 页。

利己的。

一方面,斯密想用"道德情操"制约人的自利性;另一方面,斯密想用"看不见的手"引导人的自利性。伦理学中的利他主义和经济学中的利己主义,通过19世纪的功利主义,亚当·斯密的"理性经济人"原则被推演到了至高无上的地步。

功利主义认为,人在一切社会活动中所追求的是将自己认定的"效用",自动自然地推演到最大化境界。于是,一个简单到不能再简单的公式出现了:在人类的社会生活中,只要实现的效用大,或是能够产生"净效益",人的行为就会发生。以自己利益最大化为目标的行动方式,将促进社会幸福的最大化,这就是功利主义的基本认识,即"最大多数人的最大幸福"。功利主义的这一认识作为代议制民主主义的合理化原理,在政治学层面也被看作是正统的政策依据。"私利的追求与公益的增大"已经成为政府行为合理化的理由。"发展"——从市民社会的理性发展开始向国家理性转换,而新的世界秩序加快了这一转换的进程。

(二)国际分工体系中的外发式发展模式

市民社会发展,同时也是以市场为基础的资本积累体系的发展。在西欧发达地区,资本积累拉动经济发展,周边地区作为原材料与劳动力的供给地也相应地快速增长。发达国家的产品源源不断的流入周边地区,劳动力与原材料也从落后地区进入发达地区,这是一种国际分工体系,也被称作世界体系新秩序。这一秩序成为近现代经济发展特征:市民的国家、市民社会与市场的开发、城市、农村和海外市场的分工交易、现代化的推进等等。

新的世界经济秩序摧毁了封建社会的身份与等级秩序,摆脱了地缘、血缘的束缚,在买卖双方之间建立了平等的民主主义秩序。可是,在这秩序的反面,阶级的秩序也同时形成,即资本与劳动的秩序。在市场经济体系中,资本购买了劳动力,而且,自然资源——人类共同的财富也被当作商品,它被资本独占。这种国家主导的、纵向的世界新秩序,通过国际分工体系得到了有力的贯彻。

新的世界经济秩序是国家主导的经济增长模式,它在国家层面上运作,对自然过程进行人为的、强制性的干预，并以此维系国际分工体系。至此，"发展"已经从"内发式"模式转换为"外发式"模式。

外发式发展模式对市民社会的发展产生巨大影响。19 世纪的西欧市民社会，"自由、平等、博爱"集中体现在市民社会内发的发展过程中，然而，随着新的世界秩序的形成，"自由"通过压迫弱小民族而获得；"平等"体现为有产者之间的"平等"；"博爱"构筑在金钱之上。市民社会的无序发展导致道德蜕化，社会的两极分化给国家带来一系列混乱。晚年的黑格尔注意到了市民社会的自由发展所带来的无秩序状态，一种高于市民社会理性的"国家理性"进入黑格尔视野。黑格尔主张在赋予个人权利的同时，国家应该保持足够的力量致使个人利益与社会的要求一致。

由此可见，市民社会理性的自我发展，在其发展过程中却向国家理性以及权力体系的依存转换，这就是"发展"的两面性。20 世纪初德国政治哲学家迈内克在《世界市民主义与国民国家》一书中揭示了德国市民社会的转换；大约在相同的时间，波兰政治学家劳萨·卢森布鲁格也指出，以国家理性为背景的帝国主义资本积累体系向西欧以外的地域扩展，并向殖民地渗透，它作为世界范围的资本积累体系在全球推进。

三、19 世纪的内发式发展：对英国模式的抵制

资本主义的变容与制度调整模式，一般来自 5 种制度形态的调整。（1）货币形态与货币体制；（2）工资劳动关系形态；（3）竞争形态；（4）参与国际体制形态；（5）国家形态。这些制度形态的结构、配置方式，规定了特定时代、特定空间的增长体制、调控方式、发展模式等等。发展模式从"内发式"向"外发式"调整，都可以从上述的制度结构与形态中显现出来。

19 世纪中叶的资本主义发展模式是英国模式。经过 18 世纪中期工业革命，英国成为世界工厂和全球经济中心，并获得海洋控制权。19 世纪，源起英国的"自由主义"与"世界工厂"向当时后发的德国、法国与美国推进，英国竭力提倡自由竞争政策，以大量廉价的商品冲击德、法以及美国市场。

英国型发展模式是"外发式的"、经济增长体制是"外延的"、调控方式

是"竞争的"。作为"外发式发展",从经济行为模式来看,它是对自然过程进行人为的、强制性的干预,并以此维系国际分工体系;从经济增长要素来看,资本与劳动投入量的增加远比生产性的提高来得重要;从"竞争的"调整模式来看,其制度形态包括:市场竞争型的工资、企业间自由竞争、非介入国家等等。

英国作为"早发型"的工业化国家,当它向当时后发的德国、法国以及美国推行英国自由贸易模式的时候,出现了与此抗衡的思想,如"政治经济学的国民体系"、"协同型社会主义"等等。这是不同范式的抵制与反抵制。

1. 德国:一国的发展程度取决于它的生产力发展水平

拿破仑战争以后,德国的邦数已由 300 个减少到 38 个,但是各邦间仍然存在关税壁垒,妨碍了商品流通与全国市场的形成。为了消除这种阻碍,德国早在 1819 年就建立了工商业协会,1820 年前后结成以汉萨为中心的"关税同盟"。由于共同税界的确立,大工业特别是纺织工业获得了比较迅速的发展,1835 年建筑了第一条铁路。由于国内政治上的统一还没有完成,工业的发展还远远地落后于英国。

当时英国已经实现了高度工业化,它竭力提倡自由贸易政策,以大量廉价的商品冲击德国市场。怎样摆脱外国自由竞争的威胁,促进德国大工业的发展,成为德国资产阶级的迫切要求。

关税同盟理论基础来自经济学家李斯特(Friedlich List)的"反世界主义"理论体系。李斯特认为,古典学派的自由贸易理论破坏了后发国家的生产力,致使后发国家始终处在后进状态,[①]所以,李斯特在《政治经济学的国民体系》中提出了独特的生产力理论,他认为一国的发展程度取决于它的生产力发展水平,而不是所积累的财富的多寡,财富的生产力比财富更重要。为此,李斯特反对"富 = 交换价值"理论,他提出以"国民体系"为基础的"财富实力",国民的富裕来自生产力诸要素的提高。李斯特否定自由主义基础上的国际分工体制,主张农工商的国内经济循环,建构具有独特文化特点的

---

① CF. List、小林彰訳『経済学の国民体系』、(日)岩波書店、1970 年、第 190 頁。

国民国家。

马克思和李斯特是同时代的德国经济学家,但为了批判资本主义的需要,马克思着重分析了亚当·斯密的著作,而对李斯特分析很少。然而,李斯特的经济学特别适合落后国家在世界市场经济的竞争,也适合中国特色社会主义的路径选择。

2. 法国:"大陆封锁"政策

法国拿破仑战争缘起"大陆封锁",其实质是对抗英国的"世界工厂",在此基础上,推进法国的工业化。当时,面对英国的贸易自由化,法国大臣维莱尔是这样回应英国首相坎宁的:英国在工业上处于高度优势地位,它可以容许自由的国外竞争,那是符合英国自己的国家利益。但是法国的工业还没有达到充分发展地步,因此它必须保障自己的工业,为了达到这个目的,就目前来说,保护制度是必不可少的。等到将来时机成熟,法国工业有了进一步发展,可以容许国外竞争而不必借助于限制措施时,法国将毫不迟疑的开放国门,使法国从中获得利益。

1806 年拿破仑颁布《柏林敕令》,宣布"不列颠诸岛处于封锁状态",禁止与其进行一切贸易,凡属于英国及其殖民地的一切货物均予以没收。在这一时期,反对英国自由主义思想家傅立叶(Charles Fourier)提出建立"协同社会"来抵制英国的世界贸易。他指出,英国倡导的自由贸易是一种来自"岛国的垄断",它把商业精神引向垄断、投机、破产以及对产业的毁坏,最终导致文明秩序的衰退。为此,傅立叶提出对生产、消费、生活进行自主管理的协同型社会。

3. 美国:建立自立的地方经济联合体

19 世纪的美国同样抵制英国自由主义模式,但与德国的国家型发展观不同,美国的内发式理论更注重地方分权。以凯里(Henry Charles Careg)为代表的地方分权理论反对英国古典学派的自由贸易,主张贸易保护。在《经济学原理》《社会科学原理》《农工商的利益调和》等一系列著作中,凯里批评古典学派有关"经济人"的行为描述,主张责任感、进步能力以及与他人协同的"现实人"。凯里认为,英国的自由贸易导致"世界成为奴隶体制",

葡萄牙、西班牙的衰落,印度的饥饿与贫困,是英国"垄断体制的产物。①"对于贸易自由化产生的"中央集权化",凯里提出"地方集中化",建立自立的地方经济联合体。

综上所述,在19世纪,当英国向全球推进其"自由贸易"模式的时候,德、法、美等国产生了与此对抗的、内生的理论与思想,即德国的国民经济学、法国的协同社会、美国的地域发展理论等等,这些理论探索都是从各国具体的历史条件出发,坚持内生式发展的理论。

可以设想,如果没有德、法、美等各国实业界和政界人士的清醒头脑,就没有这些国家在20世纪的崛起和强大,当然,英国独霸世界的格局也许不会改变。

四、20 世纪美国模式的全球推进

20世纪初期的美国,以汽车制造业福特为代表,形成了大量生产、大量消费的生产方式,这被称之为"福特主义"。

(一)大量生产、大量消费模式

当时,美国的耐用消费品开始普及,以汽车、收音机为主的"消费社会化"已经到来。可是,创造出"持续性需求"的大量生产、大量消费方式并没有在美国及其他发达国家出现奇迹,相反成为20世纪30年代经济危机的起源。然而,作为危机对策的罗斯福新政,通过制度化的劳资关系与社会保障,为战后福特主义做好了准备。

"黄金时代"(1945~1973)的资本主义,大量生产、大量消费体制是战后资本主义最初的发展模式。"黄金时代"的资本主义各国,虽然模式各异,但还是实现了经济高度增长。比较典型的方式是团体交涉方式、制度化的劳资妥协、经营者提供的与生产性连动的工资待遇等等。于是,大量生产、大量消费的发展模式显现以下模式:生产性高涨—工资上涨—消费需求增大—投资需要增大—生产性上升—宏观经济良性循环。

---

① 西川潤『人間のために経済学』、(日)岩波書店、2006 年、第 12 頁。

所谓"福特主义"，从资本与社会的关系来说，它是社会层面的调整，"福特主义"时代是社会原理与资本原理对抗的时代。然而，通过以团体交涉制度为代表的新的兼顾效率与公正的制度安排，成为支撑资本主义高度增长的企业管理模式。可以说，这是美国"外发式"发展模式的"内发式"调整。

从20世纪60年代末到70年代初，大量生产、大量消费的相关条件在发达国家逐渐失去其优势，"福特主义"发展模式陷入困境：其一，工人对劳动管理方式不满，西欧各国罢工运动此起彼伏；其二，需求多样化与单一品种的大量生产方式产生矛盾、由于工资上升带来的"利润压缩"显现，经营者方面妥协的余地缩小；第三，由于大量生产、大量废弃所引发的环境破坏，致使"福特主义"陷入危机。

除了美国之外，日本与欧洲的赶超型经济增长模式，致使美国经济地位在20世纪70年代相对弱化，80年代世界经济出现"多极化"特征。在"福特主义"时代，发达国家的经济体系呈多样化现象，如美国的"市场主导型"、日本的"公司主导型"、北欧国家的"社会民主主义型"以及法国的"国家主导型"，等等。可是，后"福特主义"时代，国民的多样性成为鲜明的特点。到了90年代，美国"市场主导型"经济成为繁荣的标志，而且，这一繁荣以"经济金融化"、信息技术革命以及全球化为背景，最终形成"金融主导型成长体制"。

（二）美国经济战略转型

美国经济可以分为两种类型，一是"北部型"，以制造业为轴心、大企业为核心的产业体制，以大量生产、大量消费作为经济循环核心。长期的技术革新使大量生产成为可能；劳动生产力的提高使高薪金成为可能。于是，消费需求增大，为经济发展提供了广阔的市场。这就是说"福特主义"的循环结构。支持这一结构的是凯恩斯主义和福利主义对就业的保障以及对贫困阶层的生活救助。大企业制度产生出庞大的中产阶级。

可是，美国还有一种传统的经济模式是"南部型"。"南部型"与制造业产业不同，它是以资源和农产品为中心的独立自营经济。政府对市场采取不干预政策,自由竞争的经济人模式支配着"南部型"经济。企业利润的源泉不是技术革新,也不是大量生产和大量消费,而是靠低工资的劳动实现其低成本。也就是说,利润来自于对劳动的榨取与新市场的开拓,这一点与"北部型"经济模式的高工资与社会保障条件有很大的区别。

战后的美国主要以"北部型"经济模式为基轴,这就是战后美国经济的特点。从一个长期的视角来看,这是 1930 年经济危机以及罗斯福新政的延伸效用。

然而,20 世纪 70 年代以后,越南战争、美元危机以及石油危机,日本与德国的经济急速恢复,以制造业为主的美国产业的竞争力逐渐低落,支撑战后美国经济繁荣的产业主义体制难以维系。在这历史转折时期,里根总统完成了美国经济模式的转换,即实现了"罗斯福新政"下的产业主义转型。具体地说,这一转型是从"北部型"经济模式向"南部型"经济模式的转型,如独立经济人模式、低工资的劳动强化制度、市场竞争的能力主义等等。而且,这种低工资、低成本的市场竞争压力向海外廉价的劳动力市场转移,与此相关的是大量的资本输出,这就是 20 世纪 80 年代全球化的重要特征之一。

进入 20 世纪 90 年代,除了"南部型"经济模式之外,出现了以金融服务业为中心的"东部型"经济模式与以 IT 为特征的"西部型"经济模式。90 年代的克林顿政府提出重新谋求冷战后美国经济的霸权地位,并作为美国政治经济的重大目标,占据美国在"世界新秩序"中的中心地位。为了达到这一目标,美国经济的战略中心向比较优势的金融部门与 IT 部门转移。然而,克林顿政府的经济战略转移却另有一番意图,也就是说,在冷战后的世界自由化、民主化的巨大洪流中,美国通过 IT 产业与金融产业来获得霸主地位。

20 世纪 90 年代的金融与 IT 产业并不是自主地成长起来,在战后的 45 年里,尤其在冷战时期,虽然五角大楼与宇宙航天局是美国的战略中心,但是对 IT 产业也投入了大量的开发资金。80 年代,政府开始对金融工学进行开发,从宏观把握,以金融与 IT 为武器,全面推进全球化。

传统的经济增长模式是"产业主导模式"，在战后的产业体制下，长期的技术革新与大量生产创造出大量的需求，即大量生产、大量消费的循环致使经济增长成为可能。"福特主义"是"增长模式的典型。在这种模式下，金融作为利润的源泉，但它并不起决定的作用，金融不过是加速生产与交换效果的"润滑剂。

然而，20 世纪 90 年代以后的经济增长却产生于金融市场，巨额的投机利益产生资产泡沫——刺激需求——进而刺激生产，这就是新的循环结构，它又被称作"金融主导模式"。资本从实体产业流向金融，财富的实物形态向金融市场的资本转换。90 年代以来，美国贸易型的财富积累体系开始向资本自由型的财富积累体系转换，这是资本积累方式的根本变革，"经济金融化"与"金融证券化"是这一变革的路径。也就是说，财富积累方式不是在生产和收入层面，而是在金融层面，通过产业金融化的方式对财富格局重新分配，以实现高效率的财富积累。

一般认为，全球化就是美国中心主义，实际上这种说法不一定准确。全球化是 IT 与金融产业在全球的展开，从而使世界消费方式单一化，而且，通过全球化获利的不仅仅是美国。正因为如此，全球化很快成为一种趋势。

全球化是否是 20 世纪特有的现象，回答也是否定的。至少可以说，美洲大陆发现以后的十六七世纪的欧洲，以及 19 世纪中期到 20 世纪的"帝国主义"时代是一个全球化的时代。资本主义的经济活力正是通过全球化而产生。

（三）东亚国家的外发式发展模式

全球化，正在把世界融合为一个相同模式的市场，在亚洲国家，这一模式表现为政府主导的、追求单纯经济增长的发展模式。19 世纪欧美抵制了英国模式，然而，在 20 世纪 90 年代的东亚国家并没有出现对美国模式的抵制。

东亚现代化与战后资本主义世界发展模式相同，以"国家主义"和"增长第一主义"为价值取向，是自上而下的、依靠外来资本、技术和理论寻求发展的方式。20 世纪 80 年代的"东亚奇迹"似乎验证了这一发展模式：国家主导型的开发体制,积极引进国际跨国公司,通过跨国公司的出口取得本国经济的高增长率,以15%~16%的出口增长诱导7%~8%的GDP增长。这就是东亚外发式发展模式创造的奇迹。

由此可见,亚洲现代化实际上被世界体系所支配,其一,外资依存型、出口振兴型的经济增长模式,这种发展方式主要是引进外资企业,并发挥引进企业的技术和经济力量,引导本国、本地区相关产业发展,造成波及效应,增加就业机会;其二,国家主导的资源配置体系;第三,发展以环境为代价。

外发式发展是一种国家主导型、外资依存型、出口振兴型的经济增长模式,它以发达国家的工业化、城市化为模式,忽视本国的产业结构和经济结构,尤其是一些后进国家,把本国的命运建立在引进巨额资本和国家公共工程方面。日本就是这种成功的典型。然而,这一发展模式导致深刻的社会危机。首先,第一产业比重缩小,第二产业比重增加,自然资源过度开发,生态环境恶化;其次,经济发展与社会发展相脱节,社会保障制度没有随着经济增长而相应完善;第三,"重效率、轻公平",表现为分配—收入的不平等、城乡之间发展差距的加大和贫富差距的扩大等等。

当经典现代化的增长方式发生危机的时候,后现代化理论开始考虑发达国家未来的发展。美国社会学家丹尼尔·贝尔提出的后工业化社会正是对现代化危机所采取的一种对策。可是,现代化瓦解了农业社会结构,建立了工业社会;后现代化瓦解了工业社会,建立了后工业化社会。不同社会形态的更替,经济社会的发展,其动力源是谋求自身利益最大化的经济人;发展是直线的、一元的;发展是通过资本积累的;资本积累是通过国家和企业来完成的。在这种发展模式下。落后国家只有赶超先进国家,依赖外来因素进入工业化,继而跨入后工业化。正是从这个意义上来说,工业化社会和后工业化社会都是一种外发式的增长模式。人们普遍认为,经济增长能够带来对环境技术领域投资的财力,经济增长是解决问题的方法,而不是问题本身。国民的幸福必然是通过经济增长来实现的,更多的购买力、更高的消费才是幸福的保证。"经济增长"成为政府行为的理性前提。

外发式发展构筑一个"经济增长型"社会,所谓"经济增长型社会"是指经济增长没有与社会发展同步，一种"病态社会"正在形成。现在，发达国家的大部分市民对于服务性商品有很高的购买力，高购买力导致成本费用上升，费用上升有商品和非商品等各种形态，有些是难以量化的生活质量的下降，如空气、水、环境；作为近代生活必须要付出的代价和补偿，如药品、交通、休闲品等；由于资源匮乏导致必需品价格上涨，如能源、绿色资源等，而这一点是被忽略的。

五、内发式发展与亚洲政治社会转型：从"增长"到"发展"

20 世纪 80 年代以来，在对国家主导的开发体制反思的基础上，内发式发展推进了东亚政治社会转型。内发式发展与市民社会发展同步，这一特点与 19 世纪的市民社会有着明显的区别，有关这一问题将在"21 世纪市民社会"部分加以阐述。在这里，内发式发展与东亚政治社会转型是一个崭新视角。

(一) 亚洲政治社会转型

内发式发展是由自上而下的国家主导型发展模式向自下而上的民间主导型发展模式转换，其关键词是：民间主导。

1. 内发式发展推动政治社会转型

亚洲政治社会转型开始于 20 世纪 80 年代，然而，与欧洲政治社会转型不同的是，亚洲政治社会转型是基于对国家主导的经济增长型社会反思的基础上展开，以社会发展为内涵的内发式路径推动了东亚政治社会转型。

从外发式发展到内发式发展，从发展目标来看，那就是：充实衣食住的基本需求，开拓人发展的充分可能性；从全球化的视角来看，内发式发展是一种多元的发展，它不在乎先发、后发，而是一种平等的、公众参与型的发展。[①]

从外发式发展到内发式发展，东亚政治社会转型是从"经济增长型"向"社会发展型"的转换，它经历了三个阶段。

---

① 鹤见和子『内発の発展論』、（日）藤原書店、1997 年、第 522 頁。

第一阶段是20世纪60~80年代,这一阶段的社会发展是作为经济发展的补充来实施的,例如,社会资本与社会基础设施都是作为经济发展的辅助手段来考虑的,经济援助项目的70%~80%都是面向经济社会最贫困的部门,可是,这并不能解决贫富加剧与环境恶化问题。

第二阶段是20世纪八九十年代中期,这一阶段把实现人的基本需求BHN(Basic Human Needs)的制度环境提上了议事日程,如公众参与型的环境保护等等。这是一种可持续的发展战略,可是,这一时期的"市场失败"与"政府失败"仍然呈不断走强之势。

第三阶段90年代中期至今,这一阶段"以人为本"的发展目标逐渐推进,新的社会团体——非营利部门的发展成为社会发展不可缺少的因素,国家、企业与第三部门之间达到一种新的平衡。

在韩国,1987~1988年开始对卢泰愚政权的开发体制进行反思。在政治变动的同时,出现了把开放、合法的活动空间积极活用起来的市民运动。1987年,与在野运动和民众运动区分开来的市民运动成立了经济正义实践联合委员会。在多元化、民主化的条件下,1992年,韩国进入了文民政权时代。

在菲律宾,阿基诺政权取代了马科斯政权,地方分权成为开发体制的核心内容。如阿基诺政权的《菲律宾中期开发计划(1987~1992)》、拉莫斯政权的《菲律宾中期开发计划(1992~1998)》等等,从制定、实施到评价的整个过程都有NGO的积极参与。

在泰国,1997年的新宪法是历史上第一次由市民参加制定的新宪法,新宪法在参议院选举制度、自然资源的保护、独立的人权委员会设置等方面都具有划时代的意义。

在日本,1993年结束了自民党38年的单独执政,"55年体制"崩溃,以"政官财"为主体的开发体制进入了一个变革时代。NPO法、信息公开法、地方分权法、循环型经济法等一系列法律的制定,标志着国家主导的开发体制进入了结构性的转型期。全球化的地域治理是日本政治社会转型中的治理目标,地域住民对"经济增长主义"采取了抵制行动。如长野县对修建大坝的反对;熊本县拆除大坝行动;新泻县拒绝兴建原子能发电站;岐阜县御嵩町通过住民投票决定是否建造产业废弃物存放场所等等。

　　2.中国"四位一体"的发展战略

　　中国在中共十六届六中全会上提出了我党历史上第一个加强社会建设的纲领性目标,从而使中国特色社会主义的总体布局由经济建设、政治建设和文化建设的三位一体发展向经济建设、政治建设、文化建设和社会建设的四位一体发展转换。构建和谐社会的基本前提是保持"自然、经济、社会"的整体平衡,构建一个由公民、政府、企业共同来完成这个历史转型的社会结构。正是从这意义上来说,中国也进入了从"增长"到"发展"的转型期。

　　(1)发展应该摆脱一种单一模式,各地区根据其自身的历史、地理、经济等条件,探究一种具有地方特色的发展模式。"中国特色社会主义"的提出,应该是谋求内发式发展的典型路径。但问题是,在我们的发展过程中,逐渐偏离了"中国特色"这一内涵。所以,在一个有限的资源空间内,放弃"为了增长而增长"的发展模式,一种内发式发展和"防御性的进取",是科学发展观的理性选择。

　　(2)内发式发展是解决人的贫困与人的发展问题。贫困可以分为收入贫困和人的贫困。在中国,贫困并不完全是由收入的多少来决定的,如年龄歧视、性别歧视、种族歧视、城乡歧视等等,所有这些现象都被称作"人的贫困",在这里,贫困是指权利的剥夺。内发式发展要满足人们的 BN 或 BHN的需求。BHN 包括衣食住、保健、教育、就业等;BN 是指人的基本权利的实现,联合国把它称之为"人的发展指标"。在中国,经济发展不是单纯地实现 BHN 指标,而是在 BN 基础上的 BHN 指标。

　　(二)内发式发展的国际共识

　　东亚国家的内发式发展并不是个案,从它的外延来看,有着广泛的国际共识,对于"为增长而增长"的经济增长型社会的反思,它是全球性的。

　　20 世纪 80 年代以来,一种被扭曲的开发在全球呈扩大的趋势,贫困、失业、社会分裂这一世界性的三大社会问题日趋扩大,正是在这一背景下,联合国开发署在 1990 年的年度报告《人的发展报告》中第一次提出"发展"

的目标是"人的发展"（human development），这是联合国开发署在国际开发援助项目方面的目标转换。正是基于联合国开发计划提出的"人的发展"目标，促使各国政府在"发展"问题上形成了共识。

《人的发展报告》指出，发展不仅仅是 GDP 的增长，也不仅是收入以及财富的积累，一个人的收入也许是他（她）人生的一种选择，但并不能说这是人生的全部。人的发展是扩大选择的过程，在这些多项的选择中，最重要的是健康的生活、良好的教育、为了维系基本生活的权利等等，而在此基础上的政治自由、人权保障和尊严是更重要的选择。由此可见，《人的发展报告》把"发展"定义为"人的选择权的扩大"。

1992 年联合国的开发计划（UNDP）提出了把开发目标置于"人的自由选择权的扩大"，即医疗保健、教育普及以及实际购买力的提高等等，并用以人均收入为基础的实际购买力来计算出"人的发展指数"（human development index）。一般认为，"人的发展指数"是一种内发的发展。

2000 年的里斯本世界首脑会议提出"社会性的、具有竞争力的知识社会"；同年 6 月在日内瓦举行的联合国社会开发大会上，泰国的政府报告揭示了社会发展方向：一方面强化地域经济自给性的内发式模式；另一方面构筑市民参加的社会运营结构，从而指出了泰国经济社会发展的新方向。①

从社会发展、社会公平与内发式发展的关系来看，世界银行《2006 年世界发展报告》指出，公平性的基本定义是人人机会均等……我们的目标不是追求结果平等，而是扩大对贫困人口的医疗、教育、就业的资金通道。显然，公共行动在谋求扩大那些最缺乏话语权、资源和能力的人群的机会，这是一种内发式发展的路径。

---

①　西川潤「環境経済と政策学」，『環境と開発』、（日）岩波書店、2000 年、第 47 頁。

第五章 社会政策的赤字平衡

——欧洲统一的内发式路径

因《欧盟宪法条约》在法国与荷兰遭到否决，在欧盟掀起了一场关于欧盟发展模式的论战。德国前首相施罗德认为，"我们需要什么样的欧洲？……一个真正意义上的政治联盟？还是仅仅只是一个自由贸易市场"；前英国首相布莱尔在 2005 年欧洲议会的一次发言中指出，"……我信仰的是作为一个政治实体的欧洲，一个有着浓厚社会关怀的欧洲"。①

《欧盟宪法条约》的否决与欧盟发展模式的争论揭示了这样一个命题："经济统合与社会的欧洲"。如果欧洲统合仅仅停留在"经济统一"的话，那么，欧洲统一事实上是不可能实现的。

2007 年 10 月 18 ~ 19 日，在里斯本召开欧洲理事会会议，会议通过了代替《欧洲宪法条约》的《改革条约》，也称《里斯本条约》。条约是在 EU 条约（安保与治安的合作规定）与 EC 条约（经济统一为目的的相关规定）修改基础上起草而成的。同年 12 月 13 日，27 个国家首脑正式签署了《里斯本条约》。《里斯本条约》意味着欧盟放弃了《欧盟宪法条约》中的一些提法，从发展的模式上来看，欧洲统一更加注重共同的社会政策以及实现社会统一的内发式发展道路。

---

① ［德］韦尔夫·维尔纳:《德国视角下的欧洲社会模式》，吴志成、龚苗子译，《欧洲研究前沿报告》，华东师范大学出版社 2007 年版，第 85 页。

一、欧盟"社会统一"的历史进程

"发展"是由"外发式"与"内发式"两个层面的互动推进的,发展的目标不是财富的增大,而是人的基本权利在物质与精神方面的充实,这是两种不同的经济思想。欧洲统一就是在这两种经济思想相互补充的基础上展开。一种是"市场统合优先"思想,这是消极的统一路线;另一种统一是探索"政府—社会—公民"良性互动的"共同政策",这是追求"政策统合"的积极统一路线。在欧洲统一史的视野中,社会统一是作为积极统合路线的重要环节来展开的。

(一)欧盟社会政策的提出

在欧洲统一的过程中,政府间讨论的中心议题是社会模式问题:是继续维持高福利水平的财政支出还是从根本上放弃福利国家模式。放在欧盟国家面前的参照模式是美国新自由主义道路。

现实的问题是,当时欧盟25个成员国中最发达国家的人均GDP总值比最不发达国家的人均GDP高出3～8倍。例如,如果欧盟平均GDP为100的情形下,最富裕的卢森堡可以达到280,而最穷的保加利亚仅为37,两国之间相差近8倍。[①] 此外,扩大后的欧盟在社会保障开支方面也存在巨大差异。一些国家如丹麦、荷兰、德国与法国在社会保障上的花费比匈牙利、斯洛伐克高出3～4倍;在消费水平上,瑞典、德国、法国的消费支出占国民生产总值的30%,而爱尔兰只有14%。[②] 欧盟各国在社会福利方面的差异,欧盟经济政策能在多大程度上发挥作用? 这是欧洲统一的制约性因素。

实际上,1958年创设的"欧洲经济共同体"(EEC),其目标是"物、服务、资金与劳动力"在区域内的自由流动,即创建"共同市场"。这是一种"市场统合优先"的欧洲统一路线,一体化的中心议题始终在经济层面。

1958年1月1日实施的《罗马条约》使用了"社会政策"这一概念,强调

①　庄司克宏「リスボン条約とEUの課題」、(日)『世界』、2008年3月、第207页。
②　Organisation for European Co-operation and Development, *OECD Factbook* 2005：*Economic*, *Environmental and Social Statistics*, Paris, 2005. p. 167.

"确保其国家的经济与社会进步,确认以不断改善人民的生活与工作条件为其努力的根本目标"。为此,提出了"促进劳动力流通"等四大基本自由,可以说,这是属于社会政策的基本条款。但是,劳动力流动的最大障碍是社会保障体系,而各国社会保障制度的差别致使劳动力在欧盟国家之间很难自由流通。

《罗马条约》签署以来,欧盟进程中最重要的环节是 20 世纪 60 年代后期取消关税壁垒。1967 年,欧洲煤钢共同体(ECSC)、欧洲原子力共同体与欧洲共同体合并,1968 年实现关税同盟。从 50 年代到 60 年代的欧洲统合以"市场统合优先"为特征,1973 年实现了第一次扩大,英国、爱尔兰、丹麦等国加入了欧盟,欧盟扩大为 9 个国家,从而推动了市场的统合与扩大。70 年代初,欧洲统合进入了市场统合与社会统合共同推进的过程。

(二) 市场统一与社会统一同时并进

在 1972 年的布鲁塞尔峰会上,欧盟首脑把社会政策确定为欧盟发展的新目标。1974 年通过了《欧共体社会行动方案》。该方案主要关注与工作环境有关的三个方面,即充分和更好的就业;生活和工作条件的提高;劳动者在企业活动方面的更多参与,等等。然而,当时的社会政策更多地被结合在经济活动中来加以考虑的,而且,20 世纪 70 年代的经济停滞与通货膨胀,使欧盟放慢了社会政策的步伐。

20 世纪 70 年代中后期,欧盟在工资、就业、职业培训与社会保障领域出台了一系列促进男女平等、保障"工人健康与安全"的指令,这时期被称作劳动法的"黄金时代"。可是,英国撒切尔政府反对与劳动法相关的一系列指令,使得这些法律很难在理事会通过。

在 20 世纪 80 年代经济一体化步伐加快的情形下,社会政策被重新提起。1985 年,欧共体委员会第一次对社会政策进行讨论。在这次讨论中,就业问题成为社会政策各项提案的核心,并通过立法建立了共同体的社会政策法规。这一思想首先反映在 1986 年签订的《单一欧洲法案》(SEA)中,通过该法案,一些社会政策被列入共同体的法律框架中。例如,在 1986 年的《单一欧洲法案》中提出了多数表决制,规定了工人健康与安全标准,建立了劳资对话制度。这些条约对当时欧盟 12 个国家的社会经济发展作出了巨大贡献。

《罗马条约》把社会发展看作是经济整合的产物,而《单一欧洲法案》提出市场统合与社会统合的同时并进。一方面,以《单一欧洲法案》为基准,推进市场统合;另一方面,强化共同的社会政策,建设"社会的欧洲"。可以说,《单一欧洲法案》是欧盟社会政策发展中第一个里程碑。

在《单一欧洲法案》的基础上,1989 年,12 个成员国的首脑聚会在法国的斯特拉斯堡,通过讨论,最后除了英国以外,11 国一致签字通过了《欧共体劳动者基本社会权利宪章》,即《欧盟社会宪章》。宪章的前言明确宣告:"社会层面具有与经济层面同样的重要性,因此,两者必须得到完全平衡的发展。"

(三)20 世纪 90 年代欧盟社会政策核心——就业

20 世纪 90 年代以后的欧洲一体化是多层次、多角度展开的,如"深化经济统合"、"强化政治统合",等等。冷战结束以后,欧洲旨在强化共同外交安全保障政策,在实现欧盟东扩的同时,推进经济统合,提升欧洲经济在世界的地位,即实现"强大的欧洲"与"竞争的欧洲"。另一方面,面对经济一体化带来的失业、贫困与社会排除等一系列问题,欧盟国家之间更加注重社会政策的调整。

1991 年末,《马斯特里赫特条约》中产生的欧洲理事会确立了"欧洲市民权"以及共同外交安全保障政策,也就是说,欧盟国家之间就"政治统合"也达成了一致意见,根据这一意见,《马斯特里赫特条约》在 1993 年 11 月生效。于是,三位一体的欧洲联合,即"欧洲共同体"、"共同外交安全保障政策"与"司法、内务合作"的欧洲联合开始起步。问题是,20 世纪 90 年代以后的欧盟统合,社会政策是如何推进的。

《马斯特里赫特条约》的附件中有"社会政策协议",它也可被看作是一个独立的社会政策草约。《马斯特里赫特条约》把多数表决制扩展到工人的平等机会,更关注所有公民的社会权利。

首先,协议将社会政策的范围扩大到教育、职业培训、年轻人就业、公共健康等等,同时修改了《罗马条约》中有关经济和社会整合的部分;其次,为管理者与劳工建立了对话机制,有关工作健康和安全、工作条件、工人获取信息和咨询、男女平等一系列问题必须遵守有效多数投票原则;再次,工人的社会保障、工人失业的社会保护等涉及到被雇用者和雇用者之间谈判的时候,应由所有签约国一起讨论。最后,协议还授权部长理事会在社会政策领域内,可以采用"欧盟指示"、"贯彻实施的最起码要求"等手段进行行政干预。

进入20世纪90年代后,随着全球化的全面推进和经济结构的调整,欧盟的失业问题越来越严重,失业率常年保持在10%以上。于是,欧盟逐渐将失业问题和与失业有关的社会政策列为头等大事。

1993年12月,欧盟层次上第一个解决失业问题的"德勒斯白皮书"奠定了欧盟国家就业政策的基础。第一,为了从经济增长中产生就业增长,各成员国政府必须采取系统的政策行动,包括税收、职业培训、教育、社会保护与社会合作等内容。白皮书明确指出,劳动力市场在提高就业增长方面并不完善;同样,经济增长在拉动就业方面也不很成功,所以,必须建构制度性的社会政策,对教育、职业培训和劳动力市场体系加大投资。第二,白皮书强调欧盟在帮助各成员国解决共同就业问题方面如何扮演中心角色,它促使欧盟有关机构注重各成员国通过共同协作解决有关就业以及与此相关的社会问题。

继"德勒斯白皮书"之后,欧盟又发表了《论欧盟社会政策》绿皮书。绿皮书第一部分指出了欧盟社会政策所涵盖的领域,包括健康医疗、社会安全、就业与劳动力市场、社会保护与社会保障、贫困与社会排斥等等;第二部分指出了欧盟面临的社会挑战,这些挑战主要来自高失业率,强调要"保证经济与社会肩并肩地发展";第三部分讨论了欧盟对这些挑战采取的应对措施,强调就业机会平等和社会福利与社会稳定的重要性。就业应当作为政府政绩的验证,而不是将来行动的处方。

1994年7月,欧盟又发表了题为《欧洲社会政策——欧盟发展之路》的白皮书。白皮书提出了一个重新设计就业制度的行动计划"1995～1997年社会行动计划",计划提出就业、男女就业机会和待遇的平等权利,并承诺制定一个社会政策目标的综合性纲领,在20世纪结束时完成欧盟的社会政策设计。《欧洲社会政策——欧盟发展之路》白皮书被认为是21世纪欧盟社会政策的发展战略。

1997年10月在阿姆斯特丹举行的欧洲理事会上制定了《共同体法》,该条约第一次将社会政策与经济政策、货币与财政政策并列为同一级大标题,而在以往的欧盟法案、条约或协议中,社会政策一般是列在经济政策的大标题之下,显然,社会政策已不再是附属于经济的条款。

1997年末的卢森堡欧洲理事会上,有关"欧洲就业战略"问题达成了一致意见。

1. 就业能力。主要是弥补欧盟就业者的技术和技能差距,特别为青年人、长期失业者和其他在劳动力市场缺少竞争力的群体创造条件;2. 适应能力。增强就业者面临经济变迁的挑战能力,这意味着终生学习的投资和新工作方式的出现;3. 公平机会。创造条件使男性和女性在家庭生活和工作场所都能享有公平的机会和待遇。欧盟特别指出,上述战略是一个统一的整体,孤立地重视某一个问题是不会产生良好结果的。

综观20世纪90年代以后的欧洲统一,从"经济理论"与"社会理论"的关系来看,可以归纳为以下两个方面。

1. 政策重点从"经济的欧洲"逐渐向"社会的欧洲"转型

从政策层面来看,随着欧盟统合的深化与扩大,社会政策得到了一定程度的发展。1991年的欧洲理事会在欧洲联合条约中特别强调共同的社会政策。当时,除了英国之外,其他国家都以条约附属文书的形式采纳了"有关社会政策的议定书"。议定书除了原有的《工人健康与安全》条约之外,社会政策延伸到劳动条件、男女机会均等、残疾者工作等社会关联法规,与此同时,有关"社会对话"也在欧洲层面达成了一致意见。欧洲理事会制定的"劳资对话"促进了90年代之后的欧洲社会政策,为今后在劳资合意基础上的一系列社会政策的关联指令做好了准备。另外,1994年制定的、适用于欧盟区域内多国籍企业劳资之间的《情报提供与协议》也是欧盟社会政策的重大创设,并在此基础上建立了《欧洲劳资协议会》。

2. 90 年代欧盟社会政策的重点是就业政策

欧盟社会政策的标志性进展是 20 世纪 90 年代末提出的"公开协调方法"(OMC)。OMC 作为欧洲劳动力市场的重要组成部分被扩展到社会政策领域,政策号召成员国在劳动力市场学习其他国家的成功经验,从而解决欧洲长期存在的结构性失业、低就业率以及服务行业发展滞后等一系列问题。2000 年的里斯本理事会宣言上进一步提出了"创造更多就业的经济发展,构建世界上最富有竞争力的知识经济",宣言设定了 2010 年达到的提高就业率的数值目标。

二、欧洲制宪危机的社会原因

从 2000 年的欧盟机构改革,成立制宪大会,到 2003 年提出《欧洲联盟宪法条约》,再到 2007 年的《里斯本条约》,欧盟一直不停地在为制定一部宪法而努力。然而,我们看到了"精英欧洲"与"公民欧洲"在制宪问题上存在难以跨越的分歧。对欧盟国家的公民来说,如何保持本国政治经济的稳定是首要的,他们不愿意看到超国家主义所带来的政治、经济、金融的风险。从这意义上来说,制宪危机是不可避免的。

(一)从《欧洲宪法条约》到《里斯本条约》

围绕欧洲宪法条约的国民投票,法国、荷兰国民的反对票超过了 60%。拒绝宪法条约的理由在于社会层面,也就是说,如何平衡"社会政策的赤字"是实际的政策焦点。欧盟进程中的"民主主义赤字"至少反映了现实的欧盟制度并没有充分地反映民意。

欧洲宪法条约为什么受挫? 1992 年的《马斯特里赫德条约》、1997 年的《阿姆斯特丹条约》、2004 年的《欧洲宪法条约》以及 2007 年的《里斯本条约》,围绕上述条约的政府间会议,作为法律顾问的欧盟理事会法务局长皮利(Piris)指出,欧洲宪法条约里的一连串的国家用语,如欧盟外交部长、"欧盟旗"、"欧盟歌"等等,在欧洲宪法条约中逐渐增强的政治影响力动摇了市民的心理。①

《里斯本条约》吸取了以上教训，欧盟首脑尽量回避类似"国家"这种词汇，在条约中没有给国民一种超级国家的印象，在以往欧洲宪法条约中使用的语言全部放弃。为什么欧洲市民对国家如此反感，而对社会政策的充实寄予期望呢？为此，欧盟的回应是提出建设"具有高度竞争力的社会市场经济"，以消除"社会政策的赤字"。《里斯本条约》在社会层面尽量满足市民的这种期待，以社会市场经济解消"社会政策的赤字"。

构筑欧洲社会模式是《里斯本条约》的行动目标。《里斯本条约》签署后，欧盟各国的下一步机构改革重点是什么？欧洲理事会委员长巴罗佐在一次记者招待会上作了如下阐述：应对全球化对欧洲的影响，这是欧盟的工作。对欧盟来说，全球化带来的最大的问题是竞争与保护弱者，所以，经济与社会同时发展，并以此为目标，构筑"欧洲社会模式"。在《里斯本条约》中，修改了原来条约中的"伴随着自由竞争的、开放的市场经济"等等提法，新的表述是："具有高度竞争力的社会市场经济"。②

2007 年 12 月欧盟签订的《里斯本条约》使欧洲政治一体化和欧盟改革重新获得了希望，但是，就在欧盟各国对一体化前景充满憧憬时，2008 年 6 月 12 日，爱尔兰举行的全民公投却率先否决了这一条约，欧洲一体化再次成为讨论的焦点。

爱尔兰否决条约的直接原因是表示对政府和一体化发展方向的不满。首先，爱尔兰民众担心欧盟的进一步扩大会导致更多东欧移民涌入，与其争夺就业机会。据统计，爱尔兰的失业率已经达到 5.4%，为近几年的最高。③其次，民众对条约的部分条款不满：许多爱尔兰人认为，如果《里斯本条约》生效，爱尔兰的中立外交政策可能受到影响，从共同农业政策中获得的补贴也会减少，现行的禁止堕胎政策也可能不得不废除，并且还会丧失在欧盟委

---

① 庄司克宏「リスボン条約とEUの課題」（日）『世界』、2008 年 3 月、第 205 頁。
② 庄司克宏「リスボン条約とEUの課題」（日）『世界』、2008 年 3 月、第 205 頁。
③ 刘明礼：《爱尔兰否决里斯本条约与欧洲一体化前景》，《国际信息资料》2008 年第 8 期，第 30 页。

员会中的常任委员资格。第三,国内政治问题影响公投结果。2008 年 5月,爱尔兰前总理埃亨因丑闻下台,降低了政府威望,提升了反对党的影响力。公投前,反对党呼吁政府就《里斯本条约》与欧盟重新进行谈判,以获得类似英国的"豁免权",这在一定程度上影响了公投结果。

(二)走出社会危机的政策修正

在一个相当长的时期内,欧洲社会统一模式所面临的政府支出问题仍然会受到两个结构性因素的影响:其一,人口的快速老化致使政府的福利支出面临困境;其二,全球化不可能让欧盟国家都处于有利的位置。受上述因素影响,20 世纪 90 年代以后的欧盟统合,"社会的欧洲"与"经济的欧洲"相比还是有很多不充分的地方。

1.增强 EU 层面具有约束力的政策权能

在欧盟,实际上具备了有关社会政策的权限,在欧洲理事会具备共同决定的立法手续。例如在劳动环境、劳动条件、男女之间的机会均等以及平等待遇等方面,欧盟都设置了共同的下限标准。但是,对于工人社会保障与社会保护等事项,理事会必须取得一致的意见。另外,欧盟的社会政策立法有一条基本原则,即不允许干预欧盟成员国决定自己国家的社会保障制度的权利,也不能对财政均衡产生重大影响。

上述欧盟立法与 EC 条约对社会政策的相关规定,是为了确保欧盟区域内市场公平竞争的条件。可是,具有更高社会福利标准的欧盟国家,为了使自己在区域市场内处于更有利的竞争地位而改变相关制度。例如在 EU 条约所规定的男女平等工资,在 EEC 成立的时候,法国已经达到了这一原则规定。可是,法国却提出应该与其他欧盟国家具有相同的竞争条件,所以,法国改变了已经达到的男女平等工资这一状况。在这种情况下,EU 水平的社会政策,其自身的价值与目标,在欧洲统合的过程中被各种利害关系所左右,最后成为妥协的产物。

可见,在就业、劳资关系、工资、社会保障等方面,作为共同体的欧盟如何约束加盟各国,还缺乏完备的法律。欧盟在欧洲最低工资等方面制定了具有约束力的法律,但是缺乏在欧盟层面上的、具有约束力的权能。① 显然,增强 EU 层面具有约束力的政策权能是克服制宪危机的有效路径。

2. 在社会统一的基础上推进欧盟扩大

欧盟东扩的过程中,从"社会的欧洲"视角来看,对中东欧国家的社会政策方面的统合是弱化的。有关工资的权利、有关结社的权利、有关罢工的权利等等,从欧盟层面来看尚未完备。在欧洲层面,真正意义的劳动法、社会法还没有形成。②

3. 制造业经济向服务性经济转型中的失业问题

20 世纪 70 年代末,欧盟雇用的工龄人口比例超过了美国的 62%,达到 64%。到 1997 年,欧盟的就业率下降到 60.5%,而美国增加到 74%。这个数字意味着欧盟有 3400 万工人失去了工作。③ 是什么原因导致这一情况的发生呢? 是制造业经济向服务性经济转型中的结构性问题。欧洲的服务性经济远远落后于美国,可是,欧盟用于结构转型支出的社会政策是不充分的。2002 年欧盟的总预算达 1000 亿欧元,但仅有 340 亿欧元用于"结构运行",而且这些基金主要用于支援欠发达地区。由此可见,欧盟劳动力市场的政策预期在很大程度上脱离了欧洲民众,据统计,欧盟 25 个国家约有 47% 的人认为欧盟目前最优先考虑的政策应该是处理社会失业问题。④

4. 国家、企业与社会的协调发展问题

"社会市场经济"起源于战后的德国,其内涵在于国家、企业与社会的协调发展。国家建构竞争的制度框架,在这制度框架下,企业在自由地从事经营活动的同时,充分提供社会保护制度。以社会的市场经济为目的,它的侧重点不仅仅是竞争,社会保护同样是政策重点。也就是说,以"社会市场

---

① ブランパン.ロジェ、小宫文人訳『ヨーロッパ労働法』、(日)信山社、2003 年、第 665 頁。
② コリア.バンジャマン、廣田功訳「社会的ヨーロッパ:基盤、展望」,『ヨーロッパ統合の社会史』、(日)日本経済評論社、2004 年、第 163 頁。
③ [德]韦尔夫·维尔纳:《德国视角下的欧洲社会模式》,吴志成、龚苗子译,《欧洲研究前沿报告》,华东师范大学出版社 2007 年版,第 88 页。
④ [德]韦尔夫·维尔纳:《德国视角下的欧洲社会模式》,吴志成、龚苗子译,《欧洲研究前沿报告》,华东师范大学出版社 2007 年版,第 97 页。

经济"实现"欧洲社会模式"。

欧盟显然不是"国家",欧盟的单一市场运营、单一货币管理,可以说,这就是欧盟的主要工作。一般市民关心的事情,在选举的时候,主要集中在医疗、养老金、社会保障、就业、教育以及治安等等,而这些都是欧盟各国管辖的事宜。在《里斯本条约》里,国家除了承担、提供具有经济利益的公益事业服务以外,还必须具有提供非经济服务的权限,如义务教育、社会保护、安全保障、治安等一系列服务。显然,欧盟这方面的承诺是不够的。

5.避免"社会政策赤字"发生的问题

区域内统一市场的基本原则是相互承认。例如,在 A 国依据一定规则生产、并进入流通的产品 X,作为原则,当它进入 B 国的时候,不必接受 B 国的新规则,可以自由地买卖。问题是,如果大多数企业向劳动成本低的国家移动的话,那么,所有国家也会采用致使劳动力成本下降的政策,结果导致各国规则之间产生"趋于底边的竞争",这将影响到欧盟各国的就业与税收,从而产生不利于社会保障制度的结果,"社会政策赤字"随即产生。如何避免"社会赤字"的发生,制度安排与协调是艰难的过程。

三、"社会的经济"与"社会的欧洲"

欧洲统一是三位一体的结构,即外交、安全保障统一、货币统一、社会统一,它表现为财富资本增长与社会资本增长的一致。人们一般把欧洲共同体——欧盟的形成过程归类为经济—政治的统一过程,人们所看到的也是欧洲经济货币联盟和欧洲政治联盟。然而,欧盟从 6 国到今天的 27 国,各国对于欧盟扩大的认同,实际上是对于社会认同的过程。

"社会的欧洲"蕴涵着深厚的历史渊源。19 世纪的欧洲,"社会的经济"作为市民社会内部的、内发的发展过程,充分体现了财富资本与社会资本同步发展的过程。

(一)19 世纪"社会的经济"

"社会的经济论"产生于 19 世纪 40 年代的西欧,它是指国家与个人之间进行有效联系的中间地带。一国的经济增长,如果没有积极的社会干预,失业与贫困问题不会随着经济增长而自行消除。西欧市民社会的自我发展,社会问题是通过社会资本的积累逐步解决的,也就是说,它是在国家权力之外、由市民将个体人力资本通过社会协同,提高其社会效能,促进社会发展。在19世纪的欧洲,社会协同被称之为"社会的经济"(Social Economy)。

在英国,"社会的经济"论是指由社会组织控制的经济。从理论的渊源分析,它与"政治联合论"有直接的关联。"政治联合论"来自于1791年法国人权宣言第2条,即"市民有建立政治联合的权力"。19世纪40年代,"政治联合"逐渐向"联合经济"、"协同经济"转换,从而产生"社会的经济论"。

法国经济史学家查理·齐德(G. Gide)在《社会的连带经济》一文中提出以"社会的经济"探求宏观的社会组织变革:首先,以"社会的经济"推进社会事业,实现社会公正;其次,以"社会的组织"来改变社会组织,以促进资本主义经济制度改良。①

"社会的经济"包括三种社会经济组织:一是协同组合;二是民间保险公司;三是市民联盟,即市民自发性团体,例如与开发合作相关的NGO等等。这些社会经济组织从事的经济活动不是用于资本积累,而是在某种程度上制约资本的分配,把资金的一部分用于工人福利、失业救济与社会救助等方面。正是从这一意义出发,"社会的经济"有时被称之为"社会公共经济"。

19世纪是政治经济学的全盛时期,可是,对政治经济学来说,解决工业化出现的社会问题,却是"社会的经济"。在英、法、德以及西班牙等国,"社会的经济"以协同组合的形式表现出巨大的社会效能。

19世纪的"社会的经济",当它进入20世纪30年代的经济危机以及第二次世界大战以后的经济成长时期的时候,"社会的经济"几乎消失。这是因为"社会的经济"所批判的资本主义体制,一方面被马克思主义吸收,另

① 西川潤『人間のために経済学』、(日)岩波書店、2006年、273頁。

一方面也被社会民主主义所吸收,而其消失的真正原因是强大的国家主义。

(二)欧盟"社会的经济"重新崛起

20 世纪 30 年代的世界经济危机与第二次世界大战后的经济高度增长中消失的"社会的经济",在 20 世纪 80 年代又一次兴起,并引起全球广泛关注。"社会的经济"重新崛起,基于以下三个原因。

第一,随着资本积累逐渐进入成熟阶段,人们对富裕的认识,在价值观方面发生了很大变化。欧盟各国民众更加追求人与人之间的关系,即社会关系,也就是说,从单纯地对利润的追求转向对社会的、文化活动的需求。对于人类福利的基础,他们不仅重视经济层面,而且从经济与社会的整体发展来加以考虑。

第二,西欧混合经济模式中形成的福利国家体制,由于老龄化社会引起的财政赤字,到了 20 世纪 80 年代已经步履维艰。与美国、俄罗斯国家不同,欧盟国家的财政赤字是由于过去优越的福利政策造成的,所以,对经济增长时期确立的福利国家体持批判态度,在 80 年代相当盛行。对公共政策反思,或者对国家作用的边界提出质疑,市民认识有了空前提高。

第三,欧盟国家居高不下的失业率是"社会的经济"复活的又一重要原因。欧盟国家的平均失业率在 10% 左右,在法国年轻人中,这一比率达到20% ,[①]几乎接近 20 世纪 30 年代经济危机时代的失业率。正是在这一情形下,19 世纪英国经济危机中由失业工人组成的协同组合运动,在今天的欧盟国家以"工人消费协同组合"组成的协同组合形式活跃在社会公共领域。

在上述原因的推进下,"社会的经济"得到了欧盟国家政府进一步确认。从欧盟的组织结构来看,欧盟共有 23 个总局,社会政策属于第 5 总局,"社会的经济"属于第 23 个总局管辖,同属第 23 总局的还有企业福利政策、协同组合等等。有关非营利部门的相关法律也是由第 23 局制定的,实际上这是有关"社会的经济"的立法,立法一旦通过,非营利经济的认可、税制以及奖励政策将对亚洲乃至中国都有重大借鉴意义。

---

① 西川潤『人間のために経済学』、(日)岩波書店、2006 年、第 275 頁。

"社会经济"的推进,19 世纪协同主义传统的复活,协同组合是一个显著特点。1989 年以来,欧盟每年举行"社会的经济"会议,参加者有协同组合、民间的金融、保险公司以及社会团体,学者以及政府行政人员也一同参加。欧盟的"社会的经济"理论研究机构——"协同经济国际研究中心",把1992 年在巴塞罗钠"协同经济国际研讨会"上发表的成果命名为"社会的经济"。

(三)从"成长的欧洲"向"民主、社会与地域的欧洲"转换

欧盟统合源于第二次世界大战后的东西对立,为了确立欧洲的自主性,欧洲沿着欧洲共同体方向,不断拓展市场,培育出欧洲共同体规模的企业。欧盟的共同市场,从欧洲经济共同体向欧盟统合市场不断推进,《马斯特利赫特条约》致使欧洲产业向着更强的方向演进。可是,在《马斯特利赫特条约》批准的过程中,凸现的一大问题是:欧盟统合过程中的民主主义"赤字"的问题。民主主义"赤字"的意思是指,欧盟事物局指导下的统合形式,是否能够获得欧盟国家公民的认同? 这一疑问在丹麦与法国的公民投票中得到了回应——国民以多数票否定了欧盟宪法草案。这一结果促使欧盟机构对轻视民间舆论的反思,也就是从那时候起,作为欧盟来说,已经明确地意识到加强民主主义的重要性。如何实现从成长的欧洲向民主的欧洲转换,这是一个崭新的课题。

与建设"民主的欧洲"关联的是"社会的欧洲",具体体现在《马斯特利赫特条约》所强调的人权。欧洲在世界人权概念形成的历史中起到了积极的作用。欧洲最早的人权条约产生于 1950 年。在国家人权规约确立的过程中,自由权、社会权首先产生于欧洲。正是在这一基础上,2000 年确立了欧洲市民权,即《欧洲基本权宪章》。这一宪章规定了加盟于欧盟国家的公民可以在欧盟区域自由流动,或者在某一个国家居住一定时间后,可以在那个国家参加欧洲议会选举或者地方议会选举。当然,也有被选举的权利。这就是公民权。另外,欧盟国家的公民在第三国都享有外交保护的权利。对欧洲国家议会来说,个人拥有请愿权、信息公开以及个人信息受保护的权利等等。以上这些内容都被纳入"社会的欧洲"的框架中,在强化人权的基

础上,建构欧洲共同的人权概念,无可置疑,人权是民主社会的基础。

与这理念密切相关的欧洲统合,或者围绕一体化的相关组织。在欧盟广阔的共同市场培育能与日美企业抗衡的企业,这是欧洲经济共同体(EEC)原来的想法。这几年,经济集中、合并以及集团化已经有了相当程度的进展。可是,经济全球化的反面,一直很难改善的就是就业问题。随着经济一体化的进展,另一方面,欧洲区域内产业之间、地域之间的差别扩大,经济集中带来的是 EU 社会地域间差别的扩大。问题是,地域差别的扩大,但劳动条件却趋于均等化,一些劳动条件好、工资高的国家逐渐采取采用劳动条件差、工资低的国家标准。如何确立欧洲共同的社会标准,成为欧盟首先要考虑的问题。

(四)欧盟社会统一的相关政策

如何纠正地域的、社会的差异,欧盟的制度建设是值得借鉴的。为了缩小上述差别,欧盟的结构关系基金占了欧盟预算的 1/4 左右。欧盟预算的50% 是农业补助金,30% 是社会、地域关系的预算,其中重要的一项是欧洲社会基金,它来自《罗马条约》的 123 条——"欧洲内部,促进工人雇用机会的平等、以及地域间、职业之间的流动"。也就是说,为了履行罗马条约 123条而设立的基金:1. 主要使用于失业者的救济,尤其是年轻人的失业;2. 因结构性原因导致的地域间的差异,对于落后地区的援助也是基金的主要目标之一;3. 用于失业人群的职业培训。

为了纠正经济的、社会的差别,首先,为了改善农业结构,1962 年设立的农业指导保证欧洲基金,欧洲基金主要在农业价格与农业政策方面给予补助。其次,1975 年设立地域开发基金,基金主要用于欧洲地域结构调整方面,对于一些能够改善结构的事业给予补贴。至少可以说,对于后进地区,或者是因结构转换带来的滞后,基金可以给予一定程度的帮助。该条约的收益国主要靠近地中海沿岸,如意大利、希腊、西班牙、葡萄牙等国家。再次,根据《马斯特利赫特条约》设立的欧洲一体化基金,主要是对欧洲后进地区的援助。

改善经济社会落差的又一措施是掌握先进技术的大学与企业之间的合

作计划。通过大学与企业的合作,开发人力资源,从而促进人才交流、学生交流以及生涯教育。值得一提的是 1995 年发起的"苏格拉底计划"。计划旨在欧洲大学之间构筑交流网络,包括单位的交换,大学之间开放的教学,等等。除此以外,提供经费帮助的"伊拉斯模计划"也是改善经济社会落差的一项措施。该计划 1987 年发起以来的 20 年,参加的大学、教师和学生持续增长,学生数约占全欧洲大学生(1100 万)的 7%,约 80 万人。"苏格拉底计划"还包括青年职业训练行动计划,该计划针对义务教育结束之后的青年职业训练,时间 1~2 年,在欧盟各国均能报名受理。职业训练与技术的日新月异密切关联,为了支持中小企业的技术创新,与中小企业关联的职业训练,尤其是高科技领域的职业训练不断地被开发。在职业开发的欧盟行动中,女性职业开发的网络建构颇具特色,它包括人才交流、职业训练、信息把握。其他还有利用计算机网络的中小学教师联合培训计划等等。以上所有社会层面统合的各项措施,在教育层面,欧盟倾注了巨大的财力与政策支持。

四、欧盟社会宪章与内发式发展

欧盟社会统合的动力是欧盟的社会宪章。制定社会宪章的驱动力在于强化劳动权利,在欧盟的范围,工人参加经营的权利与团体交涉的权利是社会宪章的核心内容。

(一)自主管理与参与经营的权利

在欧洲,强调自主管理是从 1968 年法国的 5 月革命开始提出,法国社会党把自主管理作为党的基本宪章。可是,法国社会党取得政权后马上转向凯恩斯理论,最终因通货膨胀而失去支持力,自主管理思想自然就失去了存在的条件。但是,20 世纪 80 年代在社会党执政时期,社会党的司法部长奥罗在 1982~1983 年相继制定了 4 部法律,在奥罗的 4 部法律中,对劳动权、工人的团体交涉权、工人权利的保障、团体协议的保障等都有明确规定,其中包括了工人代表与经营者的对话。

实际上德国已经在 1970 就制定了"共同决定法",该法律的实施,最早的是 1972 年,首先针对中小企业;1976 年开始在 2000 人以上的企业实施。在中小企业,监查委员会的 2/3 是出资者,1/3 是职工代表;如果是大企业的话,监查委员会的一半是出资者,另一半是职工代表。以这种形式让职工参与经营,从而构建职工参与的经营制度。

欧盟以上述法律为基础,1994 年公布了职工参与的指导手册。指导手册规定,在欧盟的企业,职工有信息获得权与协议权。原来意义上的欧洲,是在 1950 年制定的、以自由权为主的人权条约,可是到了 20 世纪 60 年代,从自由权到社会权的延伸,致使欧洲统一成为三位一体的推进,即经济统一、政治统一与社会统一。正是在这基础上,1989 年出台了欧盟层面上的、有关职工社会权的社会宪章。主要内容包括:(1)职工在欧盟区域内自由流动的权利;(2)就业与工资的保证;(3)改善劳动条件,尤其是缩短劳动时间;(4)促进社会保障,由于各国社会保障水平的差异,所以,欧盟需要寻求某种程度的一致;(5)职工的团结权利,或者是保障团体交涉的权利;(6)职业培训;(7)男女平等权利,或者是女性劳动力的社会参与;(8)职工获得信息和教育的权利;(9)保障工作场所的安全与卫生;(10)保护弱者与儿童;(11)老年人的生活保障;(12)援助残疾人。

(二)社会宪章与社会对话

为了实施社会宪章,必须确立社会对话的协议体制,可是,由于 20 世纪 90 年代的经济低迷,社会对话很难推行。

欧盟的社会对话在不同的层面推进。(1)欧洲产业经营者联盟(UNICE),它是在 1958 年成立的、由欧洲 22 个国家的 33 个经营者团体联合组成的团体;(2)欧洲公共企业中心(CEEP),它是 1961 年组成的,由欧盟国家的公共企业或者是国家出资的企业联合团体。与此对应的是:(1)1973 年成立的欧洲劳动联合(CES),它由西欧 21 个国家、35 个劳动组织以及 120 个欧洲不同产业的工会联络会议加盟。(2)1958 年成立的欧盟农业团体委员会(COPA),它由全欧 30 个农业关系团体联合而成。

社会对话在以上框架内进行,可是,经营者团体对于团体交涉有点担忧,尽量躲避社会对话的约束,所以,对于推进欧盟社会宪章,阻力较大。然而,社会宪章的意义,是在欧盟发达国家的水准下,社会宪章所规定的原则在欧洲范围内推广。显然,宪章的内容要成为各国的规范,这就是社会宪章的意义所在。今天,欧洲的头等大事是失业问题,而且,这一问题是很难加以排除的。经济衰退与年轻人失业、女性社会参与的滞后、外国人社区的增多等等,实际上,"社会的欧洲"在世界经济衰退的困境中,社会统一面临巨大压力。在欧洲议会,社会宪章作为重点项目备受重视,可是,近年来,欧洲不同地域的发言权在不断地扩大,欧盟也设置了地域评议会,各地域的对话也在努力推进。"社会的欧洲"与"地域的欧洲"如何推进？这是欧盟不可避免的重大问题。

(三)欧盟社会统一促进非营利组织的发展

非营利组织的发达,意味着市民社会的发达,对资本主义社会来说,它是选择的两个方面。作为经济体制问题,非营利经济的重要性日益显现,近年来出现的协同组合部门论,它作为经济·社会的具体对策而进入了决策体系。国家与地方自治体为第一部门；第二部门包括民间企业部门以及民间企业工会组织。在欧洲,协同非营利部门列入第三部门。于是,经济·社会的结构,从传统政治经济学的视野来看,国家与民间企业作为第一部门与第二部门推进了资本积累,近代经济学就是在这一基础上建立起来的。可是,今天,被主流派经济学轻视的社会部门,按照经济人类学家 poranni 所说:"原来意义上的人类社会,不管在哪里,经济始终是社会形成的一个要因,它扎根于社会。然而,近代资本主义社会,或者说是近代市场经济社会,经济被作为突出的形态被人们所掌握,从历史的视角来看,这是异常的社会。"①今天,"经济被扎根于社会"的说法在经济·社会的结构中重新得以重视。

---

① 西川潤『人間のために経済学』、(日)岩波書店、2006 年、第 278 頁。

第三编

从"效率"到"公正"
——内发式发展的方法论视角

如何走出 21 世纪三大危机的困境？第二部分已经从发展的模式，即从外发式发展向内发式发展的转换中探索了走出危机的路径。然而，社会危机、公司道德危机与生态危机的产生，从理论层面来看，实际上是围绕"效率"与"公正"这一问题展开的。如果把三大危机纳入内发式发展的方法论视角，那么，它会展现一个宽广的研究空间。第一，从宏观层面分析，它涉及到经济学的道德科学回归——经济学是自然科学还是道德科学？这是一个方法论的问题。第二，从微观层面分析，它涉及到"资本与劳动"的关系——公司管理层是服务于股东价值的最大化还是忠实于已经建立起信赖关系的客户？这是公司治理结构的方法论问题。

发展——财富增长，同时也是资本增长的过程，这是外生的机制，即外生机制下的发展过程。然而，财富增长要靠制度改进，即公正的制度路径，它是内生机制。从内发式发展的方法论来研究"效率与公正"，从而探究走出三大危机的方法,其研究范围比新自由主义所追求的效率研究更加宽厚、深入。

第六章 经济学的道德科学回归

经济发展是外发的,而制度建设是内生的。美国金融危机的起源是20世纪80年代以来金融领域的技术创新,可是,所谓的"创新"是以投机的、掠夺的方式进行的。

社会所期待的是什么?是改善分配还是提高效率?或者是为了维护自由而牺牲效率和公平?这是完全不同质的社会目的。去创造一个多数人所追求的社会,并构筑实现这一目的以及作为手段的学问体系,这就是作为道德科学的经济学体系。

一、从道德哲学中生成的经济学

从亚当·斯密(Adam Smith)、穆勒(James Mill)到马歇尔(Aifred Marshll)、凯恩斯(John Maynard Keynes),我们能看到经济学与道德哲学的关系以及在道德科学中生成的经济学的体系。

亚当·斯密在格拉斯哥大学任道德哲学教授的时候,他已经勾画出从伦理基础到法与统治的一般原理,并试图以此为出发点,建立起近代社会的秩序。前者是斯密的《道德情感论》(1759),后者是他的《国富论》(1776)。

穆勒、马歇尔和凯恩斯在剑桥大学学经济学的时候,首先接触的是道德哲学。"道德科学"是19世纪后半期在剑桥大学盛行的一门学科,给予马歇尔巨大影响的是专门讲授"道德科学"的西丘库教授。马歇尔一直致力于贫困问题的研究,并带着这一困惑进入经济学领域。马歇尔曾经这样写道:"我实质上是道德科学的弟子"。① 凯恩斯在剑桥大学首先学到的也是道德哲学。凯恩斯从年轻的时候就开始考虑人的行为方式和社会运行方式,他的经济学理论也是在这基础上建立的。凯恩斯经济学的伦理学基础,来自伦理学家穆尔的教诲。

道德哲学视野中的经济学,它所关注的是与经济活动相关的知识、人为的制度、人性深层次的诠释以及因制度差异而显现的公正缺失。

亚当·斯密的经济学,其核心是道德哲学概念的"相互共感"。"共感"基于如下的假设:市场经济的合理运行来自人们行为的合理性,而合理性来自人们利己的情感,即私利。斯密在《道德情操论》中指出,"来自于私利驱动的竞争社会,它保障了资源的有效配置和生产效率的提高……然而,只有在公共利益基础上的私利,才是追求幸福的条件。人的幸福不仅仅属于竞争中的获胜者,"经济人"的胜利并不是人们所期待的,人们需要一种"共感",即共同感受到一味地追求私利会产生危及社会的行为,所以,"利己的种种情念"必须在维护文明社会的秩序与自然法正义的基础上,它才能保障资源的有效配置和生产效率的提高,这就是《相互共感》的真正意义所在。②

显而易见,斯密从人的行为的合理性出发,提出了适合于近代市场经济的新的伦理学原理——建立在道德世界和谐基础上的"私利"。

需要强调的是,亚当·斯密在《国富论》中的著名论点——"看不见的手"与市场秩序的维系,实际上是经济活动的各主体在道德哲学下的行动。人的主观行为与市场客观规律构成了道德科学关系,而经济主体的主观行为会破坏市场的客观规律。例如,1929 年美国股票市场的"借股卖空"行为导致金融市场崩溃。所谓"借股卖空"是指在股市上抛售股票的人实际上并不持有股票,而是向证券公司借股抛售。大量抛售引发股市下跌,于是,又用廉价买入,利用差价的一部分归还借股的利息。仅仅以私利为目的,最终导致大量企业破产,这决不是"相互共感"的行为。所以,1933 年当选的

---

① 伊东光晴『現代に生きるケインズ』、(日)岩波書店、2008 年、第 193 頁。
② Adam Smith 著、水田洋訳『道徳情操論』、(日)筑摩書房、1973 年、第 58－59 頁。

罗斯福总统通过制定股票交易法制止了"借股卖空"行为。

无可置疑,经济学离不开生产理论,但是,在古典派的生产理论体系中,自然法则起主要作用。李嘉图的土地收益递减法则和马尔萨斯的人口法则构成了古典派的"自然体系"的生产法则,而近代英国哲学家、经济学家穆勒对李嘉图体系的改动,一个中心要点是加上了分配论——生产、交换、分配、消费,这就是穆勒的经济学体系,它显现了对人的理性的信赖。穆勒认为,"善"是人的理性,从长期来看,人的理性的提升是社会进步的原动力;从短期来看,是实现再分配。

英国近代经济学的创始者马歇尔继承了穆勒的经济学体系,并以此作为研究近代化的基础。他在 1890 年出版的《经济学原理》一书中所考虑的中心问题与穆勒一样,是分配问题,"国民分配的研究"是《经济学原理》重要的章节。经济学层面的分配,从短期看,是围绕劳动与资本的分配所引起的对立;从长期看,是资本家与工人之间理性的两个层面,而人口问题的解决、技术进步所带来的生产力的提高、收获的增加以及国民分配的增加,可以实现人们的富裕。显然,马歇尔的经济学是以"道德哲学"为基础。

凯恩斯主义的经济结构以"社会的哲学"为视角,然而,它又是建立在亚当·斯密以及马歇尔经济学基础之上的。凯恩斯是英国自由党的支持者,然而,凯恩斯认为,自由不能仅仅解释为经济上的自由。在政治层面,自由表现为每个人追求幸福的权利,但是,对自由的追求不能妨碍其他人追求幸福的权利。凯恩斯在《自由主义与工党》(1926)一文中提出了基于经济学基础上的人类政治结构——"效率、公正与自由"。[①] 无可置疑,从亚当·斯密到凯恩斯,经济学始终是一门道德的科学。

二、作为道德科学的经济学方法论

在美国的经济学教程中,对经济学是这样解释的:如果经济学是研究对稀缺性资源如何进行分配的话,那么经济学应该更注重效率。也就是说,实

---

① 伊东光晴『現代に生きるケインズ』、(日)岩波書店、2008 年、第 29 頁。

现有效率的资源分配是经济学所要研究的问题。

上述问题是英国经济学家罗宾逊（Joan Violet Robinson）在《经济学的本质和意义》（1932）一书中的阐述，从"分配"到"效率"，罗宾逊对英国经济学的正统学派——从马歇尔到庇古（Arthur Cecil Pigou）的经济学体系提出了挑战。问题是，"分配"以价值判断为前提，罗宾逊提出的"实现有效率的资源分配"，实际上把价值判断剥离了经济学体系，从而把经济学引向一个类似于自然科学的领域，最终将实现经济学范式的转换。

作为道德科学的经济学方法论涉及两个问题：其一，自然科学的方法论与社会科学的方法论是否是同一的？其二，经济学是"手段"的学问。

（一）方法论的单一性

所谓"单一性"是指不变的、有效的一般概念，或者是一种普遍的法则。当我们对社会现象与自然现象进行研究的时候，使用的方法与标准却是相同的，这就是方法论的单一性。然而，社会现象与自然现象有着本质的差异。社会现象的特点是不确定性，这种不确定性在自然现象中一般是不存在的，可是，这一本质的差异往往被忽略。

经济学总是模仿自然科学的方法，它想说明的是：经济现象也是可以预测的，不管在什么时代，经济学的一般法则都是放之四海而皆准的真理，其代表性的理论就是"均衡理论"。

均衡理论来自牛顿力学，均衡理论认为，需要与供给总是向均衡点移动，价格也总是向均衡的方向靠拢。在一定条件下，每个市场参与者追求自身利益的行为，最终能带来资源的有效配置。当边际生产费用与市场价格逐渐趋同的情形下，各企业生产商品；当边际效用与市场价格逐渐趋同的情形下，消费者购入商品。均衡点是用数学来计算市场参与者的利益最大化。这一理论主张成为19世纪欧洲各国自由放任政策的理论支柱。美国里根总统执政时期，均衡理论传入美国，并成为"市场魔法"的信仰基础。

可是，最初发表均衡理论的时候，作为中心命题之一的是具备"完备的知识"，也就是说，所有市场参与者在市场过程中必须以具备一定的知识为前提，经济学家们把这"完备的知识"称为"信息"。均衡理论以充分的信息为假设条件,问题是,支持均衡理论的信息往往是不完备的。为了弥补这一缺陷,经济学家提出把"需求曲线"与"供给曲线"当作独立的体系来看待。然而,"需求"属于心理学范畴,而"供给"属于经营学范畴,"需求"也好,"供给"也好,都是市场参与者对市场的期待,而市场状况本身也是来自市场参与者的期待而形成的,尤其是金融市场,市场参与者的期待被无限地放大,这就是社会科学与自然科学根本不同的地方。金融商品的买卖基于将来的价格,期待也是基于这一基础之上。

(二)社会科学——对现实的操作

"充分竞争会带来最有效率的结果",这作为经济学的经典理论被人们所推崇,从此以后,经济学就像牛顿物理学定理一样成为普遍的、带有教科书式的理论体系。然而,这一命题基于以下假设:即企业与消费者之间的信息是完全畅通的,也就是说,上述命题必须以信息对称为前提。问题是,市场的不确定性以及人的理解能力从本质上来说是不充分的。

现在的经济学一般都用数学公式、模式来解读经济学的各种现象,尤其是市场的均衡状态。但是,社会科学与自然科学的本质区别在于:社会科学是由根据自己想法来行动的人,并根据自己的想法对现实进行操作。市场的不确定性导致社会现象多变,这一多变也是来自人类的操作,也就是说,社会现象是可以操作的,而这一点在自然科学中是不可能出现的。

自然科学的对象是自然,目的是为了解明自然法则。国家因环境、时代的变化而发生变化,可是自然对象一般不会发生变化,自然科学法则可以超越人类而得以贯彻。凯恩斯曾经在给英国经济学家哈罗德的信中对经济学与一般自然科学作过比较:"苹果落在地上,但苹果没有动机;大地对苹果也没有期待,更没有对将来的预测"。[①] 可是,经济学研究的是经济现象,是有行为意识的人以及人与人之间的关系,这里有动机、有期待、有心理层面的不确定性。而且,这一行动的对象——社会是在不断地变化的,包括制度在内的因国家制度差异而显现的社会差异也是因时代的变化而变化的。

---

① 伊東光晴『現代に生きるケインズ』、(日)岩波書店、2008 年、第 50 頁。

从这一视角来评价计量经济学。计量经济学用经济模型以及对过去的统计数据来推断原因与结果关系的概率，并根据这一概率预测将来，这一切都是以静态的假设为前提。1938 年，当美国经济学家 J. Tinbergen 做成宏观经济模型的时候，凯恩斯对此持批判态度。凯恩斯认为，计量经济学采用了与自然科学相同的方法，计量经济学以过去预测将来，无视经济学与自然科学的区别。问题是，"过去"是在怎样的条件下生成的？而不断变化的国内国际市场是不确定的，效率是动态的，社会公正、自由也是多样的、动态的。在某一时期，也许提高效率比改善分配更重要，可是，政策对改善经济效率的作用并不大，因为体现为社会公正的失业、收入等问题不断在发生变化，它们对效率产生负面影响，结果导致政策多变。

正是基于这一考虑，凯恩斯对罗宾逊经济学的"效率说"提出异议："经济学不是自然科学，而是道德科学（moral science），从亚当·斯密到马歇尔的经济学都是道德哲学（社会哲学）层面上的学问"。[①]

美国金融危机的起源是 20 世纪 80 年代以后金融领域的技术创新，不断创新的金融衍生产品，实际上把经济学的创新当作自然科学来对待。然而，金融市场所有的变数与自然科学不同，它不可能朝着均衡点的方向发展，相反，它是沿着失衡的方面扩散。这就是现代金融市场所面临的风险、不确定性与无知。所以，经济学家们不能沿用自然科学家的方法来预测金融市场的走向。一个不断变化的金融市场，对于过去的成效，很难保证其将来的有效性，这正是金融市场的特点。

（三）经济学是"手段"的学问

英国政治学家、思想家伯克（Burke）认为，政治学和经济学都是一种手段的学问（"The Political of Edmund Burke"[1904]收藏于剑桥大学 200 本未发表的资料中）。伯克的理论基于以下的思考：政治理念是普遍存在的，但是并没有实现其政治理念的政治，而作为实现其政治理念的手段的政治是存在的，因为普遍性的政治理念是外力所给予的，这就是政治的手段。所

---

① 伊東光晴『現代に生きるケインズ』、（日）岩波書店，2008 年、第 28 頁。

以,政治学是一门手段的学问。把这一思路引向经济学领域,同样的论证告诉我们,没有实现其经济理念的经济,只有实现其手段的经济。例如,对于经济效率的追求显然是实现其经济理念的一种手段,而不是目的。

在伯克解释的基础上,我们来分析经济现象或者是经济学理论。人们对经济效率的追求,其目的是外力所给予的,显然,这是一种手段,也就是说,经济研究实际上是一种手段的研究。既然经济现象或者经济学理论是一种"手段"的科学,那么,对于一种"手段"的追求必须予以制约。

为此,对于经济效率的追求必须具备批判的精神和戒备心,如果无视这两方面的因素,那么,一味地追求经济效果将破坏人们所期待的社会制度。以伦敦金融市场与华尔街金融市场为例。华尔街证券市场的交易手续费便宜,所以,美国人一般从事短期投资;而英国金融市场的交易手续费比美国高,所以,英国人多从事长期投资。以上英美两国的差异,并不是来自国民性的差异,而是制度差异,显然,这是一种手段的差异。手续费高,流动性受到损失,经济效率自然就低。1986 年 10 月英国宣布"金融改革(Big Bang)"。英国公正交易厅开始着手调查证券市场的交易规则,他们批判经纪人所谓的最低手续费限制,开放交易所的会员权,通过竞争提高效率。于是,交易手续费大幅度下降。美国三大投资银行从纽约向伦敦转移,为此,伦敦金融市场重新恢复了生机,再次成为国际金融中心。可是,英国金融改革创设了一个无规则的场外市场,市场投机全面覆盖金融市场。20 世纪 80 年代之后,在全球化的推进下,金融市场投机化向全球蔓延,从而引发发展中国家的金融危机。显然,金融投机的泡沫是为了达到某种"效率"的手段,而政府介入是对这一手段的抑制。

在此可以作一个归纳,从方法论的视角来看,"效率"虽然是一个重要变量,但作为道德科学的经济学,其研究范围比经济学家们所追求的分配问题更加深入。经济学的道德科学研究已经超越了经济问题,从而把视野延伸到了与自由市场经济密切相关的社会公正问题。

三、金融市场"公"权力的缺失

(一)"市场原理主义"形成"超级泡沫"

在美国崩溃的房地产泡沫,可以说是"超级泡沫"时代的终结,它与一般的房地产泡沫不同,其影响力已经超越国家,覆盖全球。"超级泡沫"的核心价值理念是对市场体系过分信赖,即"市场信仰"。例如,美国前总统里根曾以"市场的魔法"来表达其对市场的信赖。索罗斯把市场信仰称为"市场原理主义"。[①]

"市场原理主义"的理论渊源是 19 世纪自由放任的经济思想,亚当·斯密的自由市场经济追求的是充分竞争,古典派的经济学家发展了这一思想。1991 年苏联、东欧解体,与资本主义国家对抗的社会主义经济模式消失,市场原理主义名声大振。

可是,对社会主义经济模式的批评却有很大的误算。20 世纪 30 年代金融危机以来,政府当局在规避金融风险方面取得了惊人的成就,致使 19 世纪以来的自由放任思想在其以后的 50 年遭受了极大的声誉危机。第二次世界大战结束的时候,银行与证券有着严格的规制,然而,20 世纪 80 年代市场原理主义复活,金融当局失去了对市场的控制,"超级泡沫"逐渐形成。

"超级泡沫"在三种趋势中形成,第一,没有限制的信用膨胀;第二,金融规制的废除与金融衍生产品加速产出;第三,金融全球化。第一种趋势形成于 20 世纪 30 年代,而第二、第三种趋势是在 80 年代出现,可以说,"超级泡沫"是 80 年代以来的现象。金融市场全球化是市场原理主义思想基础上的成功实践,金融资本自由地跨越国境,对政府来说,对其规制及其课税都是极其困难的,因为一旦对国际资本加以课税的话,这些资金会转移到其他国家。所以,对这些国家的政府来说,吸引外资远远胜过对国内民生的重视,于是,国际金融资本取得了一种特权地位,而这恰恰与金融全球化的目

---

① George Soros 著、德川家広訳『ソロスは警告する』(日)講談社 2008 年、第 149 頁。

的一致。问题是,金融全球化并没有提供市场原理主义所宣扬的公平竞争的机会。国际金融体系成为发达国家金融当局的工具,而对于他国,却加以严格的市场规范。国际货币基金组织(IMF)、世界银行实际上是维护美国利益的金融体系。

再以美元为例。美元是世界各国中央银行在国际间决算和金融交易时作为国际储备货币来发挥作用。发展中国家对金融实行严格的规制,而美元却在全球肆意横行。美国把国内经济调整成本扩散到其他国家,例如,里根执政时期为了消除居高不下的财政赤字,美国政府发行财政部债券,通过国外巨额的美元流入来弥补本国经常性财政赤字。贫困的发展中国家的资金流入富裕的发达国家,这是一种"倒错"的情形。然而,这一"倒错"正是美国信用膨胀的根源。例如,消费大国美国与生产大国中国同处于一个命运的共同体中:美国的对外债务逐渐膨胀,中国的外汇储备逐渐膨胀;美国的低储蓄率与出口国中国的高储蓄率等等,都处于相互依存的关系中,最终形成住宅按揭借贷之间的相互依存关系。

里根以后的历届政府,经常性财政赤字又持续走高,2006 年年末,财政赤字与 GDP 比率达到 6.6% ,[①]巨额的财政赤字显现了美国旺盛的消费,正是美国的消费成为全球经济的引擎。

(二)次贷——政府构筑的运行机制

从美国的政治决定过程来看,新自由主义全面否定凯恩斯主义,并使其逐渐上升为美国主流的政策过程——以效率为中心,无限制的发挥公司活动的自由,而美国联邦政府在金融领域的权力转让导致了"公"权力的弱化。

在金融市场,企业化政府的政治结构是一种分权模式。新自由主义崇尚自由的市场,并保障企业集团在自由市场框架内的自由活动权利。可是,这一分权模式强化了金融机构的自主性,由此而来的是金融机构违规操作与非规则化。一般来说,次级按揭贷款人在利率和还款方式方面,通常要被

---

① George Soros 著、德川家広訳『ソロスは警告する』(日)講談社 2008 年、第 154 頁。

迫支付更高的利率,并遵守更严格的还款方式。可是,美国金融当局的金融监管没有得到真正的实施。由于长期的信贷宽松、金融创新、房地产和证券市场价格上涨等原因,金融当局纵容"次贷"的过度扩张。

次贷——自上而下的运行机制是由政府来建构的。新自由主义认为,财富的增长渠道是自上而下的过程,即由上层向下层扩散。所以,在住房按揭贷款方面,自上而下的制度也是由政府来建构的。如20世纪70年代的《社区再投资法》规定银行必须向低收入家庭和低收入社区提供住房贷款;20世纪70年代末出台的《平等信贷机会法》又要求贷款机构不能因借款人种族、肤色、年龄、性别、宗教信仰、原国籍和身份差异有任何信贷歧视。除此以外,政府资助的房地产业还有:联邦全国按揭联会(Federal National Mortgage Association)、联邦家庭贷款按揭公司(Federal Home Loan Mortgage Corporation),两者均为GSEs(government - sponsored enterprises),即"政府资助企业"。所以说,"次级按揭贷款"是有法律保障的。对私人金融机构来说,"次级按揭贷款"的风险很大,但拒绝给穷人贷款风险更大,这一风险来自政府。一旦私人金融机构拒绝给穷人风险很大的次级用户购房贷款,就可能因触犯法律而遭到投诉,而一旦被投诉,其业务就会遭到政府金融监管部门的限制或终止。正是从这意义上说,"次贷"危机爆发,不是市场失败,而是"政府失败"。

美国的政策由立法、行政和司法三个部门制定的,然而,把哪些问题提上政治日程,这是一个复杂和充满争议的过程,更具体地说,是由政府最上层的掌权者决定的。联邦储备委员会主席格林斯潘为了走出IT泡沫而实施持续的低利率政策,然而,这一低利率政策却引发了房地产泡沫。从2001年的IT泡沫破裂到2008年的"次贷危机",正好是共和党布什政权的始末。信奉完全市场经济的"标志性人物"格林斯潘长期奉行放任的经济自由政策,他的著名论断——"金融市场自我监管比政府监管更有效"实际上纵容了"次贷"的过度扩张,使得在一定条件下发生的次级按揭违约事件呈不断扩张趋势。

在金融市场,一般的假设是:不应该存在权力的干预与信息的非对称性,市场的活动主体均处于信息对称的状态。可是,这一假设事实上并不存在。金融机构的投机活动与新自由主义理论基本一致,通过非规制的政治过程来扩大金融的影响力。在发行按揭证券化产品时,不向投资者披露房主难以支付高额可调息的按揭付款,而且也不透露购房者按揭贷款的零首付情况,而评级机构的不透明又使得这些高风险资产顺利进入投资市场。

投机的泡沫,它将导致社会连带的解体。当危机来临的时候,国家权力运用于企业救济和回避金融危机。例如,1987～1988年美国储蓄贷款组合危机发生的时候,联邦政府投入约1500亿美元,危机成本向纳税人转移;1997～1998年发生的风险投资基金长期资本管理(LTCM)的危机,政府投入约35亿美元。[①] 由此可见,新自由主义理论指导下的法律和规制结构都是对公司有利,把良好的企业环境置于全球政治的层面,然而,一种逆向的因果关系表明,金融机构的非规制化致使金融市场充满了不确定性。

四、"效率、公正与自由"——经济学的道德科学回归

从格拉斯哥(Glasgow)到牛津(Oxford)求学的亚当·斯密,在1751年回到他母校格拉斯哥大学当教授的时候,他的教授职位是道德哲学。1759年,斯密把他的道德哲学讲义写成《道德情操论》,并予以出版。1776年的《国富论》只是《道德情操论》的副产品,可是,它却使亚当·斯密一举成名。

市场原理主义善于引用亚当·斯密在《国富论》中的"利己心"作为自我利益最大化的根据。然而,斯密提出的"利己心"是以"公共利益"为前提的。《道德情操论》中,斯密提出了一个经济学的命题:"人总是以利己为出发点"。可是,斯密又指出,如果每个人都毫无节制地发挥自己利己心的话,社会必将混乱,最终导致毁灭。所幸的是,人的感情是多样的,利他心、慈善心、爱心……它确立了法与统治的一般原理的基础——正义。显然,这是政治学层面的问题。由此可见,以利己心为基础的经济行为,必须维护社

---

① David Harvey 著、渡辺治訳『新自由主義——その歴史の展開と現在』(日)株式会社作品社、2007年、第104頁。

会的文明与自然法的正义,并以此来构筑市场秩序,这就是斯密所阐述的"共感"。亚当·斯密视野中的自由市场经济,是以道德科学为基础的。

新自由主义化的过程是"创造的破坏过程",所谓"创造的破坏"是指新自由主义抛弃了传统经济学的政治因素,对所有领域的国家权力持不信任感,从而把政府规制限于最小的范围内。这一破坏过程不仅仅涉及市场的制度体系,而且影响到社会关系以及人的行为方式,把人们所有的行为都引向市场经济。美国前总统罗斯福在1935年的一次演说中指出,1930年的世界经济危机正是由于无规则的"自由"导致的市场崩溃所致。

社会所期待的是什么?是改善分配还是提高效率?或者是为了维护自由而牺牲效率和公平?在这完全不同质的社会目的。去创造一个多数人所追求的社会,并构筑实现这一目的、并作为手段的学问体系,这就是作为道德科学的经济学体系。

凯恩斯在《自由主义与工党》(1926)一文中提出了基于道德基础上的人类政治结构——"效率、公正与自由"。[①] 凯恩斯认为,"自由"——如果仅仅理解成经济的自由是错误的,"个人自由"最重要的是不能妨碍其他人追求幸福的权利,所以,与新自由主义不同的是,凯恩斯强调扩张政府权力,以避免经济上最大的问题——危机、不确定性与无知。

尽早摒弃作为主流的新自由主义理论是走出金融危机的前提,经济学的道德科学回归,它需要通过一系列的制度反思来实现。

(一)有效需求政策很难从制度上避免因投机产生的金融混乱

希望通过有效需求政策来制止金融市场的混乱是困难的。凯恩斯在《雇佣、利息以及货币的一般理论》中提出了两种新的经济分析武器:决定一国收入的理论与流动性偏好的利息论。前者是财政市场的有效需求理论;后者是金融市场的流动性偏好理论,凯恩斯根据这两种不同性质的理论来分析两种市场。其一,一个国家所能保持的生产总量的政策,其二,保持

---

① David Harvey 著、渡辺治訳『新自由主義——その歴史の展開と現在』(日)株式会社作品社、2007 年、第 29 页。

金融市场稳定与健全的政策。

金融市场完全按照与财政政策市场不同的理论来运作的。在财政市场,价格根据成本(原料费+工资)的变动与竞争原理发生变化。在这种情况下,成本是作为一个基本稳定的基准而存在。可是,金融市场的价格与财政市场完全不同,它是极端不稳定的。以 20 世纪 80 年代到 90 年代的日本股市变动为例。1986 年股市进入泡沫期,日本平均股价达到 15000 日元,但是到了 1990 年前又飙升 38915 日元,随后突然下滑,1992 年落到 14309日元。2 倍以上的上涨,1/2 以上的下跌,这种变动在财政市场是不可能发生的。这就是流动性偏好利息论所持有的不确定预期,人们以股票价格的变动为目标,以投机的行为出现在证券市场,由于对将来预期的困惑,大众心理更趋向于一种投机的心态。

如何从制度上避免因投机所产生的金融混乱,凯恩斯在《一般理论》的第 12 章"长期期待的状态"的篇章中指出,一旦发生证券泡沫,作为抑制的手段,国家将对所有的交易征收重税。凯恩斯把它称之为股票的"转移税"。

(二)创造政府规制下的金融信用体系

走出金融危机的首要条件是强化政府规制下的金融信用体系。在美国,资本急剧膨胀下的金融机构、超越规制的所谓金融技术的"创新"是金融市场混乱的根本原因之一。因为金融市场的市场参与者并不是在完全掌握技术知识的情况下采取行动的,认知机能与操作技能之间很难排除一些非确定性的、或非决定性的因素。所以,金融市场不是像自然科学那样,利用复杂的数学模式或者计算来预测金融市场的活动,而是通过构筑信用体系来规范金融市场的活动。如对于高风险、高收益的投资信托,尤其是投机性的资金,包括金融机构在内的所有市场参加者必须向金融当局提交相关信息,信息提交成本远远小于金融市场危机所引发的成本。

重构金融信用体系首先要强化金融市场重构政府、议会的公共作用,重新审视规制缓和、民营化以及以自由效率为核心的经济政治政策。

（三）宏观救市政策应该与微观救助政策的结合

布什政府曾经向市民们描绘过"所有权社会"构想，所以，对一般市民来说，房子是核心资产。在美国，参与次贷按揭的大约有 700 万人，预计 2 年后还有约 40% 的人陷入无法履行债务的状态，其中黑人和西班牙语系的美国人是最大的受害者。在美国，借款方如果不履行住宅按揭的话，贷款方唯一有效的方法是把借款方的住宅强制拍卖。例如在马里兰州的普林斯乔奇郡，黑人占绝大多数，但它是全美有数的富裕郡之一。可是，受次贷影响，该郡拍卖房屋也是最多的。从该州的统计数据来看，黑人的住宅所有者中间有 54% 是次贷按揭的借入方，同一州的西班牙语系的美国人有 47% 做了次贷按揭。显然，这些人无法履行借贷承诺，于是，他们弃家而逃，房屋被强制拍卖。然而，一旦住宅被强行拍卖的话，附近房地产市场的价格必然下落，而房价持续下落的话，次贷者弃家而逃的概率越高，空房拍卖的数量也就越多，从而引发拍卖的连锁反应。更恶的结果是导致社区社会的荒废，并影响雇佣、教育、保健以及儿童福利，最终引起社会文明倒退。所以，对美国政府来说，宏观的救市政策与微观的救助政策的有效整合，是防止社会崩溃的有效方法。

（四）经济学的使命

首先，经济学的使命是要把研究延伸到一个比效率与自由更加广阔的社会公正问题。在金融领域，新的衍生产品、新的资本组织形态不断出现，美国投资银行 20% 的职员在从事金融专利创新。问题是，在金融全球化进程中起主要作用的证券、期货以及交易都是以无规则的路径突进的，当它动员所有的技术力都来参与金融创新的时候，金融衍生产品所具有的不稳定性、风险和投机将会导致社会连带的解体。这就是资本主义内部酿成危机的一般倾向。

其次，经济学的使命在于它的"回归性"，放弃方法论的单一性，回归道德科学。经济学是一门科学，但不是一门自然科学，它不可能像牛顿力学那样会出现一个确定的结果，因为市场参与者是在不完全理解的基础上采取行动，而且，这一状况是无法避免的。所以，经济学的道德科学回归，是指对市场不确定要素——人的行为的重视。在金融市场,所有变数都会导致市场失衡。所谓市场,无非是失衡现象的循环往复而已。问题是,如何探索远离均衡点的市场,然后去预测这一市场的走向,从而防止人的非道德行为对市场造成的影响。所有的决策均建于这一基础之上,这就是经济学道德科学的"回归性"。

第七章 走出公司治理的权力结构
——企业发展的内发式路径

　　企业是追求利润的资本运动体,然而,企业又是社会生产的承担者,它作为社会分工的组织体出现。进入 21 世纪以来,"利益相关者"(stakeholder)理论在市场经济国家兴起,并逐渐进入主流的理论体系,并对世界各国的企业与社会关系上给予了巨大的政策影响,企业与社会的关系也由此发生了很大变化。如果说企业对于利润的追求是一种"外生"变化的话,那么,"利益相关者"理论,作为企业的社会忠诚义务,它是一种"内生"的变化。

　　企业"反社会行为"频发,根源在于"资本与劳动"这一理论。企业原来就是追求利益的组织体,如何把企业经营拉回到社会原点,由此产生批判经营学理论。确立对大企业的民主化规制,这就是 20 世纪 70 年代的批判经营学。今天的批判经营学,是如何继承、发展 70 年代批判经营学的问题。

一、问题提出:企业"反社会"行为为何多发?

　　社会对企业伦理寄予无限的期待,可是,企业实态与社会期待却有很大的背离。近些年来,一些著名企业的违法事件接二连三地发生,美国的"次贷"欺诈、日本的"毒大米"事件、中国奶粉"三聚氰胺"以及受金融危机影响而引发的企业恶意欠薪逃匿行为,等等。

　　"违法事件"也许是几年一遇,而大量的、似乎天天在发生的企业"反社会"行为是环境问题。人类进入工业革命以来,企业在这个进程中创造了巨大物质财富的同时,也带来了严重的环境破坏和过度的资源消耗。

企业"反社会"行为为何频发？这是公司治理的权力结构问题。企业与社会的冲突，基于以下几个因素。

1. 多数企业对于社会责任的认识是不充分的。从整体来看，企业对社会的承诺体制尚未达到制度化的境地。例如，像毒大米事件、"三聚氰胺"等食品安全事件，都是由公司利益优先的经营方针所引发的结果。

2. 据日本企业舆论调查披露，上市公司的80%都致力于CSR（企业社会责任）建设，可是，所谓"企业社会责任"大多数是在外压的冲击下不得已而采取的对策，而没有把CSR作为企业的主体问题来加以改进。

3. 企业具有隐蔽性特征，对本企业的不法事件往往采取封锁的办法。

4. 企业内部告发、通报制度尚未确立。日本是企业违法事件多发的国家之一，作为发达国家，这又是为什么呢？在欧美国家，对于企业"反社会"行为，企业职工可以向社会告发，而且，这一行为完全是正当合法的，告发者受法律保护。可是，在日本，虽然告发企业"反社会"行为的人受法律保护，但是，作为一种社会机制却是不充分的。

5. 有的企业尽管有工会组织，可是，劳资协调主义对经营的监督机能却没有充分发挥，工会组织并没有尽到社会责任。

6. 利益相关者理论的实施尚未到位，对于经营者控制的局面，尚未形成有效的抗衡能力。如企业职工在"公司至上"环境下工作，在工会与企业一体化的情形下，行动是有限度的。

鉴于以上企业"反社会"行为的原因，消费者、环境团体、NPO等等的CSR对企业活动提出了新的要求，可是，旧的体制并没有发生实质性变化，而根本的问题是公司治理的目标偏移。

二、企业与社会的关系：合法性与正当性

企业"反社会"行为引发企业的合法性与正当性问题。如何制止企业"反社会"行为？如何确立企业"公共利益"与"利他主义"的经营理念？

古典经济学的经营理论认为，竞争的市场产生良好的市场运行机制，企业对于私利的追求是达成公共利益的手段，这是市场机制的作用，因为市场

机制的功能可以调和"私"与"公"的目的。由此可见,在古典经济学体系中,"公共利益"是得以保障的,而"利他主义"是通过企业社会责任来实现的。

然而,在全球化进程中,企业"利他主义"往往是一种幻影。在市场经济条件下,企业只能在遵循市场规则的前提下追求利益的最大化,它必须忠实地服从市场理论,这就是企业的合法性,也就是说,必须是制度赋予的合法性,才能被社会所承认。可是,在一个竞争激烈的市场,企业的成长是极其不稳定的,为了寻求制度性的稳定,企业选择走规模化的道路。托拉斯的垄断方式就是一例。因为企业规模越大,权力的可控力也越强,它可以把市场调整到对自己最有利的方向,持续地维持其巨额的利益。这是企业与社会之间产生两极分化的一种重要变量。在这种情况下,企业正当性的基础开始动摇,企业与社会的关系进入紧张状态。

如何平衡企业与权力的关系?企业"利他主义"的经营理念如何向社会渗透,社区的地位越来越显得重要。所谓社区,是一个具有共同价值观的社会,如果这一共同的价值观获得了广泛支持的话,那么,社区会变得越来越强大,社会全体的信赖度会不断地完善。这被称之为"社区功能"。问题是,现代社会最重要的特点是个人主义蔓延,如果个人主义伸张、个人自主性无限放大的话,权威——或者是组织的权威便会弱化,社区被小集团或者组织所分解,于是,社区变小了、被弱化了,社区功能脆弱导致社会功能作用逐渐衰退,社会对企业的规制力不断减弱。然而,对于企业所具有的权力,其正当性是由社会来证明的,当社区弱化的时候,对于企业正当性与合法性的监督力也就失去了。古典经济学的"公共利益"神话遭到质疑,企业与社会关系的合法性与正当性也随之消失。

一般来说,企业所持有的权力越大,政治领域对其正当性批评的力度也越大。企业善于运用行政权力,而社会通过政治途径对企业进行规制。企业与社会,如何去应对这种紧张的关系?对此,企业必须有证实自己行动正当性的理论或者是经营对策,在这里,"正当性"是通过其经营来获取舆论支持的,具体说就是经营思想,或者是经营的理论体系。如果经营理论被社会接受,那么社会对企业的正当性是予以认可的。

正是在上述背景下,开始了企业经营理念变革,一个带有争议的问题悄然而至。企业存在的意义是什么? 经营管理阶层是忠诚于公司的权力价值还是忠诚于相互信赖的客户利益?

三、社会忠诚义务——"利益相关者"理论的兴起

如何建构公司"利他主义"神话? 资本主义的发展过程,也是企业与社会之间产生利害冲突的过程,这一冲突关系的克服或者缓和,宗教的博爱精神曾经起了很大的作用。可是,这不过是家族主义的经营特例而已,而且,这种家族主义式的社会责任,古典经济学是不予认可的。企业社会责任的重新提起,是从大企业时代开始的,庞大的企业规模给社会带来巨大影响,企业社会责任提上了议事日程。然而,这已经不是个别的、家族式的博爱,而是作为解决资本主义矛盾的制度性安排,在这里,企业"利他主义"的经营理念如何向社会渗透,这是问题的关键。

(一)"利益相关者"理论的兴起

有关企业与市场的关系,对西欧资本主义市场以及市场组织的合理性进行系统分析的是马克斯·韦伯,他在《宗教的伦理与资本主义》一书中指出,企业与市场之间需要一种"形式的合理性",所有的行动都是建立在这一基础上,并在此基础上推进市场的形成、发展。

1.公司管理者阶层的"领导精神"

在一个形式合理的市场,企业与市场之间形成的"形式的合理性"是一个循环往复的过程。为了在市场形成竞争优势,企业会不断地扩大其规模,随着企业规模化的速度加速,部门与业务的急剧增加,企业组织进入复杂的组合之中。为了提高企业效率,在企业部门之间以及业务之间,需要一种新的调整体系,承担这管理调整机能的是具有专业知识的中层、高层管理者阶层。这就是企业内部新的管理者阶层——官僚制阶层。

由中层管理者阶层与高层管理者阶层共同撑起的官僚制阶层,这些"官僚"与企业"物"的所有权分离,它具有工薪阶层的特征。于是,规模化的企

业可以通过专业知识来进行管理,从而维持企业在其形式上的合理性。当企业达到这一阶段的时候,实际上已经形成了"经营者控制"的管理模式。

一个健全的企业是以制度化的结构为依托的。从组织理论来看,大规模的组织必然形成官僚组织,在官僚组织结构下,公司董事长与其他董事之间规定了不同的控制力与从属关系。需要注意的是,尽管是同质的经营者集团,但是,公司的最高层与其他管理层之间,从理论上或者从实际上来看,他们所承担的责任与职能有本质的差异。我们所见到的大多数企业,企业高层虽然是从同质的工薪阶层中提拔上来,可是,新的职能与以前所承担的义务,从机能上来看,发生了决定性的变化,这是一种承担责任方式的变化,这被称作"责任的种类"。① 可是,如何去履行这一责任,这是属于"管理者伦理"层面,只有具备了责任与伦理的公司高层才可以说具备了"领导的精神"。

公司高层的这种"领导的精神"如何去面对企业与市场的关系,这是公司治理的核心问题。以"官僚制阶层"来治理公司,然而,治理的推进力仍然来自于"社会"。为了使官僚组织有序运转,公司的高层必须居于非官僚的地位。今天,对于企业的"正当性",不断的作为一个问题而引起争议。随着全球化的推进,"自由"与"公正"越来越成为社会所关注的热点问题,如果企业持有无限制的权力,并且,永远以"法"姿态来强化其权力的话,那么,企业的"正当性"将无法得到社会的认可。所以,发挥全球的利益相关者力量,对跨国公司的经营方式予以影响,从而把全球化纳入"公正的全球化"轨道。

2."利益相关者"理论

在美国兴起的"利益相关者"(stakeholder)理论,对 21 世纪的资本主义企业产生了巨大影响。"利益相关者"不仅仅是一个企业用语,而且在政治领域也被频繁使用。美国是"利益相关者"理论的先驱,几乎在所有的文献上都能看到这关键词。例如,从"利益相关者"的视角分析公益事业的规制

---

① 青木一能『地球型社会危機』、(日)芦书房、2005 年、第 84 頁。

问题(Corry and others,1994);从论述革新的社会组织中展开"利益相关者"理论(Engel,1997);以企业"利益相关者"的价值最大化为视角分析市场活动(Wheeler and Sillanpaa,1997);最近几年养老金问题(Greenstreet,2001)与企业发展战略(Walker and Marr,2001)也涉及"利益相关者"理论。另外,顾客满足与顾客忠诚心(Scharioth and Huber,2003)、跨国公司文化的多样性(Veser,2005)都对"利益相关者"进行了不同角度的阐述。政府层面的"利益相关者"论,如 OECD 的核能源局(2003,2004)围绕放射性物质的处理等一系列问题也引起广泛关注。

从理论体系来划分"利益相关者"理论的话,大致可以分为战略经营论、企业与社会论、企业伦理论、公司治理理论、企业的社会责任论(SRI 论)等等。在美国,有关企业与社会关系的研究已经走过了较长的时期,利益相关者理论是在公司伦理研究中展开,如 A. B. Carrol 的研究成果《企业与社会》已经出版了第 6 版。另外,从公司治理与企业社会责任的关联中来论述利益相关者理论也是一种典型的视角。尤其是 Freeman 与 Alkhafaji 的研究成果对利益相关者理论在美国的普及起到了重要作用。

弗里曼(Freeman)在战略经营领域第一次提出"利益相关者"概念,该理论认为,任何一个公司的发展都离不开各种利益相关者的投入或参与,比如股东、政府、债权人、雇员、消费者、供应商,甚至是社区居民,企业不仅要为股东利益服务,同时也要保护其他利益相关者的利益。这个定义的意义在于把影响企业目标的个人和群体看作是利益相关者,同时还将受企业行动目标影响的个人和群体也看作是利益相关者,并把当地社区、政府部门等实体纳入利益相关者管理的研究范畴,这一界定大大拓宽了利益相关者的内涵。

弗里曼的"利益相关者"理论提示了美国 20 年来公司环境变化。长期以来,企业目标与社会要求是等同的。企业向市场提供商品和服务、为股东赢利、提供就业……企业做到了以上几点,似乎满足了社会期望。可是,近20 年来,企业环境发生了急剧变化。职工安全、环境污染、机会均等、产品质量与安全等一系列公共意识问题提上了公司议事日程。现代企业家必须对公共安全问题作出回应。为此,企业经营者必须正视环境变化,并以此来整合公司活动。也就是说,公共政策所关注的问题应该进入企业的决策过程,这就是企业的社会责任。

除此以外,Cooper S.(库伯斯 S.)等学者提出了"重视股东价值还是利益相关者的价值"? 这涉及到利益相关者之间的利益调整问题,同时还提出了的经营业绩的测量与标准的开发。

从批判经营学的视角来看企业"反社会行为",可以说,利润驱动是一个重要因素。所以,社会网络对企业的规制以及企业对市民社会规则的服从等等,这些都是批判经营学的基本立场。近几年,一个显著的变化是"社会危机的受害者"登场,由此引出消费者、工人、居民、经营者、股东、行政等等多样的利益相关者之间的关系。

基于企业"反社会行为",从资本制约与市民管理的一个高度来看企业与社会的关系,经济民主主义是一个重要的视角。从经济民主主义来解释企业的社会存在,进而在公共政策的层面对大企业实施民主的制度规制,修正大企业本位的政策体系,构筑国民本位的制度结构。正是从这意义上来说,利益相关者理论是从大企业本位的政策体系向国民本位的政策体系转换的制度创新。

(二)社会忠诚义务

经营管理层的兴起,由此而来的问题是:经营管理层的职能是什么? 股东主权论认为,经营管理层是股东的代理人,其使命应该以股东价值的最大化为目标,并为此付出努力。然而,21 世纪以来,公司治理以及利益相关者(stakeholder)理论给企业与社会关系予以巨大影响,与此相关的政策也发生了巨大转变。"公司是谁的"? 围绕公司治理的论争,经营者的高尚伦理被提到了一个相当的高度,而法律予以严格的规制,致使经营者的经营理念趋于制度化。经营管理者不应该是追求股东利益的最大化,而是忠实于已经建立起信赖关系的客户,并为此努力工作,这被称之为"忠诚义务"。如果经营者与股东一起去追求自身利益最大化的话,就会产生欺诈、掠夺等一系列违法事件,最终导致公司倒闭。IT 泡沫崩溃后的"安然"假账事件、美国华尔街投资银行的投机行为等等都是经典案例。为了防范于未然,经营管理层应该是在超越企业权力的基础上来行使其使命的。经营者的伦理与责任,就是履行这一义务。在竞争的市场,如何正确地把握企业与社会的关系,忠实地履行社会责任,这是企业管理层的使命。然而,现实中履行"社会忠实义务"是有相当难度的。

古典经济学的经营思想是以市场与社会一体化为基本假设,问题是,全球化致使"市场"与"社会"的依赖关系分离,并且,这一分离产生的矛盾以及危机越来越表面化。社区小型化、利益多元化、社会弱化……对财富的憧憬以及对技术的追求推进了市场领域的扩大,可是它却侵蚀了社会领域,而且,新自由主义对社会的渗透加速了市场扩大的速度。"市场优先"还是"社会优先"? 在全球化的推进下,古典经济学所谓"市场能够降低企业权力对社会危害的程度"这一假设被众所周知的现实所颠覆。

四、变化中的美国企业与社会

从 20 世纪末到 21 世纪初,以美国为代表的资本主义企业进入了历史性的转换期,企业治理模式——股份公司的所有制结构发生了巨大变化,股东与公司经营者的关系也进入了结构性的转型期。

(一)公司治理结构的变化

从 20 世纪末到 21 世纪初,股份所有的分散与公司专业管理阶层的兴起,作为股份所有者的股东与企业的关系也进入了结构性的转型期。股份所有权分散、资本与经营分开、企业管理层兴起、经营者企业出现,经营者企业控制了美国经济。这种以工薪管理层控制大企业的战略决策模式被称作"管理者资本主义"(Managerial Capitalism)。[1]

与此同时,这期间的资本市场也发生了实质性变化,持股比例从个人向商业银行信托部、养老金基金、投资公司、生命保险、非营利团体等机构投资

---

① 夏目启二「変貌するアメリカ企业と社会」、『会社と社会——比较経営学のすすめ』、(日)文理阁出版、2006 年、第 78 页。

家转换,从而导致股份持有主体结构发生变化。20 世纪 90 年代以来的证券市场,从个人股份向机构投资家转换的股份比例开始逆转。由此形成了机构投资家与大股东的合作关系,这又被称之为投资家资本主义(investor capitalism)[①]。

20 世纪 80 年代后期,投资家资本主义已经成为现实的趋势,国际竞争力不断下降的大企业通过企业收购、合并重新提升竞争力。然而,对于企业收购,尤其是通过大量借款的合并,企业管理层与政府都持反对意见。例如,通过发行转换优先股的形式增加企业收购成本,这是一种防止企业收购的策略。围绕企业收购,机构投资家与企业管理层之间展开了一场攻防战,这是一场围绕公司治理的论战,论战在机构投资家与公司管理层之间发生。

进入了 20 世纪 90 年代以后。机构投资家与企业管理层之间进入了密切合作时期,在合作的基础上,共同参与企业决策过程。在这种情况下,作为大股东的机构投资家强化了对企业管理层的发言权,而公司理念更加重视股东价值的最大化。为了使公司管理层致力于股东价值的最大化,机构投资者赋予企业管理者股份购买权。90 年代后期,在 IT 产业的一些大企业,它们把股东利益的最大化作为经营目标,以股价涨幅作为企业价值的评价标准,以"公司发行的股票数 × 股价 = 股份的时价总额"的公式来评价上市公司业绩。在这种评价体系下,为了维持股价,公司不惜采用伪造财务报表等手段。IT 泡沫崩溃以后,一些类似"安然"的企业因做假账而相继进入经营困境。

(二)公司是属于谁的?

随着公司治理结构的变化,一个问题随之而来,那就是:公司是谁的?

1. 公司是风险的结合体

公司是属于谁的? 企业与社会应该维持怎样的一种关系,这一问题的解释是基于利益相关者理论来考虑的。20 世纪 80 年代在美国出现大规模

---

① 夏目启二「変貌するアメリカ企業と社会」、『会社と社会——比較経営学のすすめ』、(日)文理閣出版、2006 年、第 78 頁。

的企业合并与收购(M&A&D),在所谓的企业"强强联合"过程中,"公司是属于谁的?"这一问题提上了议事日程。公司治理也在此基础上展开。

"公司是属于谁的?"这一观点的深层次解释来自委托代理理论。委托代理理论认为,委托人(股东)与代理人(企业经理层)是一种契约关系。可是,代理是需要成本的,这称之为"代理成本"。什么是"代理成本"? 作为委托人的股东希望代理人(企业经理层)为股东的利益去提高企业价值,从而实现有效率的企业运营,这就是"代理成本"。在这里,对于"公司属于谁的"这一问题,委托代理理论是站在维护委托人的利益来考虑的,从20世纪末到21世纪,这一理论在全球推进,并渗透到公司的决策过程。

20世纪末的美国,企业合并、收购以及企业重组对地域经济、地方政府以及工人带来巨大影响。对于"公司是属于谁的"这一问题的回答也发生了根本变化。企业经营者认为:"公司是属于利益相关者的"。对于"公司是属于股东的"这一主流观点来说,"公司是属于利益相关者的"观点是一个巨大的飞越。

从利益相关者理论的视角来分析公司的定义,可以说,公司是风险的结合体,也就是说,公司是由相关的利害关系者来承担风险的一个结合体。利害关系是有价值的,例如,人的、物质的、资金的以及资本的形态,有自发的、非自发的,这些都是风险的载体,即承担者。作为股份公司的利害关系者是通过活动的结果来获取利益,或者蒙受损失,所以,利害关系者要承担风险,公司就是这些风险的结合体。

2. 利益相关者的构成

如果对股份公司的利益相关者作一解释的话,那么,利益相关者可以分为"自发的利益相关者"与"非自发的利益相关者",在这里,有必要对两者作一区别。

"自发的利益相关者"可以是股东,也可以是投资家、职工、顾客以及供货商,这些人是利害关系的载体,他们在辨别风险与利益的基础上去作出选择;所谓"非自发的利益相关者"是指难以预测的风险降临或者不降临? 股份公司的经营结果是获利还是损失? 也就是说,这些存在的利害关系不是自发地所能预测到的,它是由其他利害关系活动的结果引起的。包括政府、社区与环境在内的"非自发的利益相关者",在以下两种情况下是难以规避风险的。一是由公司成本内部化所导致的风险;二是公司成本外部化所产生的风险,如污染、生态破坏、因企业违法引起的社会动乱等等。

在区别"自发的利益相关者"与"非自发的利益相关者"的基础上,利益相关者的风险可以做以下解释,所谓风险是股份公司在其经营活动的过程中,所有权、利害关系、法律与道德的权利等方面存在的共同威胁的要素。

(三)企业的跨国公司趋势

20世纪美国大企业呈持续增长的态势,到了70年代,基本形成了二个特征。第一,现代企业成为垂直统合与事业部制建构的大企业;第二,美国企业的跨国公司趋势。为了与日本、欧洲的企业竞争,80年代美国企业进入了全球化战略的转换期。80年代中期,美国主要以"外部委托"等方式进行其战略转换,委托对象包括亚洲新兴工业地区,如中国台湾、中国香港、新加坡;东盟国家如泰国、马来西亚、印尼、菲律宾以及中国。跨国公司的外部委托以削减成本为目标,但它却带来国内产业的空洞化,最终引发劳动就业问题,而且是在本国与投资国同时发生。于是,跨国公司的海外委托业务遭到工会组织的抵制。

从20世纪90年代后半期~21世纪,跨国公司的"外部委托"战略进入了一个新的阶段,跨国公司与跨国银行采取海外采购的方式,把事业活动向国外转移。对产品、零部件制造以及开发等等的事业活动通过直接投资或者是作为"外注"的战略展开,这一战略普及到民生用的电子工业产品、汽车、服装以及玩具等等的日用品产业。跨国公司把研究开发、市场开发与经营管理职能留在国内,制造技能、日常业务的研究开发技能向海外转移。

1.**"公正全球化"的提出**

对于跨国公司的全球化战略,从20世纪90年代末开始遭到了全球抵制。1999年的西雅图会议就是典型案例。反全球化是针对跨国公司进入的委托工厂的劳动条件以及相关权利,如人权、环境、劳动条件、贫困以及消费者权益等一系列问题。围绕上述问题,各国的NGO、地域NGO通过网络结集了一支反全球化的队伍,向西方峰会及国际机构提出抗议。从抗议活动的组织来看,国际 NGO 的合作关系也是全球化的。

发挥全球的利益相关者的力量,抵御跨国公司的"反社会行为",这一"合力"将对 21 世纪企业的经营方式予以巨大影响。这种行动方式被称作"公正全球化",或者是"全球治理"。

"公正全球化"是基于人们对不公正全球化批判的基础上,由国际劳工组织(ILD)"全球化社会问题世界委员会"提出的概念。据该组织解释,公正全球化的基础是满足所有人的基本需求,如人权、尊严、文化形式、自治等等。公正全球化的理论模式是对世界银行与 IMF 在全球推进的新自由主义的修正,从而促使政策转型。

2."公正全球化"的可行性

公正全球化关注的是政策提案,政策提案的组织体制就是"全球化社会问题的世界委员会"(WCSDG)。WCSDG 在 2002 年 2 月创设,它既不是常设的国际机构,也不是国家机构,它是独立的组织体,委员会成员由以诺贝尔经济学奖的获得者约翰·斯缔格利兹为代表的 26 人组成,其中有政府成员、实业界、劳动工会、市民社会、学界等代表者。委员会关注的是全球化的各个侧面,如经济的、社会的、环境的等多个目标,并寻求解决的方法。2004 年发表最终报告,报告书提出后,组织在形式上的作用基本结束。

可是,WCSDG 报告书提出的政策建议由谁来实行呢? WCSDG 母体机构是国际劳动机构。它既不是国际经济机构,也不是金融机构,那么,政策提案的意义又在哪里? 正是在这种情形下,WCSDG 报告书所提出的政策实施主体,不仅有 IMF、世界银行、WTO 等国际经济机构,还有国家机构、议会、跨国公司、工会组织、市民社会、媒体以及非政府组织的 NGO 等等。这里有正式组织与机构的相关者,也有非正式组织以及相关者,这就是全球化进程中的利益相关者,也就是 WCSDG 报告中提出的政策建议的实施者。

全球化的利益相关者是基于联合国提出的全球治理的基础上来考虑的。联合国全球治理委员会曾经指出,治理是指个人与机构、私与公之间,就共同的问题采取多种的解决方法;或者是调整多元的利害关系,从而取得合作的过程。

五、欧盟的社会与企业

全球化对欧盟的社会与企业经营给予很大影响,这一变化主要从 20 世纪 90 年代开始。欧盟社会变化对企业经营带来了怎样的变化;欧洲企业与盎格鲁—撒克逊模式(Anglo – Saxon model)的企业有什么不同? 作为欧洲企业模式之一的德国企业最具有代表性。

(一)"社会市场经济"模式对公司治理的影响

以"社会市场经济"为特征的德国资本主义维持了"社会的"原则,与盎格鲁—撒克逊型资本主义不同的是,德国以"社会资本主义"为目标。什么是"社会市场经济"? 其一,以责任维系的市场经济;其二,以社会公正为目标的市场经济。与这两点密切关联的德国型公司治理,呈现出企业高层管理者、董事会与监查会的多重结构。随着 2006 年《共同决定法》的实施,工人代表进入监查会,占监查会人数的一半,从而强化了监查会的监督职能。

盎格鲁—撒克逊型的市场经济建立在市场原理主义基础上,市场规则以重视股东价值为前提,在此基础上,构筑一个废除管制的、富有效率的竞争型社会。

欧洲型资本主义并没有抛弃市场规律,政府为了加强社会建设而制定一系列社会性规制,与此同时,对于市场原理灵活运用,在贯彻市场原理的领域进行某种程度的调试。也就是说,不仅仅以股东利益最大化为目标,而是创建比较平等的、收入水平较高的、稳定的资本主义社会。

德国公司模式的社会意义是在德国资本主义历史发展中逐渐形成的。德国是后发的资本主义国家,国家对经济发展的积极介入,是德国后来居上的主要推力。然而,德国经济之所以能持续快速健康发展,迅速成为世界经济强国,关键在于德国选择了"社会市场经济"的发展模式:主张并实行有序的市场竞争,尽可能地让市场力量来自行调节经济活动;同时,在需要时由政府进行宏观调控和必要的干预。显然,这是在国家宏观调控下的资本主义市场经济。

欧洲模式的资本主义在其展开的过程中,德国的"社会市场经济"模式必将对公司治理结构产生巨大影响。

1. 出资者中心的公司体制

德国公司是以出资人为中心的公司体制,这是德国公司制的特点。在德国,大多数企业,公共机构的所有者对资本的控制都在50%以上,这主要与第二次世界大战后的战后处理方式有关。德国的战后处理与日本不同,日本是由美国单独占领,对于资本以及土地的所有都采用民主化的手段,对大企业实施了解体政策;而德国是由美国、苏联、法国和英国4国共同占领,实施统一的占领政策是有一定难度的,所以,德国没有对大企业采取解体政策。这一区别对形成德国公司的特点有很大的影响。

在德国,大企业所有者的财产是要被冻结的,冻结后的财产交由专门的财产管理处管理,几年以后原封不动地归还所有者。所以,德国大企业的所有者和战前一样,可以支配自己企业的资产,他们也不会失去土地、工厂等生产资料。德国,持股公司得到法律认可。

银行对企业的影响力是德国公司又一个特点。在德国,融资关系与所有关系分开,银行向企业派遣官员,从而对企业实施影响力。

2. 企业的社会意义

在德国,在共同决定体制下,出资者(企业者)中心的公司体制,在出资者利益方面有最大的优先权。然而,在出资者利益与资本利益备受重视的德国,对于社会弱者来说,社会公正、社会福利也是能得到重视的,可以说,这就是德国型公司模式在社会层面的体现。

作为社会弱者的利益正是通过国家政策得以矫正,从而促进了社会政策的发展。特别是第二次世界大战以后,在 Freiburg 学派的社会市场经济理念下,以劳资协调为基础的"共同决定制度"扩大了职工参与公司治理的权利,并成为德国企业重要的制度特征之一。

在"社会市场经济"条件下,社会政策的核心部分是独立于市场经济之外的,或者说是不适用于市场经济原理的。这种独立于市场经济以外的社会政策,以一种社会责任原则委托于市场。而更重要的是,社会理念以宪法的形式作出规定,然后交给市场运作。如联邦宪法第 20 条第 1 项规定:"德意志联邦共和国是民主的、社会的联邦国家"。也就是说,在实现平等、保护弱者与社会救助的社会公正的基础上寻求社会安全与稳定。需要强调的是,企业的社会意义是在"社会市场经济"的基础上,作为"共同决定制度"来实现的。与此相关的是德国企业的利益相关者治理模式。

(二)德国的公司治理

1. 德国模式的公司治理特点

德国的股份公司一个显著的特征是:董事会与监查会分开设置,公司呈现多层结构。1976 年制定的《共同决定法》规定,监查会的半数由职工代表组成,这意味着工人可以对公司政策过程实施其影响力,对于董事会的人事权与董事会的政策决定过程,法律赋予工人监督的权力。在这一制度安排下,企业外部的监查会与企业内部的经营者协会,都有职工代表参与实施监督权。另外,在资本层面的监查会成员中,除了法人、大股东以外,银行代表也加入监查会。银行实施委托议决权,不仅是向监查会派遣官员,而且对企业实施影响力。

在德国的出资者以及金融机构、工会组织、职工等各利益相关集团,在法律和制度层面,通过监查会对企业的政策过程给予一定影响,在实施影响的同时,对企业实施规制。

2. 德国公司治理改革

20 世纪 90 年代一连串的企业不法事件,监查会的监督职能遭到质疑。1993 年德国非金属大企业 Metalgesellschaft AG 在美国的子公司在石油期货交易中亏本 30 亿马克,总公司陷入困境。另外,因投机不动产遭到巨额亏损的 Schneider AG(施奈德股份公司)事件,企业的监督机能备受质疑,公司治理进入新的改革时期。

一系列的公司改革,目的是如何提高德国公司的透明度,这是改革的关键。当时,德国公司改革是在利益相关者之间的利益多元论博弈下进行的。在全球化背景下,德国公司改革的这一特点还是被社会所认可的。可是,深层次改革涉及高层经理阶层、监督机构的监查会以及业务执行机构的董事会,尤其是对董事会,监查会的机能如何强化,成为改革的焦点。

在上述改革的推进下,1998 年的第一部法律《企业的控制以及透明度法》出台,该法律强化监查会的责任与监查权限,同时,法律对预决算监督人的独立性也有了明确规定。2000 年 1 月法兰克福大学的 Baums. T. 提交了一封被称作是"Frankfurt 俱乐部"的民间委员会报告,在报告中提出了治理原则。另外,同年 6 月另一个民间委员会"柏林俱乐部"也提出了公司治理原则。

在民间改革逐渐推进的过程中,当时的首相施罗德在 2000 年 5 月设置"公司治理委员会",它作为政府咨询委员会对德国公司治理体系提出实质性建议。"公司治理委员会"300 页的报告书在 2001 年 7 月 10 日公开发表。①

德国司法部对 Baums 委员会的报告书作出回应,2001 年 9 月规定了德国上市公司的公司治理规则,并任命监查会议长 Cromme. G 为政府委员会委员长,2002 年 2 月公开发表委员会报告《德国公司治理规则》。治理规则强化了公司信息透明度,它扩大了投资家的权利,而且对提高顾客、职工与公共的信赖度也作出了一系列规定。

(三)欧盟的经营者参与

1. 欧洲的经营者协会

在欧盟国家,具有社会意义的《共同决定法》给予劳资双方以深远的影响。在欧洲统一的进程中,劳资关系在 20 世纪 90 年代也有了长足进展。在德国,1996 年 10 月 28 日联邦议会通过了《欧洲经营协议会法》。《欧洲经营协议会法》的目的是在欧盟区域活动的企业与企业统合的职工之间实现信息共享,从而提供一个跨越国境的经营者与职工的对话场所。法律适用于在欧盟区域活动的企业,具体范围包括:在欧盟国家的、有 1000 人以上职工的公司;或者是在欧盟区域内涉及 2 个国家的,职工数在 150 人以上的

---

① 海道、ノブチカ「EU 社会の変貌と企業」、『会社と社会——比較経営学のすすめ』、(日)文理閣出版、2006 年、第 120 頁。

公司都适用这一法律。

《欧洲经营协议会法》允许各企业在跨国境的信息提供与协议方面具有自身的特色,致使该法更加适合各国的法律体系以及企业各部门的特殊性。在德国,欧洲经营协议法产生以前已经有 100 家左右的企业自发地缔结劳资间协议,这些协定在欧洲经营协议法实施以后仍然有效。但是,欧洲经营协议法所规定的权限,不是狭义的"共同决定"权或者否决权,而是强调通过信息提供、协议以及对话,改善职工的经营参与权。所以,《欧洲经营协议会法》所规定的职工权限,主要是获取信息的权利与协议权。然而,该法律建构了跨越国境的、参与经营的制度框架,在欧洲,这是首次创设。

2．欧洲公司的创设及其形态

1970 年 6 月 EC 委员会通过了创设欧洲公司的提案,30 年以后的 2001 年 10 月,在欧盟部长理事会上采纳了《欧洲公司法》。3 年以后的 2004 年 10 月,欧洲公司诞生。欧洲公司不是根据各国法律设立的国内企业,而是以欧盟法为基础的欧盟法人。欧洲公司的设置形态由 4 种基本形态和 1 种派生形态构成。

（1）通过合并产生的欧洲公司

这是欧洲公司的第一种形态,即通过合并设立的欧洲公司。例如,根据欧盟国家法律设立的、在欧盟区域登记的事务所。另外,有总公司的股份公司,如果 2 家公司能符合欧盟国家框架内 2 个国家法律的话,那么,这 2 家公司可以合并为欧洲公司。

（2）通过持股公司设立欧洲公司

欧洲公司的第二种形态,即通过持股公司形式创设欧洲公司。例如,根据欧盟国家法律设立的公司、或者在欧盟区域内登记的事务所、或者是总公司的股份公司,如果 2 家公司能符合欧盟国家框架内 2 个国家法律的话,那么可以通过持股的形式合并为欧洲公司。

（3）由子公司设立欧洲公司

第 3 种形态,与（2）相同条件下的一些公司,作为欧洲公司的子公司设立欧洲公司。

（4）通过组织变更设立欧洲公司

第4种形态是：至少在2年间可以接受欧盟国家法律的子公司，或者是根据欧盟国家法律设立的公司、欧盟区域内登记在册的事务所等等，可以通过组织变更成为欧洲公司。

以上4种基本形态，再加上派生的、作为总公司的子公司形式设立的欧洲公司，构成了欧洲公司的基本形态。

3. 欧洲公司职工参与经营的权利

在欧洲公司，有关职工的经营参与权，欧洲公司法的相关规则通过理事会指令的方式予以补充。理事会的经营参与指令成为欧洲公司法不可分割的一部分。实际上，职工的经营参与，在欧盟国家之间经过了30年的争论，最终提案来自于政治的妥协。

欧洲公司设立职工代表组织——特别交涉机构，有关职工代表参与经营管理的方式，由特别交涉机构与企业进行交涉。如果特别交涉机构与企业交涉不能达到一致的情况下，则按照以下的标准来操作。

（1）如果是通过组织变更设立的欧洲公司，那么，以前的"共同决定"要素，在欧洲公司能得以保证。也就是说，经营者参与的条件，在欧洲公司继续适用。例如，德国、荷兰、北欧一些国家通过组织变更成为欧洲公司的时候，经营参与的条件没有变化。

（2）持股公司通过设立子公司的方式组成欧洲公司的时候，至少50%的职工在"共同决定"的保障下参与经营，所以，当进入欧洲公司的时候，这一方式不会改变，而且，这是一种职工参与程度最高的方式。

（3）通过合并设立的欧洲公司，参加欧洲公司的公司，至少25%的职工参与过"共同决定"，对通过合并设立的欧洲公司来说，这种方式的参与度也是最高的。

但是，需要注意的是，通过合并组成的欧洲公司，欧盟各国的经营者参与指令是可以选择的，这里指的是"适用除外"的选择。所以，在选择了"适用除外"的欧盟国家中，通过合并组成欧洲公司，一般是不实施"共同决定"的。

经营者参与指令,在内容方面,依存于欧盟国家国内法律的现象还是比较普遍,它不一定能反映出德国模式的共性。1970 年以来的 30 多年,从欧洲公司法创设的过程来看,对于"经营参与"是经过激烈争论的。所以,经营参与指令与最初的理念相比,实际上是后退的,而最终的实现也是由各国的妥协促成的。在全球化的冲击下,欧洲公司法依然能坚持经营参与的社会性条款,有关这一点应该予以积极的评价。

六、日本企业的社会性建构——批判经营学的视角

批判经营学的理论建构开始于 20 世纪 30 年代,其发展期在 70 年代以后,面向现实社会是批判经营学的特点。尤其当企业与社会处于一种紧张状态的时候,批判经营学是与工人运动、市民运动结合的情况下来推动其理论发展的。今天,当我们研究公司社会责任的时候,实际上把经营学拉回到社会原点,并在此基础上重新建构批判经营学理论。

(一)对企业的民主化规制

对大企业实施民主规制的主张是由日本批判经营学研究者岩尾裕纯提出的,①可以说,这是批判经营学的核心理论。

批判经营学的产生与发展有其特殊的经济社会背景。20 世纪 70 年代两次石油危机与美元危机致使美元支配体制开始动摇。另一方面,越南战争、东西冷战导致核军备扩大,环境污染,企业违法事件促使市民维权运动高涨。在市民运动的推动下,政府开始制定环境保护、职工安全与健康、信息公开以及保护消费者权益等相关法规。与此同时,相应的政府机构,如就业机会均等委员会、环境保护机构、职业安全健康局、消费安全委员会也相继建立。20 世纪 70 年代,美国企业在政府规制下展开活动,这是经济社会划时代的变化。美国的变化直接影响到欧洲,欧洲也兴起了环境保护、反对核武器以及反战的社会运动。

---

① 丸山恵也「現代社会における企業の社会的責任」、『会社と社会——比較経営学のすすめ』、(日)文理閣出版、2006 年、第 201 頁。

欧美国家的社会运动对日本产生巨大影响。20世纪70年代日本经济因石油危机而进入低速增长期,与此同时,因产业公害引发的环境破坏、股票投机、价格欺诈等一系列企业"反社会"行为频发,由此引发公众对政府与企业的强烈不满,东京、大阪等大城市首先掀起企业问责运动。作为政府对策,以大气污染防止法为主的公害对策基本法的制定、环境厅的设置、四大公害诉讼的原告胜诉等等,政府对企业社会责任提出批评,从社会层面强化对企业活动的规制。

确立对大企业的民主化规制,这就是20世纪70年代的批判经营学。岩尾把经营学纳入"经营管理的经济学"范围内,从大企业资本积累的行动中追究公司管理的经济学责任,对大企业的民主规制也是从这一点切入的。岩尾认为,在资本主义社会的企业,以利润为目的,并以此为手段生产财富。可是,成为手段的财富生产,必须有它自身的目的,即有用性。当企业的利润动机控制了社会生产力时,企业的力量越强,它对社会的危害越严重。如何规避企业反社会、反人类以及反职工的行为,对企业来说,民主的规制显得尤其必要。岩尾把民主的规制具体分为三个方面。其一,来自国家层面的规制,如强化反垄断法、企业行为基准的设定等等;其二,企业内部的规制,如工会组织、职工参与管理的制度安排等等;其三,自下而上的规制,即以消费者运动、居民运动为代表的市民运动。

对大企业的民主化规制,实际上把经营学拉回到社会原点,并在此基础上重新建构批判经营学理论。

首先,制止企业反社会行为,仅仅依靠社会性规制是不够的。批判经营学把企业管理当作政治问题来加以批评,他们主张对大企业实施民主规制,这是一种政治对策。经营学的对象是企业,企业是依存于现代社会制度的实体,所以,企业、社会、政治的三位一体研究,批判经营学在政治经济学层面寻找自己的地位。

其次,对于企业反社会行为,一般采取社会网络的制约,或者是市民社会规则的制约等等,于是,人们一般在社会体制内考虑企业社会责任问题。然而,这还不是批判经营学的立场。批判经营学把企业发展纳入社会体制内,通过社会控制使其成为社会作用的承担者。可是,企业本质就是利润驱动,期待营利企业履行社会责任是很困难的。所以,杜绝企业反社会行为,根源在于组织理论,企业原来就是追求利益的组织体,然而,这一本质往往被人们所忽视。

最后,企业改革的主体是谁? 相关利益者实现企业社会责任,他们是推进企业改革的主体力量。20 世纪70 年代的企业民主规制论认为,所有的社会运动基本从属于工人运动,而住民运动与消费者运动并没有成为民主规制的推进力,所以,企业改革的主体,通过利益相关者多层次的活动,推进市民社会的进程。

(二)日本的批判经营学

企业是追求利润的资本运动体,然而,企业又是社会生产的承担者,它作为社会分工的组织体出现。批判经营学以企业的社会存在为基轴,从公共层面与营利层面的矛盾中去构筑批判经营学体系,从这意义来说,批判经营学是从企业社会性的视点出发,探讨企业经济性(营利追求)的运行方式。

近年来,在探讨企业社会性的过程中,日本的批判经营学在以下几个方面的研究取得了可观的进步。

1.新批判经营学

新批判经营学以贯隆夫为代表,其主要观点认为,传统批判经营学视野中的"合理性企业"是为企业利益最大化而行动的,而今天的企业反映了企业的营利性、环境性与社会性关联,从而显现营利性的相对化趋势。所以,企业的营利性、环境性和社会性是批判经营学的三大原则,在三大原则的分设与制衡中去探索企业的存在,这就是21 世纪批判经营学的核心理念,并在此基础上,构筑资本、劳动、环境的理论体系。

新批判经营学的"新"在于揭示了现代资本主义特征以及矛盾中的环境性原则与社会性原则,它与企业营利性的相对性共存于企业行动系统中。可是,企业三大原则的分设与制衡,对企业来说,尤其是对于现代企业资本的把握,并没有形成一致意见。

2. 社会经营学

社会经营学的代表重本直利,在其《社会经营学绪论:从企业经营到市民经营学》(2005)一书中提出社会经营学的结构与框架,他认为,社会经营学来自企业、地域、学校、家庭等等的个别领域经营的总括,整体的社会经营来自市民中心社会的合理性,即社会合理性。可是,社会合理性遭受来自企业经济合理性的冲击,而企业经济合理性来自企业中心社会的合理性。于是,现代日本企业的社会经营合理性从属于经济合理性,从而破坏了家庭与社区的经营领域。例如,丰田模式的效率至上原则是一种经济合理性,可是,它很难与社区、家庭共存,而是让社区、家庭服从于丰田模式的经济合理性,于是,正常的社会关系被破坏,社会经济的整体性开始动摇。

社会经营学旨在构筑被解体的社会经营,同时,对效率中心的企业活动予以规制。以往的经营学主要以企业经营为对象,而批判经营学把企业置于社会整体的关系中,在社会经营中摆正其位置,在此基础上,评价企业经济合理性的存在方式。

3. 市民管理论

中村共一编著的《市民管理论——公共性的再构筑》(2005)一书中对企业与社会的关系作了全新解释。他认为,企业与社会的关系,是企业如何以市民的公共性来引导其活动的问题,这就是市民管理。

中村把企业的"管理社会化"与社会的"企业管理化"做了基本区分,在此基础上,指出了两者的联系。

企业的管理社会化,是指企业通过"政治调整",把企业资本的一部分用作社会救济。"政治调整"既是企业的力量,同时也显现社会力量对资本的制约;社会的"企业管理化"是指以社会规制实现企业的可持续发展,这就是市民管理。市民管理以社会对资本的制约为视角,在社会与政治的众多关系中实现社会力量的整合。市民管理致使社会从资本的理论中获得解放。

根据科斯理论,企业并非属于股东所有,而是由多个利益相关者共同拥有,相应地,公司治理需要依靠企业的多个利益相关者共同参与,而不是仅仅依靠股东。在利益相关者理论下,企业追求的目标应由股东价值最大化转为利益相关者利益的最大化。只有利益相关者的各方共赢,才能促进企业可持续发展。公司治理改革的要点就在于:不应把更多的权利和控制力交给股东;反之,公司管理层应从股东的压力中分离出来,将更多的权利交给其他的利益相关者,由利益相关者参与公司治理,从而达到各方力量的制衡。

(三) 落后于时代的日本式企业统治

企业遵守社会规则,履行利益相关者的责任。要达到这一目标,首先,企业生产过程要向社会公开;其次,致使公司机构有效运转的制度化结构。然而,在社会历史与社会结构中形成的却是制度化的企业统治型结构。

日本的企业统治,其结构性特征是在历史中形成的企业集团相互持股,稳定股东的高收入比例是企业的崇高目标。可是,近些年来,由于经济长期低迷,金融机构重组,股份公司的相互持股逐渐弱化。另外,由于间接金融向直接金融转换,日本企业的统治结构也发生了重大变化。

从政治原理来分析,公司结构是一种三权分立制度,即董事会—立法、董事长—行政、监查会—司法。通过三个权力的分设、制衡,提高公司透明度,并在社会的规范下从事企业活动。这被称之为“公司民主主义”。可是,日本特有的“企业社会统治结构”很难显现公司的社会机能与作用,所以,在日本,公司治理的首要任务是围绕与“公司民主主义”相适应的公司结构改革。

有关公司的社会责任(CSR),日本经团联在1991年的《企业行动宪章》中已经提出,“企业不仅仅是通过竞争获取利润的经济主体,对社会来说,企业是对社会有益的存在”。[①] 可是,日本企业并没有遵循这一宪章,事实上,宪章制定以后,会员企业的不法事件不断发生,为了强化处罚,宪章也几经修改。

---

① 丸山恵也「現代社会における企業の社会的責任」、『会社と社会——比較経営学のすすめ』、(日)文理閣出版、2006年、第197頁。

可见,经团联的企业行动宪章并没有被遵守,表面上企业大谈行动宪章,实际上还是以盈利优先的企业中心主义作为行动原理,而且这一现象呈逐渐走强趋势。

近年来,政府、财界开始重视 CSR。2003 年经济同友会发表《企业白皮书:市场进化与社会责任经营》;经团联也于 2004 年 5 月把 CSR 写入企业行动宪章。政府方面的一系列行动,如经济产业省、厚生劳动省与环境省举行各种形式的恳谈会、研究会。政府、财界的主张包括以下几点:

(1)日本财界提出的 CSR 论,其特征是把 CSR 限定于企业自主性的框架内,对来自外部的规制与诱导,企业有时是予以否决的。在欧盟,众多的市民团体、工会认为,"CSR 的自发性结构"是有局限的,所以,应该通过"法制的、契约的结构"来推进 CSR,从而要求企业积极参与 CSR 活动。欧盟委员会尽管也在考虑企业主张,可是,委员会更考虑到市民团体的主张,并尽力推进 CSR"欧洲框架"的制定。也就是说,欧盟委员会以市民社会规则去构筑 CSR 的欧洲社会结构。从这点来看,日本经团联依据市场原理主义,并以企业中心为前提提出 CSR 自主性框架,这与欧盟委员会提出的 CSR 框架有本质的区别。

(2)日本经团联的行动规范、或者是政府的政策方针,有关 CSR 的实施都是限定于企业可以承受的范围内,而不是一种积极的对应措施,这与全球性的 CSR 相差甚远。例如,厚生劳动省的中期报告对涉及到职工基本权利的问题规定甚少,而对于企业劳动人事政策,如能力主义指标却高度重视。在欧盟国家,对于用工制度与劳动条件的保护有多项条款,并以法规的形式规定下来。CSR 的实施政策也是如此,在企业重组的过程中,对 CSR 都做出了特别的规定,如对职工公开信息、与职工的协议、代替议案的研究以及劳动标准的遵守义务等等都有详细的说明。

(3)日本企业向海外投资发展的时候,CSR 是一种出自无奈的选择。可是,在全球化进程中,面对全球 CSR 潮流,日本国内企业在多个领域、多种形式上,与全球 CSR 趋势的矛盾越来越显现。例如,野村证券的男女不同待遇以及和解的例子足以说明日本 CSR 的特点。实际上,日本野村证券在人事管理上的男女差别一问题已经争议了将近 11 年，一直到 2002 年 2 月地方法院才下达了违反均等法的判决。可是，到了 2004 年 3 月，野村的持股公司野村证券集团突然公开发表伦理章程，宣布取消包括男女差别在内的所有差别，于是，野村证券与原告团和解。这一突如其来的变化来自欧洲的社会责任投资机构的企业评价。欧洲著名的 SRI 评价机构 GES 对于野村在就业与升迁机会上的女性歧视，认定野村为投资不合格企业。所以，这一背景促使野村对自己行为的反思，企业伦理规则也正是在这背景下出台。

第八章 公司社会责任与公共治理

传统意义上的资本积累都是由国家和企业来推动的,然而,单纯以财富积聚为目标的增长是自然的破坏者、社会不平等的推进者。

20 世纪 90 年代以来,在寻求经济社会可持续发展的时代潮流中,企业的社会责任提上了议事日程。

以往对企业社会责任(CSR)的要求,是作为企业经营的外部问题来对待的。但是,近年来,社会责任成为企业经营的中心问题,并作为经济重大课题被纳入公司决策过程。

对于发生危害社会行为的企业必须追究其社会责任。在市场外,一般采取社会介入的方式对企业施加压力。可是,20 世纪 90 年代以来,对于不履行社会责任的企业,社会采取拒买方式加以抵制。与此同时,在投融资和市场交易方面引入 CSR 标准,通过市场机制进行企业评价、企业选别等一系列活动。在过去的 10 年,以欧美市场为中心,公司社会责任逐渐向纵深扩展,CSR 成为社会防范的一项重要对策。

一、怎样的企业可以称作具有"社会责任"的企业

"企业存在的价值是什么"？这是一个老问题,但是它在不断地唤起人们的重视,尤其在今天,公司社会责任已经成为公共治理的一个重要制约因素。

(一)公司社会责任的评价标准

跨入 21 世纪以来,以金融为中心的美国模式向世界各国的经济界渗透,于是,上市公司股价是评价企业的唯一目标,企业的合并、重组,也在于

期待不断增高的股市价格。在制造业、服务业以及流通业，一部分人因企业上市而成为巨富；而另一部分人仍然陷于贫困之中。

然而，人们也许忽略了美国模式的一个重要方面：制造业工人属于中层收入阶层，制造业工人形成中流社会的砥柱，由此推动制度变迁与环境改善，这是美国工业社会的特点。当然，我们也遗憾地看到，从20世纪80年代以来，美国信息化社会的快速发展，制造业逐渐衰退，于是，收入差距扩大，贫富社会再现。但是，我们从美国制造业衰退的过程中可以领悟到一个问题：一个制造业大国，制造业工人是中流社会的砥柱，这就是公司的社会责任。

什么是公司社会责任（Corporation's Social Responsibilities CSR）？谁来提升企业的价值？古典经济学的观点认为，企业的社会责任便是利润最大化，即为股东实现公司利润的最大化。经济学家米尔顿·弗里德曼就是持这一观点，他指出，公司管理者的经营活动就是要从股东的最佳利益出发，这是公司管理者的重要责任，其最佳利益的标志就是财务方面的回报。①

社会经济学的观点则认为，公司的社会责任不仅仅是创造利润，还包括保护和增进社会福利。这是因为，社会通过购买产品和服务对企业提供了支持，所以，社会期待企业参与社会的、政治的和法律的事务。

"利益相关者"理论从经济性和社会性的平衡来分析公司社会责任，他们把企业活动纳入社会责任的范围，包括经济责任、法律责任以及在此基础上的伦理责任、社会贡献的责任等等，把经济活动所获得的附加值在利益相关者之间进行分配，以此寻求经济性与社会性的平衡。

世界经济论坛则把公司社会责任定位于四个方面：一是公司的道德责任，包括遵守法律法规、遵守产品安全标准和商业道德行为准则等等；二是对人的尊重，包括员工安全、就业机会、薪酬公平等等；三是环境责任，包括使用清洁能源、共同应对气候变化等等；四是对社会发展的责任，主要指对

---

① ［美］斯蒂芬·P.罗宾斯：《管理学》，孙建敏等译，中国人民大学出版社2006年版，第141页。

社会和经济福利的贡献,比如向贫困社区提供水、能源、医药、教育和信息技术等要素产品和服务。

由此可见,公司社会责任是指企业在制定发展规划的同时,应该负有致力于构筑有利于社会长远发展目标的义务,在可持续的范围内,创造出利润以外的价值,即公司在维系生存与发展的同时,承担起社会责任,这就是企业存在的价值。

在这里,需要纠正一些看法。一般认为,企业的社会责任就是遵守法规、履行承诺,这是对公司社会责任的误读。公司社会责任不能单一地理解成承担其经济和法律的责任义务,因为这是法律对企业的最低要求。公司社会责任超越了法律要求的义务,公司社会责任是对社会各个问题的积极回应,公司必须对雇员关系、慈善事业、环境保护以及产品安全等社会问题承担责任,并付诸实施。例如,对于环境规制,不仅仅是遵守排放标准,而是构筑环境管理体系;对于残疾人就业问题,不仅仅是就业率的指标问题,而是提供适合残疾人就业的体制。社会期待企业开发新的产品与服务,通过利用企业的资源与方法解决社会问题。

在美国,一个公司达到政府设定的污染控制标准,或者在录用、晋升员工时拒绝采用年龄和性别歧视政策,这只是履行了社会义务,这是企业最起码的法律底线。可是,如果该公司使用可再生纸来包装产品,或者参与社区环境建设,这就是公司社会责任。索尼 2003 年的《CSR(企业社会责任)报告》中提出了雇用与人权对策,并在此基础上制定了项目环境评估、居民健康评估等一系列社会对策;日本大和证券集团在 2002 年 10 月就提出了企业伦理社会性原则,并发表了"可持续发展报告书",等等,这些都可以称作公司社会责任。

(二)企业 CSR 战略及其展开

CSR 实质的意义在于:企业经营活动的过程应该充分重视社会的公正性、伦理性、环境以及人权;对利益相关者有说明责任义务;在环境、劳动、就业、人权、产品以及发展中国家的劳动环境、信息公开等所有的问题领域,重视企业社会责任。

今天的公司社会责任,它追问产生企业附加值的经济活动本身,如何建构可持续发展的社会经济体系?企业如何从事具有社会责任的经济活动?CSR 战略主要体现在三个层面。

第一,把企业经营方式纳入社会责任范畴。例如,经济活动如何体现社会公正、伦理、以及对环境的责任;就业录用与职工考核的公正性;产品的品质与安全性;发展中国家的劳动环境、人权以及信息公开问题;企业从遵守法规向创造企业价值转换,寻求社会责任的创新活动。

第二,企业开始着手解决社会问题——参与社会事业。例如,开发社会性商品与服务、促进社会事业;开发环境型产品、老年人和残疾人产品、促进地域开发与治理;以社会问题作为一种事业,进行社会责任投资。

第三,开展社会贡献活动,利用企业资源支援社区;企业捐助的社会贡献活动;利用公司业务、技术开展社会贡献活动;通过参与慈善活动的社会贡献活动。

以上三个层面的企业社会责任战略转换,社会的企业、NPO 与 NGO 的兴起,是战略实施的一个重要方面,也是创造社会价值的有效路径。

二、"市场社会"的 CSR 调控

对于企业的伦理性事件或者是企业犯罪,一般所见到的是批判性的社会运动或者诉讼。近些年来,与企业评价密切联系的社会性活动逐渐兴起,对不履行社会责任的企业,市场通过"拒买"予以抵制。20 世纪 90 年代以来,"拒买"运动的范围逐渐扩大。另一方面,对于有良好社会责任的企业,其商品和服务受到广泛认可,其销售也日趋走强,并作为投资选别的首选对象。在交易契约中,能否实现社会责任也作为重要条件。上述市场行动的扩大,意味着市场对企业的期待和作用在发生变化,对市场来说,其关注面不仅仅在企业的财务层面,社会的、环境的非财务关注逐渐成为市场的主流。

近几年,"市场社会"逐渐引起全球关注。"市场社会"并不是经济学教科书所描述的那种市场模式;"市场社会"也不是指纯粹的、经济理论层面的机能。"市场社会"是指从价值观的变化以及从社会、政治、文化、国际关系等多层面的关系结构中去把握的一种市场模式。"市场社会"是以公司社会责任为核心的市场调节方式与规范。

20世纪90年代以来,地球环境问题、劳动、人权以及包括社区在内的社会问题引起全球高度关注,如何实现社会经济的可持续发展,在理论与行动层面都进入了一个全新的阶段。从行动的范围来看,不仅仅局限于市民社会的组织参与、抵制,而且向经营者网络与国际机构扩大其影响力,以此影响企业经营方式,进而对经济、社会、环境产生巨大反响。在这里,市民的声音、价值观的变化、NPO规模的逐渐扩大,在一个网络的体系中,NPO对企业活动的监视、批判、调查、建议等等,其影响力呈逐渐增强趋势。在这时代的转换中,市场选择标准不仅仅是企业提供的商品、价格、服务以及品质,而是追究其生产过程,更进一步说,是追究企业的经营体制,在怎样的经营体制下生产? 其生产过程是否符合具有社会责任的企业标准。

在上述基础上,消费者、就业者以及投资者的价值判断发生了根本变化。消费者在购入商品的时候,作为价值判断,首先考虑的是企业对消费者的社会责任问题;就业者在选择工作岗位的时候,首先考虑的是企业对职工的社会责任问题;投资家在评价企业,从而决定投资对象的时候,一个重要的标准是CSR。在一个交易市场,当与卖方签订契约的时候,买方除了考虑品质、价格与交货期以外,更重要的是考虑对环境的承诺以及对于社会项目的追加等等,显然,这是一种CSR的调控。

表7 CSR的市场期待

消费者的购买标准	环境以及社会道德;企业社会信息的提供;拒买/购买
企业行动标准	企业团体的行动标准以及相关提案;ISO/CSR的动向
投资宗旨	SRI(社会责任投资);社会责任投资原则;机构投资家参与社会责任投资呈扩大趋势
融资标准	环境、根据CSR评价标准开发金融产品
供应原则	交易与供应条件以CSR为基准,政府供应也应遵循CSR原则

对企业进行 CSR 评价,在自由的市场经济条件下,CSR 作为经济行为,贯彻在企业活动始终,企业把 CSR 基于经营活动的中心地位,并为此积极地采取对策。可以说,CSR 已经从企业经营的外部性问题向经济中心课题转换。这一转型开始于 20 世纪 90 年代。

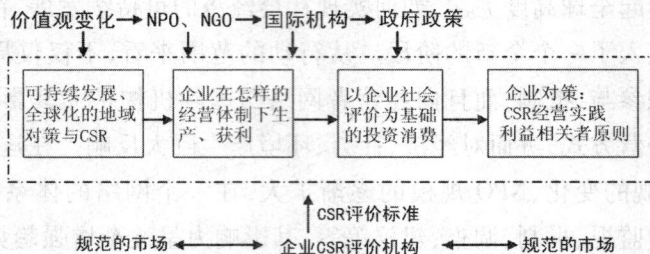

图 2　评价 CSR 的市场

一个规范的市场,应该制定 CSR 评价体系,从而对企业的 CSR 监督形成良性循环机制,即企业对 CSR 的积极应对——市场对具有社会责任企业的支持——市场评价——企业竞争优势的良性循环。在这里,企业社会责任的良性循环不会自然形成,政府的政策导向尤其重要;另外,NGO、NPO、工会组织、金融机构对 CSR 课题的关心度以及支援、监管也不能缺少。

三、公司社会责任评价

衡量评价 CSR 的市场是否形成,以下三个变量必不可少:其一,企业行动基准;其二,SRI(企业社会责任投资);其三,CSR 的制度供应。

(一)企业行动基准

在有关部门 CSR 的行动基准方面,国际机构、经营者团体、NGO、NPO 都从各自的立场对行动基准、伦理原则作出了相关规定。

国际机构的相关规定有:《跨国公司有关人权的责任规范》、《有关跨国公司与社会政策的原则》、经济合作与发展组织 OECD 的《跨国公司的行动基准》等等。国际标准化组织 ISO 的有关社会责任的规则也在不断地推进,如 2008 年作为指导方针的 ISO26000 的采纳。在 NGO 层面,有《可持续发展报告书的指导方针》与《企业的人权原则》。作为经营者团体的有:UN(国际联合)的 Global Compact(全球契约)与 SAI 的 SA8000 规格。

1. 国际机构 UN 的 Global Compact(GC)

国际组织 UN 的"全球契约"创立于 1999 年,它以人权、劳动、环境 3 支柱作为防止腐败的伦理规范,主要规定了企业自主的行动标准,但基本上没有法律的约束力,所以,关注的企业并不多,2002 年参加的企业仅 82 家。可是,2006 年 4 月,参加企业超过 3000 家,[①]尤其是这二三年,参加的企业数急剧增加,而且,发展中国家的中小企业也积极地参与。在 GC 的推进下,跨国公司的 CSR 管理意识不断加强,对卖方来说,社会责任作为交易的一个重要条件,SA8000 认证显示了 CSR 的动向。近些年来,中国参加 GC 的企业也逐渐增多。

可是,从实际的实施状况来看,大多数参加(GC)的企业并没有按照 GC 的要求来整合其体制,可见,缺乏监管制度的 GC 很难在全球范围内构筑制度化的循环体系。所以,GC 的基准作为企业经营的行动目标,CSR 必然进入管理视野,而且,全球范围内的制度化循环体系,必须把 CSR 融入各部门的目标、战略以及监管体系。

2. SA8000

SA8000 是美国 NGO 在 1997 年倡导的"国际社会责任"(Social Accountability International SAI),这是国际性的企业行动规范,它与 GC 不同的是,企业的管理体系由第三方机构确认。SAI 的创设,它与一般意义的 NGO 不同,通常的 NGO 运营主要在人权、儿童劳动关系等方面,而 SAI 是以工会、企业关系者、专业知识者、评价机构等等的合作关系为基础,人员分布是地域性的,涉及北南美、欧洲、亚洲,所以,它又是全球性的。

SAL 的项目包括儿童劳动、强制劳动、健康与安全性、劳动时间、补偿、

---

① 谷本宽治「企业社会责任的评价与市场」、『公司与社会——比较经营学的推进』、(日)文理阁出版、2006 年、第 222 页。

以及工会与团体交涉自由等多个方面。从 1998 年最初的认证以来,参加的企业逐渐增多,2006 年 3 月,参加企业达到 710 家,包括 45 个国家、50 个产业。与 GC 相同的是,这些年来,参加的企业剧增,尤其是发展中国家的中小企业。例如,印度有 104 家公司,占 15% ;中国 99 家,占 14% ;巴基斯坦 47 家,占 6% 。①

综上所述,在环境、劳动、人权等领域,企业行为基准与基本规范进入了一个新的时代。可以说,这是全球化的市场社会对企业的期待。从企业层面来看,企业在考虑经营方针的时候,社会的基本点是明确的。国际机构与 NGO 从各自的立场出发,对企业行为提出了规范要求,CSR 在市场社会的定位基本是牢固的。美国的管理学家 Gavanaht 指出,企业行为标准不断地具体化,CSR 的社会期待不断地提高,对企业来说,CSR 的市场定位是一种契机。推进全球化水准的国际市场规范,从而促使规则的革新,这是"社会契约"的过程。②

以上各个机构提出的企业行动基准,其有效性与可能性逐渐趋于成熟,如果作为正式的法律来执行的话,或者是作为政府与国际机构的指导方针来引导的话,那么,企业是能够了解市场的社会期待,从而在经营过程中回应这一期待。

(二)以投资改变社会——社会责任投资(SRI)

现代公司由少数掌权者的价值观来构筑,其核心是财富的积累。公司规则以财富最大化为宗旨,并决定公司运营方向。从这些规则走出来的企业,它们的存在可以带来全球社会深刻的变化,没有一种力量可以改变公司的价值理念。然而,20 世纪 90 年代以来,"以投资的方法改变社会",这一命题改变了传统公司价值理念,从而成为公司治理的新范式。

---

① 谷本宽治「企业社会责任的评价与市场」、『公司与社会——比较经营学的推进』、(日)文理阁出版、2006 年、第 223 页。

② Gavanaht, G. F. "The Caux Round Table Principles for Business: Comparison and Prospect", Conierence on Corporate Codes of Conduct at the City University of New York, 2004.

1. 投资方法的重要性

我们可以沿着历史的视角，从建筑物的标志性变迁来看公司对社会的影响。欧洲文艺复兴之后，巨大的建筑都是出自对神的敬威而建造。例如，在欧洲看到的大教堂、东南亚的佛教寺院等等，普遍以"德"的象征而存在，人们从那里接受教育。接着而来的是政府时代。过去的 300 年，几乎所有的时期，最大的建筑物是宫殿或者是议事堂，它作为市民社会的社会建筑物而备受尊重。20 世纪以来，公司总部大楼是都市标志性建筑，我们从这些大楼看到了商业力量的伟大，它成为市民社会追崇的偶像。然而，它还在发生变化！今天，最雄伟的大楼为金融服务业所有，人们认可了这种推动金钱的力量，金钱成为人们推崇的目标。

今天的投资形成明天的世界。然而，传统的投资理念，从来不去考虑对社会与环境的影响，项目评价的标准是利益而不是生活质量。现在是两个世界共存，几乎所有的富人看不到另外一个世界，就像都市的象征那样，我们所看到的是金钱的力量和荣光。

社会投资家的基本信念是："投资的方法最重要"。理由很简单，一些投资家总想尽可能地获得更多的利益，可是，如何使这一带的居民住得更舒适却从来没有进入投资家的视野。对公司来说，支付维持正常生活水平的工资不如采用奴隶般的劳动更节省成本；净化环境不如污染环境更节约成本；停车场周围的绿化环境不如用煤炭沥青铺路更省事。如果现代的文明人用企业存在的理由来定义投资家的话，那么，我们所期待的未来是不可能实现的。

文明的进化至今经过了 1 万年，人类能够维系和平、尊严以及共同的价值理念。我们创造了前所未有的经济繁荣，唯独欠缺的是没有创造出适合人类居住的环境以及公司与金融的诚信体制。

然而，今天，对于"以投资改变社会"的真理已经被更多的机构与个人所接受，而且，这一数量在不断地增加。社会责任投资领域在过去几年的成长达到了一个新的水平。根据美国社会投资研讨会每 2 年的调查，1996 年以来，在美国的机构投资家，在投资项目的选定标准方面，有 10% 锁定于社会责任投资。社会责任投资每 2 年出现一个倍增的趋势。社会责任投资在 1999 年达到 2 万亿美元,[1]2003 年达到 2.15 万亿美元,比 2001 年增加 10%。[2] 美国三大投资监督机构中的 TIAA(教职员保险年金联合会)与 CREF(大学退职股份基金)2 家以及 Vangurad Group(先锋集团)从 2000 年开始从事社会责任投资。

在 20 世纪 80 年代中期之前,在企业年度报告中几乎没有社会责任投资。可是,现在大企业的年度报告中,社会责任投资是一个很平常的词汇,在报告中,经常能看到社区治理、雇用的多样性、环境承诺等等事迹。

2. 社会责任投资评价方法以及规模

金融机构通过金融业务评价产业界的 CSR,根据评价的结果,采取相应的支援措施。具体地说,第一,投融资路径,例如,社会责任投资(SRI)、环境改善型投资、支援市民活动与支援社会活动的融资等等;第二,开发金融商品,如储蓄商品、保险商品(环境风险应对型保险)等等,投融资层面的 CSR 基准,社会责任投资居于最重要的地位。

20 世纪末,发达国家生产基地向海外转移,投资者在选择投资对象的时候不仅考察财务绩效和管理,而且开始重视这些工厂的人权、工作环境、健康等方面的社会责任问题。尤其是在新能源领域活跃的国际性企业,这些企业以中长期的资金回报为目标。他们积极参与构筑地球可持续能力的再生计划,企业活动指向再生能源、未来型燃料以及绿色科学技术与环境效果。在美国,这类企业约有 3500 家。

公司社会责任投资,一个鲜明的特点是:社会责任投资所追求的是有利于公共治理目标的一种道德义务,其治理机制是基于资本市场的投资选定过程,通过"社会屏障筛选"和"股东投资行动"来控制公司的社会责任。

"社会屏障筛选"是指在投资决策中应用社会标准来进行选择的过程,从公共财政的角度出发,选定投资企业的重要标准在于投资能否创造一个

---

① Amy Domini 著、山本利明訳『社会的責任投資』、(日)木鐸社、2002 年、第 20 頁。
② 藤田和「アメリカの社会的責任投資」、『日本経済新聞』、2003 年 11 月 19 日、第 8 版。

环境洁净、机会平等、公平正义和安全生产的社会环境。例如，这些基金不会投资于酒类、赌博、烟草、核能等相关领域。除此以外，建立社区发展基金、为小企业提供融资等等也是"社会屏障筛选"的重要选择指标。前者为个人投资者支持那些具有社会责任感的企业提供了一条路径；后者则通过社区投资，创造就业机会，缓解弱势群体的贫困问题，从而达到善治。

"股东投资行动"是一种金融责任，它通过能够负起社会责任的股东大会对公司社会责任施加影响，在公司治理结构的框架下，有社会责任意识的投资者以公司股东身份，通过与公司管理层进行对话沟通、递交呈请、投票等方式来积极影响或引导公司管理层，项目选定主要在环境和劳动等领域。从长远来看，"股东行动投资"的金融责任有助于改善财务绩效，提高相关利益者（包括股东在内的，消费者、雇员、买方、社区及自然环境等）的福利水平。

有关股东行动，现在一般由资产运营公司代替投资者与投资企业管理层交涉，以寻求社会责任方面的改善。例如，英国的投资顾问公司 ISIS 在考虑公司履行合同的时候，把公司治理的 CSR 作为提高公司业绩的重要依据。在环境问题、社会问题（劳动条件、人权）、公司治理（渎职、信息透明）等方面，都是作为与投资企业的约定来展开的。当机构投资家、资产运营公司把环境与就业都作为合同中的重要议程的话，企业会被迫作出回应。尤其在股东大会上行使股东提案——议决权的时候，其影响更直接。在这种场合下，往往由机构投资家之间联合，通过共同行动来实施其影响力。对企业经营者来说，即使对社会要求置之不理，然而，在股东大会上的意见却不能熟视无睹，必须作出回应。

表 8 美国股东行动：股东提案数 2001～2003 年

股东议决权的社会方针项目		提案数		
		2001 年	2002 年	2003 年
融资基准		10	10	6
慈善捐款		6	9	21
环境	资源利用/能源/有害物	24	34	33
	CERES 原则/报告	9	8	13
	GMO	19	14	13
	气象变动	6	21	21
公平就业		27	34	34
全球化的劳动基准		48	48	47
人权		19	16	16
军队、暴力		13	10	9
健康		9	20	5
政治贡献		12	9	6
香烟		13	13	21
合计		215	249	261

与治理有关的议决权行使项目	提案数		
	2001 年	2002 年	2003 年
董事长的多样性	13	11	10
企业官员报酬	17	8	11
企业官员报酬调查/冻结	3	3	7
合计	33	22	28

资料来源：Social Invsetment Forum，"2003 Report on Socially Responsible Investing Trends in the United States" 2003，p. 18.

在美国，SRI 的整体规模，1995 年 6390 亿美元，2005 年达到 2 万 2900

亿美元,增长约 3. 6 倍,相当于全美专业投资规模(24. 4 万亿美元)的 9.4%。①也就是说,每投资 10 美元中约有 1 美元是属于 SRI 投资的。美国 SRI 成长于 20 世纪 90 年代后半期,仅仅 5 年多的时间就达到如此大的规模。

表 9 美国 SRI 规模(1995 ~ 2005 年)

(单位 10 亿美元)

	1995 年	1997 年	1999 年	2001 年	2003 年	2005 年
社会屏障筛选	162	529	1497	2010	2143	1685
股东投资行动	473	736	922	897	448	1685
以上两项共同投资	N/A	84	265	592	441	117
社区投资	4	4	5	8	14	20
合计	639	1185	2159	2323	2164	2290

资料来源:Socil Investment Forum,"2005 Report on Socially Responsible Investing Trends in the United-States",2006.

以上 SRI 的投资规模,社会屏障筛选的投资总额,1995 年是 1620 亿美元,2005 年上升至 1. 685 万亿美元,增长约 10 倍。另外,投资信托 1995 年为 120 亿美元,2006 年上升至 1790 亿美元,增幅达 15 倍左右;金融机构的 SRI 参与也占了很大比例,约为 1. 506 万亿美元。尤其是年金基金的 SRI 运用也有大幅度的提高。

在英国,社会屏障筛选的投资总额,在 2001 年为 2245 亿英镑,市场占有率为 12.7%②,但近 10 年来,英国从 1997 年的 227 亿英镑到 2245 亿英镑,增长约 10 倍。这一增长幅度主要是由于养老金法的修正以及养老金基金的运用,而机构投资家的 SRI 参与也是主要原因之一。

与英美国家相比,日本的 SRI 规模相对滞后,2006 年的资金总额仅为

---

① Social Investment Forum ,"2005 Report on Socially Responsible Investing Trends in the United States",2006.

② 谷本宽治「企业社会责任的评价与市场」,『公司与社会——比较经营学的推进』、(日)文理阁出版、2006 年、第 225 页。

2585 亿日元①,根据投资信托协会的统计,2006 年的纯资产为 58.479 万亿日元,其中 SRI 的比率约占 0.4%,尚未形成影响市场的规模。②

需要说明的是,从现在的 SRI 市场规模来看,纳入 SRI 目录与投资信托的企业不一定在资金来源方面能占据优势地位,这是因为,在那里选定的企业,要进入一个包括社会、环境与经济在内的评价体系中进行筛选,在一个总体水平上获得优良企业的评价是需要时间的。所以,CSR 评价的市场成熟度、支持 SRI 的法律制度的完备以及对于投资家、股东投资的相关制度的整合等等,企业社会责任是一个系统工程。

四、社会责任投资的方法论视角

社会责任活动是否会降低一个公司的经济绩效?这涉及到方法论的视角。当我们在测量公司"社会责任"与"经济绩效"的时候,一般常用的方法是通过分析企业的年度报表,或者引证公司文档中有关社会活动的描述,或者采用公众感受的"声誉指数"来测量企业的公共责任与社会绩效。以这些标准作为衡量公司社会责任的尺度,从评估测量标准的效度以及信度来看,它很难反映公司社会责任的真实含义。

(一)对一般方法论的评价

1. 测量的信度

公司的存在,其本身就涵盖了社会意义,可是,社会意义是否进入公司的绩效体系?例如,企业对社区治理的贡献、对国际社会的贡献、对职工幸福生活的贡献等等,所有这一切,在公司财务报表中能否体现?

2. 测量的效度

测量经济绩效的效度一般包括"声誉指数"、年度报告等等,可是,公司的年度报告或"声誉指数"指标,通常用于短期的经济绩效,而社会责任对

---

① 谷本宽治「企业社会责任的评价与市场」、『公司与社会——比较经营学的推进』、(日)文理阁出版、2006 年、第 225 页。

② 谷本宽治「企业社会责任的评价与市场」、『公司与社会——比较经营学的推进』、(日)文理阁出版、2006 年、第 225 页。

公司利润的影响,无论是积极的或者是消极的,一般都要多年后才能见效,所以,公司短期财务指标也不可能得出有效的测量结果。

3.预测效度

公司社会责任活动与经济绩效之间的关系是正相关还是负相关?实证测量的结果与我们的共识,或者与我们头脑中印象的吻合程度是否一致?这是由一系列关联效度(也称预测效度)来确定的,也就是说,公司社会责任对社会环境治理所产生的经济效益,是一个长期的过程。

世界最大的化妆品公司 Loreal,20 世纪 90 年代生产总量增加 60% 以上,但是二氧化碳等温室气体排放却减少了 40%;杜邦公司计划从 1990 ~ 2010 年二氧化碳排放削减 65%,现在已经削减了 45%;①丰田等 10 家世界著名企业联合制定削减温室气体排放 15% 的计划,等等。显然,这一系列业绩在短期内很难奏效。

(二)中长期的风险评估方法

随着社会责任投资(SRI)逐渐形成一种趋势,金融机构在投资基准一览中,对企业环境与社会治理的评价,逐渐向以财务数据为中心的、中长期的评价方式转换。这与一般意义上的、在投资项目中纳入社会、环境因素是有区别的。中长期评价方式纳入了 CSR 评价体系,风险评估是这一方法论的主要特征,如果公司的环境风险与治理体制不完备,必将对公司业绩带来影响。随着市场的成熟,中长期的风险评估,其重要性日益显现,企业评价基准由此发生变化,这是近些年来企业评价的一种新动向。

联合国环境计划金融(UNEP FI)有关机构投资家的资产运用特别调查委员会在 2004 年形成一份"Materiality Report"报告,报告是针对给予企业经营以重大影响的风险项目,也就是说,UNEP FI 开始重新研究机构投资家的投资原则。UNEP FI 指出,机构投资者在投资有价证券的时候,给环境、社会带来很大的负面影响。前联合国秘书长安南在 2006 年提出社会责任投资原则(The Principle of Responsible Investment),原则规定在决定投资的

---

① 報道「環境と成長は両立可能」、『日本経済新聞』,2003 年 11 月 27 日、第 3 版。

时候,必须考虑环境与社会,这是一种"实体评价"的方式,其重要性已经被国际社会认可。

(三)产品供应商的 CSR

作为产品供应基准的 CSR,对企业来说,可以直接影响其生存与发展。企业的生产网络不断地扩张,CSR 对象不仅仅是自家公司,它涉及到集团企业、国内外的生产委托、承包单位、合作公司等等的活动状况。交易合同签约的时候,品质、价格、交货期是基本合同款项,然而,与环境相关的基准条件,如绿色供应等,在这 10 年左右的时间有了长足进展,包括卖方在内的、广范围内的 CSR 逐渐被市场认同。在全球化进程中,海外工厂与国内企业一样,遵守严格的环境标准以及与劳动、人权相关的政府政策。

在英国,NGO 人权组织——CAFOD(Catholic Agency for Overseas Development)对产品供应链的每一环节都提出了改善劳动条件的要求。从 2003年开始,交易量排前 40 位的产品供应商都把 CSR 纳入管理规范,即"供应商行动规范"。以 HP(惠普)的"供应商行动规范"为例:(1)遵守法律,遵守一切国家的法律;(2)环境对策,遵守 HP 有关环境的要求,尤其是对有害物质的管理必须有相应的报告;(3)企业职工的安全、伤病、疾病的报告与管理;(4)禁止强迫劳动、儿童劳动等等。

重视产品供应链的 CSR,IBM、微软、INTEL 等国际著名企业在 2004 年秋天共同制定 CSR 供应标准——"电子工学产业行动标准"(Electronics Industry Code of Conduct,简称 EICC),这一行动标准在 2005 年正式启动。

表 10　电子工学产业行动标准

A 劳动	职业选择自由;劳动时间、工资、津贴等人道待遇;公平、无差别;结社自由
B 健康与安全	安全、危机预防、伤病、疾病防止;避免超强度的劳动;设备的安全性;完善宿舍与食堂环境等等
C 环境	环境许可证/报告;公害防止/省能源;避免危险物质;废弃物零排放;产品有害物质的限制等等
D 管理体系	承诺、说明责任;法的要求/消费者要求;风险评价/风险管理参与社区治理;会计监督与评价等等
E 伦理	公司的健全制度;不追求不当利益;信息公开;知识产权;公正竞争;保护检举人;社区约束等等

在欧洲,产品供应商也相继制定一系列社会责任宣言,Global e-Sustainability Initiative(GeSI)是一个典型规范。在联合国环境计划 UNEP 与国际电气电信联合 ITU 的支援下,GeSI 2001 年在巴黎正式启动。在产品供应链层面,CSR 特别调查委员会由 Ericsson、BT、Wikipedia、Motorola、Panasonic 等主要厂商组成,2005 年,GeSI 与 EICC 结成伙伴关系,HP 等著名公司也加入了这一组织。从 2006 年开始,供应商的监管与风险管理已经成为共同的规范。GeSI 作为情报信息业界共同遵守的规范,在企业可持续发展的推进过程中起了重要的作用。

Wikipedia 公司制定了具有本公司特点的供货标准,在与供货商签定合同的时候,人权、劳动权、环境管理、禁止行贿等条款都进入了合同款项中。在汽车产业,供货商的 CSR 也越来越受到关注。法国雷诺集团在 2004 年 10 月宣布维护职工的基本权利,包括禁止童工、禁止强制劳动、改善劳动条件、职业保护、职业培训、职工代表大会等等。雷诺公司对供货商也提出了相同要求。2006 年以前,80% 的供货商作出了承诺,下一个阶段的目标是供货商 100% 的 CSR 承诺。

在日本,供货商的 CSP 承诺也进入了一个新的阶段。索尼公司在 2005 年加入了 EICC。NEC 从 2005 年开始也把 CSR 纳入供应商的基本规范中,尤其在风险管理方面,NEC 对供货商提出了 6 点要求。(1)产品品质与安全风险;(2)环境风险;(3)信息安全风险;(4)劳动安全、卫生风险;(5)有关公正交易的风险;(6)人权风险。以上要求包括发展中国家的供应商,如"产品品质与安全风险"正是发展中国家容易忽视的。

供应链的社会责任,众多的企业已经纳入了公司的管理体系,不仅仅如此,SRI——社会责任投资也进入了供货商的视野。在 Dow Johns Sustainability Index(道琼斯可持续发展指数)的评价体系中,对发展中国家的劳动条件、人权、安全卫生、环境等方面进行评估。FTSE4Good 对 2004 年进入全球化的企业,要求这些企业的供货商在强制劳动、童工劳动、职工代表的保障、团体交涉等方面遵守 CSR 的相关规定,并投入相应的资金;在此基础上,FTSE4Good 又提出第二步方案,要求供货商建构一种组织体系来保障

CSR 的有效实施,对象先从食品厂商、服装、小商品开始,将来扩展到 IT 产业。

CSR 在供货商之间形成的网络链,其影响力不断扩展。以上所述的 HP 在 2003 年启动的、排名在前 40 位的 CSR 供应商之列,NEC 也在其中;同时,NEC 也接受了英国 Wikipedia 公司的 CSR 要求。当时,NEC 正在构筑自己公司的 CSR 体制,而对于规范发展中国家的劳动条件,NEC 一时还拿不出对策。所以,以全球的水平把握供应商的状况,从而寻求企业一贯的社会责任,这是包括集团公司在内的新的企业行动宪章,这一宪章从 2004 年 4 月开始翻开了新的一章。

五、公司社会责任的公共政策导向
(一)宏观政策的 CSR 推进制度

推进社会经济可持续发展,企业的作用与期待是巨大的。企业从事具有社会责任的活动,从而提高经济、社会与环境的业绩,问题是,个别企业的 CSR 活动能否带来社会整体的 CSR 提高? 显然,还不能简单地下这结论。的确,当 CSR 基本上还是企业自觉活动时,那么,在什么领域、达到何种程度,都是企业自主裁量的结果。可是,这一结果导致企业(包括供货商在内)CSR 的规范参差不齐,CSR 报告所显示的数据也很难作出评价。所以,企业自发的 CSR 固然重要,但是,构筑能让企业自觉遵循社会责任的制度环境更具有理论与现实意义,因为制度环境显示了一个方向。例如,产业政策中的 CSR 位置、法律框架中的 CSR 规范等等。所以,仅仅从微观层面入手的 CSR 是不够的,微观层面的企业 CSR 与宏观层面的 CSR 推进制度,两个层面的互动才是有效的。

从逆向的因果关系可以说明这一问题。地球提供流域机能、污染稀释、水土保持和气候调节等功能,以市场价格计算,1 年能达到 42 万亿美元。①从经济的视角来看,自然环境提供了巨大经济价值。然而,人类活动对地球

---

① 报道「環境と成長は両立可能」、『日本経済新聞』,2003 年 11 月 27 日、第 3 版。

环境的负荷也是巨大的,地球上可以利用的淡水和植物生长总量已经有一半以上被消耗,问题是,政府误导性的财政补贴加重了这一趋势。比较典型的例子是德国政府对煤炭工业的补贴,补贴相当于所有煤炭工人一生的工资总额。从全球来看,政府对煤炭、核燃料、石油、道路等领域的补贴,1年约2万亿美元,政府的这些补贴支持了不可持续的经济发展。

宏观层面的制度推动,靠的是政府作用。为了构筑可持续发展的社会经济体系,作为国家的视角来说,政策导向是实现目标的关键。对于产业政策的基础,CSR应该置于怎样的位置? 在这一前提下,与社会问题相关的各个部门联合起来,共同寻求政策层面的改革。例如,英国从2002年开始以贸易产业部为中心,正式启动企业社会责任活动;瑞典从2005年开始设置环境维持开发部(Ministry of Sustainable Development),旨在寻求环境、社会与经济的协调发展,为此,政府在各部门之间进行政策统一与协调。

(二)中国公司社会责任的公共政策问题

在中国,如何以公司社会责任为主线,把企业、市民、行政的三方协同作为公共治理的路径选择,这是构建和谐社会的重大议题之一。在那里,公司价值观念创新所带来的公共治理的理念变更,对于解决贫困、改善环境是一条理想的路径。然而,中国面临的一系列问题,比如能源短缺、自然禀赋退化、空气和水污染问题等等,企业应当承担什么样的责任? 在公共政策的结构中,这种责任划分并不明确。如何从制度层面上来确保科学发展观的实施? 从公共治理的意义上来说,公司社会责任是一个全新的理念。

全球化已经成为难以阻挡的趋势,大型跨国公司为了降低成本而进入发展中国家,它们声称这会带来就业并有助于促进地区经济发展。正是在这一背景下,西方国家日趋衰落的产业在中国却作为朝阳产业不断地扩张其规模,它还涉及到雇员关系、行政导向、资源保护以及公共安全等一系列公共治理的问题。中国的公司社会责任面临严峻考验。

以中国制钠产业为例。中国兰太实业泰达制钠厂是国内首屈一指的大型制钠企业,2000年达到年产1万吨规模,现已突破年产1.3万吨。然而,金属钠属于资源和电力高耗费产品,每生产1吨金属钠,大约需要1万～

1.3万度电,电的成本占总成本的50%以上。所以,制钠产业在发达国家日趋衰退,原来世界排名第一的美国杜邦公司具备每年4万吨的生产能力,如今已经减少到2万吨;而排名第二的法国麻萨原来具备3万吨的产能,如今已经停产。中国制钠业的蓬勃兴起说明了什么呢?

在发达国家,资本市场已经将公司社会责任实现了量化。比如,越来越多的投资者正转向"符合道德规范"的投资公司,并根据这方面的表现,预测未来股票市场走向。大型跨国公司,特别是石油、化工等在生产过程中可能会对环境和社会产生影响的行业巨头,都把"社会责任"作为公司核心价值观之一,而且,这种价值观已经渗透到股市,并通过股价的涨跌调控跨国公司的社会责任行为。

在"2002中国企业领袖年会"上,中国企业家代表们第一次把"企业家的责任与社会环境"作为研讨的主题。可是,从整体上看,在环保、弱势群体支持、艾滋病防治、沙漠化防治等日益严重的中国社会问题方面,尚未有持续和自觉的贡献。正是从这一视角出发,发达国家的公司社会责任对中国有其深远的启示。

1.中国已经实施的《公司法》对公司社会责任提出了明确要求,深圳证券交易所也已经在2004年着手研究社会责任问题,并于2006年发布《上市公司社会责任指引》。然而,目前仍未形成规范的报告格式,所以,还存在信息披露不透明、定性分析多于定量分析等问题。总之,在公司社会责任方面缺乏有力的监管机制。显然,创建使企业能从事社会责任行为的制度框架,需要政策与司法的双重约束力。

2.政府致力于促进、并鼓励企业在经济、社会、环境三方面共同创造有价值的行为,并引导企业与社区团体、工会、消费者建立伙伴关系,使其识别主流社会的准则,改变其社会参与方式,对变化的社会需求作出回应。

第四编

内发式发展:从"理性经济人"向"地球环境经济人"转换中的公共治理

　　传统经济学首先考虑的是"财富"。经济学之父亚当·斯密的《国富论》有这样一段论述:我们每天所需的食品和饮料,不是出自屠夫、酿酒家或面包师的恩惠,而是出于他们自利的打算。他们追求私利,关心经济活动的效用和利益的最大化。这种利己动机的驱动必然促使他们选择资本和劳动最有利的用途,从而实现资源的最佳配置,引导个人财富最大限度的增长。国家财富由个人财富组成,因而追求私利的行为也带动国家财富的增长。这就是亚当·斯密的"理性经济人"假设对"财富"作出的经典解释。

　　在 19 世纪末到 20 世纪中期,活跃在世界经济舞台上的英国经济学家、化学家、诺贝尔化学奖获得者索迪对"理性经济人"的财富观作出了新的解释。索迪认为,所谓"财富"不过是对自然的负债而已,一种负债的"财富"

是不存在的。以煤炭、石油为动力源的扩大再生产,致使煤炭和石油的储藏
量逐年减少,地球生命的资源逐渐被耗尽,由此而来的气候异常、灾难频发
……在这个过程中生产的财富,如果称之为"富"的话,那只不过是一种财
富的幻影。那么,什么是"财富"? 索迪指出,"财富"应该体现人与自然的
和谐……对自然不能负债,向自然索取的应该归还。①

如果说,亚当·斯密的财富论是以"理性经济人"假设为前提的话,那
么,索迪对"财富"的诠释是建立在"地球环境经济人"的假设之上。

从"理性经济人"到"地球环境经济人"的假设,它要求建立一个与自然
和谐的、符合市场伦理的、具有承诺、约束、责任感和自制力的和谐社会。今
天,生态危机有愈演愈烈之势。在石油消费型的现代化社会,我们在生态危
机与地球生命之间架起一座桥梁,而作为这座桥梁的通道,是以"地球环境
经济人"为理念的公共治理能力。

① 室内武『君はエントロピーを見たか』、(日)朝日文庫、1991 年、第 66 頁。

第九章 政府可持续发展能力

现代政府的行政能力是国家能力的基本组成部分。广义的国家能力泛指一个国家有效地改变自身生存环境的能力,从而在比较意义上获取更好的生存和发展条件的能力;狭义的国家能力主要指中央政府如何将获取更好的生存和发展的目标转化为现实的能力。

从上述政府能力的构成来看,它包括经济管理能力、行政组织管理能力、政治和社会管理能力等等,而这些能力最终体现为促进社会均衡发展能力,即政府可持续发展能力。

美国的汉森和约纳斯(Hansen,J. W,and Jones,J. W.)将可持续能力直接解释为:"生态系统可以达到可持续状态的水平。"

对于可持续能力的研究,《科学》杂志刊登了由 23 位世界著名的可持续发展研究者联名发表的题为"可持续能力学"(sustainabilityscience)的论文,其中对于可持续能力定义为"可持续能力的本质是如何维系地球生存支持系统去满足人类基本需求的能力"。[①]

正是在上述研究的基础上,本文把政府的可持续发展能力表述为:把经济发展目标成功地延伸至可持续发展范围内的能力。

然而,政府的可持续发展能力不仅仅是一个经济杆杠的运用问题,而是要实现政府行为理念的大转换,确切地说,是政府公共治理范式的革命:从"理性经济人"转向"地球环境经济人",这是提升政府可持续发展能力的基

---

① 资料来源:中国科学院关于可持续发展能力的定义,http://www.cas.ac.cn/html/Books/061BG/c1/2002/1/1/1.1_2.htm 2007 年 7 月 21 日。

本前提。

一、大量生产、大量消费的"经济学危机"

一般把扩张的财政政策作为经济危机对策,可是,经济危机是一时性的,问题是,经济危机对策却成为推动经济持续增长的一贯方针,发达国家这样做,发展中国家也这样做。正是基于这一现实,我们提出"经济学危机"这一概念。所谓"经济学危机"是指对"内发的经济"这一问题缺乏足够的研究,对这一问题认识的浅薄导致经济学信用的缺失。"经济学危机"从三个层面显现:其一,在官方经济学体系中,环境问题是空白的;其二,环境破坏型经济结构;其三,大量生产、大量消费基础上的20世纪文明方式。

(一)官方经济学中的环境问题

工业化造就了一个环境破坏型经济结构,可是,在传统经济学体系中,环境问题是作为市场经济以外的领域而被排斥的。从亚当·斯密的古典经济学到近代凯恩斯主义经济学,似乎都没有对公害的本质给予充分地论述。传统经济学思想直接影响到政府政策。

现代经济学的环境经济理论开始于17世纪中叶。当时,英国伦敦大气污染严重,由佩第和格兰特等人向英国国会提出环境议案,可以说,这是在英国首先提出的环境问题。可是,这一议案并没有引起国会的重视。

20世纪五六十年代,英国经济学家卡普把公害问题作为经济学研究对象,可是被新古典经济学视为异端分子。在同一时代的日本,经济学领域中的环境研究也是空白的。可以说,英日两国政府对环境问题的研究是不支持的。

美国经济学家科斯把环境问题称之为"外部不经济",并将其视为暂时的摩擦现象,通过外部问题的内部化,即通过谈判、赔款加以解决。然而,现代社会的环境问题并不是作为市场经济的外部条件而发生的,在经济生活内部,环境问题屡屡发生。

工业化造就了一个环境破坏型经济结构,另一方面,作为向传统经济学挑战的环境经济学也在逐渐完善。20世纪60年代,以美国克尼斯为代表的研究人员把环境问题正式引入经济学研究领域,他们主张为环境设计一个市场价格,然后将其纳入市场经济制度中。20 世纪 70 年代,米尔兹的《环境的质的经济学》、日本都留重人的《公害政治经济学》相继发表后,大学也开始设置环境经济方面的课程。然而,一个不容忽视的问题是,自产业革命以来,公害导致的环境恶化日趋严重,可是,与环境政策相关的法律体系以及相关主管机构却在 20 世纪 70 年代才开始运行。而且,这一法律体系是妥协的结果,一旦发生经济衰退,就会放松管制。

(二) 环境破坏型经济结构

西方国家的黄金时期是 20 世纪 60 年代。战后的资本主义世界实现了 5% 以上的经济增长率,工业化的完成,大量消费的生活方式推进了大量生产方式,为了追求利润的最大化,战后经济增长的竞争甚至比扩军更为激烈,环境破坏型经济结构正是形成于这一时代。

1. 大量废弃与环境破坏型的经济结构

20 世纪 60 年代是重化工业发展的鼎盛时期,原材料供应型产业支持了重化工业的发展。问题是,原材料供应型产业大量使用能源、土地和水,同时大量产生"废热·废物"。尤其是不同产业之间在同一地域相互供给原料和燃料,从而形成了联合企业,结果在同一区域内建立了大型工厂以及工业区。工业区排放的大量废弃物改变了地域本来的自然环境,尤其是一些被填埋在地下的废弃物,给地域环境造成了长期性危害。

2. 大量消费与环境破坏型的经济结构

新古典经济学的一个基础理论是"消费者主权"。但是,大量消费的生活方式并不是根据"消赞者主权"来选择的,而是由大量生产的企业根据"生产者主权"来创造的。尤其在垄断经营的控制下,消费者选择的余地越来越小。一些本来有害的商品,一经市场销售,便成了生活的必需品。制度学派加尔布莱思的"依存效应"认为,通过企业化宣传,许多即使无用或有害的商品及服务也能进行买卖。例如,随着洗衣机普及所带来的洗涤剂污染、汽车普及引起的空气污染、房地产开放带动空调销售,这些都加速了地球变暖,等等。

3.福利国家的环境破坏型经济结构

以经济增长为中心的政府干预,是环境破坏型经济结构形成的原因之一。福利国家以经济增长为基础,通过经济增长将"蛋糕"做大,从而实现福利政策。于是,"企业国家"应运而生。也就是说,为了全面促进企业资本的高度集中,进行公共干预。日本的公共投资占国民收入的比例为世界第一。20 世纪 90 年代以来,随着泡沫经济破灭,作为经济对策的财政扩张政策,日本政府推出了总额在 70 万亿日元以上的追加支出。2002 年公布的政府补充预算,以城市发展为核心的公共投资约 4.2 万亿日元。① 近 10 年来,日本经济似乎在搭建一个公共投资型结构。公共投资型的经济增长模式推进了重化工业化、大都市化以及大量消费的生活方式。与此同时,一个环境破坏型的经济结构也随之形成。

从环境破坏型的经济结构来看,"经济学危机"来自于经济增长型社会。确切地说,是来自于经济增长所支配的社会或者说是被经济增长所吸收的社会。在经济增长型社会里,经济增长成为社会发展最重要的目标。2002 年 2 月,美国总统布什曾经对气象专家说过:"经济增长是环境发展的关键,经济增长能够带来对环境技术领域投资的财力,经济增长是解决问题的方法,而不是问题本身。"② 布什的这一段讲话,表达了他"经济增长至上"的理念,这一理念有着广泛的国际共识,一些国家的左翼政党也都认为:"经济增长是解决社会问题的途径"。

(三)大量生产、大量废弃的 20 世纪文明方式

人类的生活方式,作为环境负荷的指标,必然在地球上留下与此相适应的环境"刻印"。从采掘权利的公平性,或者从生物圈的再生能力观点来看,一个数据显示地球已经不堪负重。在美国平均每个公民消耗 9.6 公顷土地,加拿大每个公民消耗 7.2 公顷,欧盟国家每个公民消耗 4.5 公顷,而这一数据远远高于地球的平均数。从现在世界人口来看,如果要维系可持

---

① 新闻报道「岁末追加 4 兆 2 千亿日元」、『日本经济新闻』2002 年 11 月 22 日、第 1 版。
② Serge Latouche「收缩社会のために」、(日)『世界』2004 年 2 月、第 256 页。

续的文明方式的话,必须限制在平均每人1.4公顷的水平。①

可是,近代经济学家所考虑的是如何创造出有效需求,这种经济方式以大量生产、大量消费为目标。无可置疑,凯恩斯主义扩张的财政政策起了巨大的推动作用。问题是,经济活动本来的目的是什么? 扩张的经济发展模式是否给人类的生活带来无限光辉的前景? 回答是否定的。

从原料到产品的制作过程,这在马克思主义经济学和传统经济学中都能看到,可是,石油、二氧化碳、森林资源,一个良性循环和恶性循环的两个层面,"废热·废物"产生过程,并没有引起经济学家的重视。

二、国际分工与生态环境

从国际分工来看,有关两国间或者是多国间的贸易,李嘉图的比较生产费用是一个权威的分析概念。对于两国间的贸易来说,用相对便宜的生产费来生产的话,对两国是最有益的。一个经典的例子就是葡萄牙的葡萄酒与英国的棉布。葡萄牙仅生产葡萄酒,英国只生产棉布,于是,英国出口棉布,从葡萄牙进口葡萄酒。

这里并不是说英国没有生产葡萄酒的能力,而是从相对意义来说,棉布与葡萄酒比较,英国生产棉布具有相对优势,葡萄牙生产葡萄占有比较优势。在这种情况下,英国生产棉布,葡萄牙生产葡萄酒,然后相互交换,以达到效率最优。

以往的经济学家也许并没有把国际分工对生态环境的影响列入研究议题之中。经济学家考虑的是生产、分配、消费,或者是原料 + 人的劳动 = 产品,也就是说,用高废热、高废物的原料制成低废热、低废物的产品。"废热·废物增大法则"认为,作为系统的"废热·废物"总量,所有的活动都是朝着"废热·废物"增大方向演进。一般来说,从原料到产品的过程,是从高废热、高废物资源转换为低废热、低废物的生产过程。可是,低废热、低废物产品需要从外部提供大量附件,与此同时,在提供附件与制成产品的过程

---

① Serge Latouche「収縮社会のために」、(日)『世界』2004 年 2 月、第 257 頁。

中,低废热、低废物源也必然以"废热·废物"的形态出现,从而向高废热、高废物形态转化。而这一点,经济学家也许没有认真思考过。

(一)国际分工不是"救济弱者"

对于国际分工,一种"救济弱者"的观点认为,国际分工对某些处于绝对不利地位的国家是一条生路。事实真是如此吗?

以中东国家的石油与水为例。美索不达米亚平原原来是孕育古代文明的一块繁荣的土地。"美索不达米亚"的原意是指河流之间的地方,它是底格里斯河与幼发拉底河之间的一块肥沃的土地。为什么这个地方的文明会消失?尽管有各种各样解释,但是,一个毋庸置疑的原因是毫无节制的开发,无限制地掠夺自然资源,导致森林枯竭,最后成为沙漠。可是,沙漠化的土地下面埋藏着丰富的石油资源,大量的石油日以继夜地供往世界各国。文明消失了,留下的是石油,可是,水却流不到这块土地上了。中东国家有石油和美元,相当富有,可是却没有水,所以,中东国家的现代化是通过向其他国家买水来实现的。

正是在这一背景下,日本向中东国家出口海水净化设备。这一计划在日本的屋久岛启动。屋久岛位于鹿尔岛南面,森林茂盛,降水丰富,水源充足,是一个有名的生态岛屿。水的运输靠的是石油运输船。石油运输船一次可以装载数十万吨的原油,在设计上,当船装满石油的时候,船体是最稳定的。然而,日本从中东国家进口石油,当船只从日本出发的时候,为了保持船体平稳,船里是装满海水的。当船只抵达中东后,把海水排掉,然后装油。现在,以淡水代替海水,从屋久岛出发,来回于中东和日本之间,淡水出口到中东国家。

然而,没有水就没有农业,没有农业也就没有工业。中东国家只能依靠石油输出换取美元,因为它们无法进行工业生产。

在日本,由于国际分工,大量的石油消费构筑了日本特有的经济体系。为了维系这一经济体系,只有增加其石油消费量,从而进一步加深石油依附性的经济结构。可是,一旦石油危机发生,日本经济难免厄运。

(二)"为了生产的生产,为了消费的生产"

在经济学的视野中,"需求"是最重要的。可是,20世纪80年代以来,在国际分工体系下,生产目的已经不是为了纯粹的生活需求,而是转换为一种"为了生产的生产,为了消费的生产"的生产模式。

以日美贸易中的生态问题为例。日本工业品在世界享有盛名,而其农产品、木材需求则从美国和东南亚进口。如果从自然环境的视角来分析国际分工体系的话,那么,国际分工与自然环境很难有一个和谐的发展。

美国把农产品定位于战略出口商品,为此,把靠近沙漠的、不适合生产农作物的土地用作耕地。显然,按照传统的耕作方法是不行的,所以,必须利用巨大的喷水器,大量开发地下水,尤其在中西部,农业生产几乎都靠地下水灌溉,而大量的喷水器从日本进口。

日本是一个森林资源丰富,水资源充足并适合于农耕的国家。可是,大规模工业区的崛起,大批森林、农田被毁,工业品的大量生产和出口就是在这个基础上进行的。可以说,从5年、10年,一个不太长的时期来看,这种国际分工会带来相当的收益,可是,从20年、30年甚至更长的时期来看,这种收益会由于环境破坏而逐年抵消。当然,对一个国家或一个地区来说,一定程度的国际分工或地域分工是有益于发展经济的。可是,当今世界,一种极端的国际分工,将会产生巨大的负面效应。尤其从环境的视角来看,这一负面效应的后果是难以估量的。以地下水为动力源,它所依赖的仍然是石油,因为是依靠石油的动力把地下水引上来的。美国利用地下水来扩大农业生产,可是,地下水和石油一样是有限的。地上水是循环的,而地下水是缓慢形成的,一旦用尽,美国中西部的农业便难以继续存在。由此引起美国出口饲料价格上扬,直接受害的是日本的畜牧业,因为日本畜牧业的饲料是从美国进口的。

(三)日本木材进口政策影响世界气候走向

一般认为,日本是一个很注重环境保护的国家,其实不然,日本等一些国家的木材进口政策实际上影响着世界气候趋势。

日本消费的木材,70%依靠进口,主要用于木材和纸浆。日本的高级家具全部进口,近 10 年,相当多的柳桉木也输入日本。日本的木材进口主要来自热带森林。热带森林的土层较薄,而日射强烈,一旦被砍伐,会很快被雨水冲刷导致风化。森林能够保持一种湿润状态,如果被砍伐,以后很难恢复到原来状态,这种状态长期持续,将导致土地逐渐贫瘠。而且,问题还不仅仅是这些。一个重要的问题是地球上的二氧化碳,作为常识,动物吸收氧气,呼出二氧化碳,而植物以二氧化碳为基础,制作氧气。动物和植物正是通过这一形式进行氧气和二氧化碳的转换。专家把此称之为"碳的循环"。空气中二氧化碳的吸收,森林起了很大的作用,而其中热带雨林的作用至关重要。以日本为主的一些国家,以国际分工为基础的进口政策导致热带雨林的数量逐年减少,而且,热带雨林是不可再生的。另一方面,石油和煤炭持续地燃烧,空气中的二氧化碳浓度不断增加。所以,一个国家的进出口政策与国际问题密切相关。日本等一些国家的木材进口政策实际上影响到世界气候的变化。

在中国,自 1998 年"天然林保护工程"紧急实施后,大范围禁止林木采伐,国内木材产量锐减。但中国对木材的需求,随着房地产开发的迅猛发展而不断增长,于是,从周边国家增加进口来满足需求,并实施了进口免税政策。现在,中国已经成为世界第二大木材进口国。近年装修房子的人一定会发现,建材市场上的国产实木几乎已无处可寻,而进口实木地板铺天盖地。中国的木材进口政策是否也在影响着世界气候变化?

三、《煤炭问题》——可持续发展的历史争论

1865 年,德国物理学家鲁道尔夫·库拉吾丘斯发表了关于"废热·废物"的论文。也正是在这一年,英国经济学家捷沃斯发表了《煤炭问题》。一个是物理学家,另一个是经济学家,不同的研究领域,却在相同的时间提出了给予社会以深刻启示的问题。

把产业革命时期的公害作为资本主义社会问题提出来的是马克思和恩格斯。但是,由于时代的局限,他们虽然看到了公害对工人的伤害,却没有预见到公害会对地球造成如此巨大的破坏。

（一）马克思与捷沃斯

1865 年，德国物理学家鲁道夫·库拉吾丘斯提出了"废热·废物（Entropy）增大法则"。这一命题对今天的启示有两点。其一，地球的能量是有边界的，能量扩散是一个方面，而更重要的是能量与物质的劣化；其二，废热·废物向最大值方向演进，[①]在人类的经济开发过程中，如果所有的材料资源一旦成为废物的话，那么，所有的热量资源便成为废热。

生命活动以及与生命有关的活动，都是以"废热·废物"增大为前提的。公害问题是"废热·废物"增大法则最直接的表现，所以，不断增大的"废热·废物"如何处理？这是经济学家必须要考虑的。可是，在传统经济学家的视野中，"废热·废物增大法则"并没有引起经济学家的重视。

与物理学比较，经济学只有数百年的历史，"废热·废物"很难在经济学体系中找到其踪迹。在亚当·斯密的经济结构里，人为了生活必须交换各种必需品来消费，在这一过程中产生了市场。与古代市场不同的是，市场是组织化、体系化的，并且，这一市场是靠"看不见的手"调节发展起来的。19 世纪以后，李嘉图在亚当·斯密的基础上形成了国家税收与国际贸易理论。亚当·斯密与李嘉图的经济学体系是在自给自足的经济体系崩溃中形成的，以煤为中心的近代工业社会构成了亚当·斯密以及李嘉图的经济学体系。

把产业革命时期的公害作为资本主义社会问题提出来的是马克思和恩格斯。恩格斯在《英国工人阶级状况》（1845 年）一书中，把公害导致工人卫生状况恶化的非人为伤害称为"社会的伤害与谋杀"。马克思在《资本论》中指出，工人居住的环境恶化是伴随着资本积累而产生的贫困化现象。可是，由于时代局限，马克思与恩格斯不可能预见到公害会对地球造成如此巨大的破坏。所以，马克思主义经济学也没有把"废热·废物增大法则"纳入其体系中。马克思主义经济学关注资本家与工人的对立过程，在《资本论》中马克思提出了消除社会不公的理论与方法——重新分配资产阶级的

————————————————

① 室内武『君はエントロピーを見たか』、（日）朝日文庫、1991 年、第 40 頁。

财富。恩格斯对解决社会不公的设想是通过提高生产力让穷人过上富裕的生活。在 19 世纪,煤和铁似乎是取之不尽的,人们对蒸汽机这种动力源寄予无限的期望。

可是,与马克思同处一个时代的英国经济学家威廉·斯坦莱·捷沃斯却注意到了这个问题。1865 年,他发表了《煤炭问题》,也正是在这一年,德国物理学家鲁道尔夫·库拉吾丘斯发表了关于"废热·废物"的论文。

捷沃斯在《煤炭问题》一书中指出,"煤的储藏量是有限的,可是,能够大量使用的、并能代替煤的燃料并不存在"。① 当时,很快有人提出"反论":石油不是能够代替煤炭吗? 后来又有人提出:原子能不是能够代替煤炭吗? 然而,在今天,持"反论"的人是否还这样想呢?

捷沃斯在 100 多年前已经看到了现代化的负面效应,他提出一个重要命题:"文明是动力的经济"。从动力源的历史演进来看,确实验证了这一命题。例如,西班牙利用风力占据了世界霸权的地位。然而,英国也是利用了风力制服了西班牙的无敌舰队。英国以蒸汽机的发明为起点,以煤炭为动力,获得了世界第一强国的地位。所有这一切都说明了动力经济是文明的基础。可是捷沃斯的思路不仅仅在此。捷沃斯在《煤炭问题》一书中指出,如果煤炭枯竭的话,那么,英国在世界的强权地位也将随之消失。

针对英国的财政扩张政策,捷沃斯在专著中提出,如果尚未发现能够代替煤炭的资源,那么,以无限制的经济扩张为前提的国债发行应该停止。捷沃斯的主张在英国掀起了轩然大波。当时,被赤字国债困惑的自由党财政大臣接受了一度被驱逐的捷沃斯有关"文明是动力的经济"的主张。以捷沃斯的《煤炭问题》为契机,英国政府开始着手调查煤炭的储藏量和生产量,并成立了煤炭委员会。《煤炭问题》确立了捷沃斯经济学家的地位。

(三)凯恩斯与捷沃斯

马克思和凯恩斯对捷沃斯"文明是动力的经济"这一命题似乎没有引起足够的重视,在马克思的著作里,似乎看不到有读过《煤炭问题》的表述。

---

① 室内武『君はエントロピーを見たか』、(日)朝日文庫、1991 年、第 66 頁、78 頁。

同样,在凯恩斯的著作里也找不到有关《煤炭问题》的论述。

20 世纪 30 年代经历了一场世界性的经济危机,在危机中的 1936 年,凯恩斯的巨著《雇佣、利息以及货币的一般理论》出版。凯恩斯理论的核心是"有效需求",正因为"有效需求"不足,才出现大量的失业者。所以,不能依靠市场机制,而应该人为地"创造"出有效需求,这一"创造"显然应该由政府来完成。凯恩斯主义是罗斯福新政的理论支柱,美国的新经济政策唤起了需求,如迪那西州(Tennessee)成立溪谷开发公司,通过建筑大坝吸收大量失业工人。罗斯福新政导致公共部门的膨胀,可是,这一政策救助了失业者。

可是,凯思斯并没有注意到"废热·废物"与资源问题。可以说,捷沃斯的《煤炭问题》最终被打入冷宫,与凯恩斯有一定关系。应该说,凯恩斯读过《煤炭问题》,凯恩斯曾经出版过一本《人物评传》,在这本书中对捷沃斯的后半生作了较高评价,可是凯恩斯没有理解捷沃斯理论的价值所在。凯恩斯认为,捷沃斯对煤炭枯竭的担忧,是出于他一种异常的节约偏好。"废热·废物"这一概念没有进入凯恩斯的视野。显然,它也进不了政府的决策层面。

凯恩斯有时半开玩笑地把救济失业者比作在地上挖洞,他说:"为了增加有效需求,政府雇佣失业者让他们来挖洞。从挖洞这件事来看是有意义的,而洞本身却没有什么意义。洞挖完以后,挖出的土重新埋到洞里,就这样,唤起了劳动需求,解决了失业。"然而,从生态学的视角来看,挖好的洞重新填埋,那已经不是原来的土了。

捷沃斯的《煤炭问题》发表后不久,石油内燃发明成功并投入使用,所以,捷沃斯的《煤炭问题》也就没有人来过问了。

四、政府可持续发展能力比较

(一)无法超越的环境承载能力

1972 年,由科学家、经济学家和企业家组成的民间学术组织——"罗马俱乐部"发表了《增长的极限》研究报告。人们在批评报告中的片面和悲观的同时,却忽略了一个重要警示:"自然界的资源供给与环境容量无法满足外延式经济增长模式"。①

1996 年,美国著名生态经济学家赫尔曼·E.戴尔发表《超越增长——可持续发展的经济学》一书,戴尔在书中反复强调地球资源环境的有限性,地球的承载能力存在着极限,所以,"没有超越环境承载能力的发展——可持续发展是经济规模增长没有超越生物环境承载能力的发展"。对于经济与环境的关系,戴尔首次提出"经济是环境的子系统"这一命题。也就是说,经济是生态系统的子系统,一个子系统不能超越它置身于其中的母系统的规模而发展。可持续发展理论就是建立在这一命题基础之上。

大气化学家、诺贝尔奖获得者保罗·克鲁芩在 2000 年提出"人类纪"这个概念。"人类纪"是指人类社会已经进入一个新的地质时期,在这个时期,人类开始向自然发出挑战,对全球环境施加影响。保罗·克鲁芩的这个概念正在逐步被其他领域的专家接受。在 2004 年 8 月在瑞典斯德哥尔摩召开的欧洲科学家协会论坛上,科学家们一致认为,一系列复杂的人为因素正在快速地改变地球的物理、化学以及生物环境。"国际生物圈计划"的首席科学家威尔·斯特芬说:"人类纪与人类和社会繁衍进化的稳定环境相比有很大的不同,我们以后面临的环境会更加不稳定"。②

2005 年 1 月 27 日,在瑞士达沃斯发布了评估世界各国(地区)环境质量的"环境可持续指数"(ESI)。这项环境指数是由美国耶鲁大学和哥伦比亚大学的环境专家合作完成,并在达沃斯世界经济论坛共同发布。评估结果显示,列入评估范围的 144 个国家或地区中,芬兰位居第一,列第二到第五的国家分别是挪威、乌拉圭、瑞典和冰岛。位居倒数前 5 位的国家和地区分别是朝鲜、中国台湾、土库曼斯坦、伊拉克和乌兹别克斯坦。中国位居

---

① 中国科学院可持续发展战略研究组:《2004 中国可持续发展战略报告》,科学出版社 2004 年版,第 17 页。
② 《地球进入'人类纪'》,英国《金融时报》8 月 27 日,摘自《参考消息》2004 年 9 月 9 日。

133 位,全球倒数第 14 位。①

(二)美国:污染控制和资源管理的国家战略规划

1. 国家战略规划从废弃物开始

经济发展在给人类带来巨大财富的同时,也使自然资源和自然环境遭到严重的破坏。美国在保持世界第一强国地位的同时,也是世界上最大的能源消费国。2002 年美国石油消费量占全球的 25% ,石油进口量为世界总进口量的 35% 。但是,我们必须看到,美国在实施资源高消费的同时,在环境保护方面制定和实施了降低能源消耗的国家战略计划。

美国于 1965 年制定了《固体废弃物处理法》,1969 年制定《国家环境政策法》,1976 年把《固体废弃物处理法》更名为《资源保护与恢复法》,1990年制定并通过了《污染预防法》。通过一系列环境保护法规的制定,美国逐渐完善了固体废弃物的各种管理规定。

20 世纪 80 年代以来,美国联邦政府和各州政府还制定、实施了废物管理、资源再生的一系列政策法规。例如,美国加州在 1989 年制定并实施了《综合废弃物管理法令》,并规定玻璃容器必须使用 15% ~65% 的再生材料,塑料垃圾袋必须使用 30% 的再生材料。美国 7 个以上的州规定新闻纸的 40% ~50% 必须使用废纸制成的再生材料。在威斯康新州,塑料容器必须使用 10% ~25% 的再生材料。

废物管理的科技研发和前期投入很多,对企业来说,经营往往是不赢利或者是微利的,所以,政府在废物管理的科技研发方面起了相当大的作用。如美国的《固体废弃物处理法》对联邦财政资助、贷款以及支持资源再生利用方面有具体要求和规定。在污染防止方面,2002 年提出《美国国内产业自律型的能源消耗说明书》,以此来限制国内的污染问题。需要引起重视的是,美国从能耗、环保、税收等方面对高耗能项目进行限制,迫使跨国公司将此类产品向发展中国家转移,这些项目大量消耗当地资源并造成严重污染,

---

① 中国科学院可持续发展战略研究组:《2006 中国可持续发展战略报告》,科学出版社 2006年版,第 51 页。

但其产品市场却在国外。

2."企业公民"的作用

如何缓解自然破坏对人类的影响力？市场主义之上的"经济人"假设已经无法面对这一问题,可持续发展需要企业的社会责任以及制度化的价值观。于是,一个新的名词闯入了企业精英们的字典,这就是企业公民(Corporate Citizen)。

什么是企业公民？什么是企业的社会责任？即使到现在,国际上也没有公认的标准答案。如果把企业公民用一句话来概括的话,那就是,竭尽全力使公司的业务在经济、社会和环境方面呈可持续地发展。

美国波士顿学院给出的企业公民的定义是:企业公民是指一个公司将社会基本价值与日常商业实践、运作和政策相整合的行为方式。一个企业公民认为公司的成功与社会的健康和福利密切相关,因此,它会全面考虑公司对所有利益相关人的影响,包括雇员、客户、社区、供应商和自然环境。

福特汽车以"绿色"出名,福特总裁亨利说过这样的话:一个好企业与一个伟大的企业是有区别的,一个好的企业能够为顾客提供优秀的产品和服务,而一个伟大的企业不仅为顾客提供优质的产品和服务,还竭尽全力搞好环境。

通用电器公司的"好公司"标志之一,是一种强烈的社会责任感:遵守环保法令法规、坚守最高道德标准。通用业务遍布全球,并且每天都按这样的准则开展经营活动。

以美国铝制品生产商美国铝业公司的可持续发展规划为例。美国铝业公司是全球最大的铝制品生产商,它要求全球所有企业加大对废弃污染物在回收利用方面的资金投入,在2020年以前所有企业不允许排放一滴废水,所有废水必须全部回收利用或处理。在矿山开采时,事先将表土和植被保存起来,采矿结束后,再把表土和植被恢复原状。因为这些表土有原生植物种子,在这基础上恢复的丛林才能与周围环境和谐共处。

杜邦化学公司采用了3R制造法,即reduce(减量化)、reuse(再使用)、recycle(再循环)。从3R制造法的成效来看,1994年企业的塑料废弃物和排放的大气污染物比 20 世纪 80 年代分别减少了 25% 和 70%。①

企业公民的一个显著特点是强烈的社会责任感,并投资社区公益事业,构筑环境友好型的绿色生产。在多元化回收制度方面,美国设立了社区收集中心、回购中心、路边回收桶和有偿回收点。每年有数以万计的美国人自发参加环境保护的志愿活动,环境保护在美国成为一种时尚。

政府对环境友好型社会的构筑加强了力度。首先,保障公众的环境知情权、监督权和参与权,扩大环境信息公开的范围。其次,举行听政会、论证会,对涉及公众环境权益的发展规划和建设项目听取公众意见,并将其作为最终决策的重要依据。

(三)日本循环型社会的法律制度推进

1. 日本垃圾处理法律制度

日本最早的垃圾处理可以追溯到江户时代。1655 年,随着城市规模的扩大,大量垃圾处理成为难题。当时,一般采取垃圾填埋方式。东京湾的永代浦是填埋垃圾的地方,不过,当时大部分垃圾作为燃料、肥料被再次利用,最终丢弃的垃圾并不太多。

进入明治时代,垃圾处理方法开始变化,由于作为肥料的垃圾也随着市场价格变动,当价格下降的时候,垃圾置放便成为问题。而且,当时天花等传染病流行,垃圾的卫生处理成为问题。1900 年制定《污物扫除法》,垃圾处理由市镇村负责。1930 年经修正的《污物扫除法》规定,垃圾处理采取焚烧的方法。

第二次世界大战以后,由于化学肥料普及,有机肥料不再用于农田施肥,传统的垃圾处理不得不寻找新的方法。1954 年出台的《清扫法》取代了明治时代的《污物扫除法》,有关污物处理的技术开发成为国家义务。与此配套的有关废弃物处理的国家财政补助法规也相继出台,最初的有机废弃物处理设施由国家投资建造。

---

① 中国科学院可持续发展战略研究组:《2006 中国可持续发展战略报告》,科学出版社 2006 年版,第 67 页。

随着经济的高速增长,废弃物数量剧增,尤其是塑料废弃物的增加,导致垃圾性质的变化。另外,随着城市化进展,填埋垃圾导致地方环境恶化;再加上产业结构调整,企业的废弃物成为生活环境的一大问题。1970年,日本国会通过《废弃物处理法》,并于第二年正式实施。

从20世纪70年代的石油危机到泡沫经济时期,垃圾处理转向无害化目标和垃圾填埋的结构问题。在此期间,由于石油危机下的经济低成长,垃圾数量增长减慢。可是在1983年却从垃圾焚烧中检验出二噁英,新的问题接踵而至。1985年以后日本进入泡沫经济时期,经济景气,废弃物也随之增多。

泡沫经济终结的20世纪90年代,围绕垃圾焚烧的二噁英问题、垃圾最终处理场所的纷争、垃圾的不法投弃等等,成为重大社会问题。1991年修正的《废弃物处理法》规定,把一般废弃物和产业废弃物混合,建立"废弃物处理中心"。1992年的《产业废弃物处理的特定设施促进法》、1997年的《废弃物处理法改正》等等,都是作为推进废弃物处理的对策来实施的。

2000年以来,日本国内的一般废弃物约5000万吨,产业废弃物约4亿吨,总计4.5亿吨的废弃物每年都在发生。[①] 产业废弃物的最终填埋场容量,在全国范围内只有4年的容量,在首都圈只剩下大约1年的容量。如何走出现有的社会环境?如何抑制资源浪费、减少环境负荷?废物的再生利用已经到了刻不容缓的地步。

大量生产、大量消费、大量废弃的社会结构已经走到尽头,向循环型社会转换已经成为社会共识。1999年10月4日,日本的执政3党把2000年定为"循环型社会元年",就基本的政策框架达成一致意见。2000年4月14日,内阁会议通过《循环型社会推进基本法》;2000年日本第147届国会通过了《环境关联法案以及改正法》。环境关联法案包括:《促进循环型社会形成基本法》、《废物资源管理法》、《资源有效利用促进法(修订)》、《建筑材料再生法》、《食品再生法》以及《绿色采购法》,等等。2002年还通过了《车辆

---

① 报道「循環型社会の実現」、『日本経済新聞』、2003年12月9日、第7版。

再生法》。所有这些法律,构筑了以循环型社会为目标的制度体系。

《循环型社会推进基本法》一个显著特点是"扩大生产者责任"(EPR)。主要含义是,从产品设计到产品使用以及使用后等阶段,生产者必须承担责任。传统的做法是以行政为中心的废弃物再资源化,生产者和销售者是不负责任的,而基本法考虑的是生产者的社会责任。

2. 政府环境管理职能

日本与 1974 年设置建立了部级环境管理机构——环境厅,并逐步建立起以环境厅为核心的环境行政体系,2002 年环境厅升格为环境省。升格后的环境省,行政职能比以前有所加强。首先,从环境管理角度出发,强化与各省厅的调整、联合,开展综合性的环境治理;其次,在防止气候变暖等全球环境事务方面,加强领导与协调。

第二届小泉内阁提出了"地球环境保护和经济发展同时并举"的方针。为了防止温室气体排放,2003 年 8 月,环境省颁布了环境税。环境税是日本控制地球变暖的一项重要决策。

2003 年 12 月在意大利召开的地球变暖防止会议(COP9)是环境政治国际合作的一次重要会议。在美国退出《京都议定书》的情况下,日本成功说服俄罗斯批准《京都议定书》,是该大会的重要成果之一。应该说,日本政府对《京都议定书》的最终实施是起了积极推动作用的。

在国内,为了实施"地球环境保护和经济发展同步"方针,首先,举行"生态知识系列普及",并设立推进会议,由环境大臣担任议长。目的是在生态知识普及过程中,在陶醉于自然环境的过程中,领悟珍惜自然的重要性。其次,支持环境技术创新。例如,利用空气中的氧气和清洁的氢气制成发电的燃料电池项目已经在研制中;企业之间的信息交换,各企业的风力发电装置以及通过全地球测位体系(GPS)来应对废弃物的不法投弃。

政府机构实施绿色采购制度也是日本政府环境职能的一个特色。从2001 年开始,根据《绿色采购法》,日本政府各机关在购买文具、纸类、汽车时,都要购买环境友好型产品。政府的这一行动直接减少了环境负荷。2002 年,由于政府大量采购再生纸,使得原生纸浆使用量减少了 23.4 吨,环保文具和低公害车的使用也使二氧化碳的排放量分别减少了 58 吨和 816 吨。[1] 政府带头使用环保产品对公众消费观念的更新起着重要作用。

(四)芬兰:世界上最早制定环保法的国家

芬兰是北欧小国,人口 523 万,国土仅为 33.8 万平方公里,相当于中国的 3%,除了森林以外,其他资源并不丰富。但是令人深思的是,在 2003～2005 年世界经济论坛发布的《全球竞争力报告》排行榜上,芬兰连续三年排名第一。

表 11　全球竞争力报告的芬兰排名[2]

年份	技术排名	公共制度排名	宏观经济排名	商业竞争力排名	全球竞争力排名
2003 年	2	2	2	1	1
2004 年	3	3	3	2	1
2005 年	2	5	4	2	1

1. 政府的科学发展观

芬兰政府始终把环境保护作为公共政策的重点。1995 年芬兰环境部把水源保护和空气保护双重环保机构精简合并,组成了 13 个地区环保中心,以加强地方政府环境保护的职能。与此同时,芬兰政府组建了国家环保中心,负责全国环境状况。

在芬兰,占全国污水总排放量 90% 的造纸工业污水基本得到净化,城市污水的净化处理率达到 100%。

芬兰的环境保护,行政与法律同时并举。芬兰是世界上最早制定环境保护法的国家,最早的《森林法》制定于 1886 年,新的《环境保护法》于 2002

---

① 中国科学院可持续发展研究组:《2006 年中国可持续发展战略报告》,科学出版社 2006 年版,第 69 页。

② 中国科学院可持续发展战略研究组:《2006 中国可持续发展战略报告》,科学出版社 2006 年版,第 70 页。

年实施。《环境保护法》把防止空气污染、消除噪音以及环保许可证制度等法规汇总在一起,同时还修改了节水和垃圾处理等相关法律。

财政支持是芬兰政府环境保护职能的又一特色。为了加强风能、太阳能的开发,2002 年的财政资金达到 1500 万欧元。政府对风力发电、太阳能发电等项目的财政支持可达到项目投资的 40%。然而,芬兰又是世界上第一个征收二氧化碳税的国家,以税收政策来制约生产者。近几年,芬兰政府不断调整于环境有关的收费和税率,它包括能源税、燃料税、机动车辆税、饮料的一次性包装税等等。

2. 环境保护的公众参与

"自然、经济、社会"的整体协调,如果没有公民的参与,这种协调是不可能和谐的。社会需要的是更多参与社会活动的有责任心的公民,由公民、政府、企业共同来完成这个历史的转型。

芬兰在构筑环境友好型社会的时候,相当重视公众的参与。首先从教育制度入手。芬兰所有的学校都开设环境教育课程,并长期开展环境教育。政府为公众参与提供条件,如政府信息公开、国会通过立法保障公众有参与环境立法的权利等等。2000 年的新《环境保护法》规定公民和民间环保组织有权参与环境决策和评估,并享有环境审查权。政府财政还每年拨出专款支援地方环保机构,用于开展公众的环境决策工作。

(五)英国:企业社会责任的政府监督

要求企业在经营过程中注重社会责任的理念最早产生于英国,但是它却逐渐落后于美国。1973 年英国政府发表的公司改革白皮书第一次涉及企业社会责任内容,它要求公司经营者首先确保把社会责任视为公司决策过程中的一项重要内容。20 世纪 70 年代以来,英国政府对企业的社会责任要求,从最初的参与慈善事业,到创造就业、参与社区治理,再上升到提供安全和信得过的产品以及为职工提供良好的工作环境和健康安全等等。近几年英国政府颁布一系列法规文件,要求企业经营与经济可持续发展挂钩。英国的企业社会责任走过了一个逐渐发展完善的过程。

由政府工贸部一位副大臣专门负责企业社会责任工作,从而使企业社会责任具有政策与司法双重约束力,它要求企业在经营过程中,把其在经济、社会和环境方面的有利影响最大化,把不利因素最小化。也就是说,企业在遵守最低限度司法要求的前提下,既追求自身竞争利益,又追求广泛的社会利益。

英国政府在 2003 年的一份《企业社会责任展望报告》中说:政府致力于促进企业从事在经济、社会、环境三方面同步创造利益的行为;鼓励企业与社区团体、工会、消费者建立伙伴关系;创建使企业能从事负责任行为的政策框架。为了实现上述目标政府制订了公司责任指数,以期促进企业在参与社区活动、环境保护、市场销售和工作环境等四大领域实现战略转变。2004 年 3 月 14 日的《星期日泰晤士报》把公司责任指数列为 1 ~ 100,为企业提供一个参照基数。除此以外,政府部门还牵头进行不同形式的促进活动。如 1997 年英国国际事务发展部发起"道德贸易新纪元"活动,活动的核心是企业的道德责任标准,要求公司展示其运作过程中的道德行为,主要是道德水准评定和环境影响分析。

投资者在选择投资对象的时候,越来越重视有责任感的公司。在英国,作为"道德投资"和"有社会责任的投资"的金额达到 50 多亿美元。英国伦敦证券交易所在 2002 年推出了 8 种名为 FTSE4GOOD 的道德指数,旨在提倡和促进道德投资。

从企业自律的方面来看,英国企业经常举行"企业在社区"、"企业在英国"等活动,通过这些活动,使企业认识到企业社会责任是企业发展动力,而不是负担。其他如烟草公司、英国石油公司、壳牌石油公司、泰晤士水务公司等都在想方设法提升公司的社会责任形象。如烟草公司承诺要为防止18 岁以下青少年吸烟作出贡献,壳牌石油公司承诺要按照可持续发展的原则去扩大公司业务。

(六)德国循环型社会的制度构建

1. 法制的完善

德国的废弃物处理法最早于 1972 年制定,1986 年在对其修改的基础上,改称为《限制废弃物处理法》。法律的修正体现了废弃物处理的理念变化——从"怎样处理"到"怎样避免废弃物的产生",在此基础上,1991 年颁布实施《包装废弃物处理法》,规定对废弃物管理的首选办法是避免产生,然后才是循环使用。1992 年实施《废旧车辆限制条例》,1996 年施行《物质闭路循环与废物管理法》,这两项法律把废弃物的处理与循环型经济结合,它是德国发展循环型经济的重要标志。

"减物质法"是德国政府在国家层面上提出的目标,目前,德国风能发电已经占全国发电总量的 4%,计划在 25 年后将风能发电提高到占全国总发电的 25%。为了降低建筑能耗,2002 年施行的《节约能源法》规定了新建建筑的能耗新标准。

2000 年以来,废弃物处理与循环经济思想深入社区,如《社区垃圾合乎环保放置及垃圾处理法令》《家庭使用可再生能源补贴计划》,2003 年制定的《可再生能源法(修订)》,等等。

2.德国"企业公民"实践

德国企业的 AVE 模式是德国零售贸易联合会在 SA8000 基础上开发的一套社会责任模式。AVE 模式是改善企业的社会表现,即改善产品背后存在不符合社会责任的情况,但它并不意味着与没有达到社会责任标准的供货商中断贸易往来,而是通过培训来改善供货商的社会责任。在德国,绝大多数零售贸易企业都参加了这一模式,这些零售贸易企业的供货商大部分来自亚洲国家,还有东欧的罗马尼亚和保加利亚等国家。

AVE 模式是德国唯一作为监管社会责任的行业解决方案。AVE 认证已经在德国和荷兰得到认可,正在全欧洲推行。西班牙、瑞典和瑞士的企业也以"商业社会服从行动"的名义加入其中。AVE 成员几乎都是 AVE 模式的参与者。2003 年至 2004 年,AVE 及其项目伙伴——德国技术合作协会在 11 个重要的出口国举办了 AVE 模式认证前的信息讲座,包括 2004 年 2 月至 3 月在中国举办的相关活动。

3.循环型社会的公众参与

构筑循环型社会与公众参与是一个互动的过程,没有公众参与的循环型社会是难以构建的。在德国,政府支持的节能知识咨询点大约有 300 个,政府高级官员不定期地举行研讨会,与公众研讨相关公共政策,鼓励公众对政府、企业在节能、环保方面的工作进行监督。德国能源局开设节能网站、免费电话服务中心;德国联邦消费者联合会以及位于各州的分支机构也专门提供节能的信息和服务。

通过中介组织推进循环型社会的进程,这又是德国的一大特色。例如,德国建立了回收中介组织 DSD,该机构由生产厂家、包装物生产厂家、商业企业以及垃圾回收部门联合组成,专门组织回收包装废弃物。与此同时,各行业的行会也做了大量工作。发达国家的企业一般经过行业协会进行组织联系。在构筑循环型社会这一共同目标下,行业协会通过发布行业性标准、指南、推广自愿协议等措施,加强行业自律。

五、政府政绩评估的绿色 GDP 指标

(一)传统 GDP 难以体现环境问责制

GDP 是对政府官员考核的依据。从其表面意义上来说,它包含着政府所取得的成绩和所获得的效益的意思,但从其内涵上来讲,还包含政府成本、政府效率、政治稳定、社会进步、文明演进、人民幸福、可持续发展等含义在内。政绩考核就是对政府官员所创造的业绩与所获得的效益所作的评估,在国际上一般称为政府绩效评估。

2002 年在南非举行的可持续发展世界首脑会议曾强调建立各级政府的"环境保护问责制"。"环境保护问责制"包括绿色 GDP 的衡量指标(将环境成本从经济增长的数值中扣除)、公众环境质量评价、空气质量变化、饮用水质量变化、森林覆盖增长率、环保投资增减率以及群众性环境诉求事件发生数量等指标。会议要求将"环境保护问责制"纳入到政府官员的考核标准。同时,地方政府对中央政府各项环保法规政策的落实情况也作为指标纳入政府官员考核标准。总之,环境政绩一定要与政府官员任免密切挂钩,尤其是各地各部门的主要管理者要成为环保考核的对象和环保责任的承担人。

GDP 作为政府对国家经济运行进行宏观计量与诊断的一项重要指标,

它产生于战后全球经济全面复苏的背景之下,随着政府主导的经济增长型目标的持续推进,GDP逐渐演变成衡量一个国家经济社会是否真正进步的最重要指标。

GDP仅仅衡量经济过程中通过交易的产品与服务之总和,它假定任何的货币交易都增加"社会福利",也就是说,GDP无法识别在交易过程中是否真正增加了社会福利。例如,从社会角度看,GDP将质量好的和差的产出,一视同仁地算在国民财富之中;从环境角度看,GDP认为资源和生态环境是自由财富,不考虑资源的稀缺性与生态的退化;从经济角度看,GDP只记录看得见的、可以价格化的劳务,其他对社会有贡献的劳务却被摒弃在外。因此,GDP中包括了影响发展的"虚数"部分,从而导致对发展的不真实表达。

美国世界资源研究所的《世界资源报告》(1996～1997)中指出,"1950～1997年,全世界制造业和服务业的产值从5万亿美元增长到29万亿美元,增长近5倍。与此同时,全球木材使用量增加了8倍、纸张消耗增长6倍、鱼捕捞量增加了3倍、化石燃料增加了5.5倍。不幸的事实是,随着经济增长仍在继续,自然环境的生态价值不但不能保持,并且以更快的速度恶化。"[①]

(二)"绿色GDP"的提出

基于以上事实,从20世纪60年代开始,国际社会对新型国民核算体系进行了调整,并提出了一系列有价值的指标。

如1971年麻省理工学院提出的"生态需求指标"反映了经济增长对于资源环境的压力之间的对应关系。

1972年美国经济学家托宾和诺德豪斯提出的"净经济福利"指标,指标中把城市中污染等经济行为所产生的社会成本从GDP中扣除。

1973年日本政府提出"净国民福利"指标,主要是将环境污染列入考虑

---

① 中国科学院可持续发展战略研究组:《2004中国可持续发展战略报告》,科学出版社2004年版,第291页。

之中。

1989 年美国经济学家卢佩托提出"净国内生产"指标,该指标重点考虑自然资源的耗损与经济增长之间的关系。他们选择了自然资源非常丰富的印度尼西亚为考察对象,结果表明,从 1971～1984 年,印尼的 GDP 增长率是 7.1%,可是,扣除了因石油消耗、森林减少引起的水土流失所造成的损失之后,实际的增长率只有 4.8%。[①]

1990 年戴尔和库伯提出"可持续经济福利"指标,该指标列入了社会因素所造成的成本损失,如财富分配不公、失业率、犯罪率等对社会造成的危害。按此计算,澳大利亚从 1950～1996 年,实际 GDP 只有官方公布的 70%。1995 年,世界银行首次向全球公布了用"扩展的财富"指标作为衡量全球或区域发展的新指标。扩展的财富由"自然资本"、"生产资本"、"人力资本"和"社会资本"构成,这一指标为国家拥有的真实"财富"及其动态变化提供一种统一的尺度。

以上一系列指标,意味着传统 GDP 向"绿色 GDP"的转换,它用以下公式表示:

"绿色 GDP" =(传统 GDP)–(自然部分的虚数)–(人文部分的虚数),也就是说,绿色 GDP 是指扣除经济活动中投入的环境成本后的国内生产总值。

(三)欧盟国家的环境问责制

绿色 GDP 的提出,"建设公共服务型政府"便成为国际惯例。欧盟国家的政绩考核围绕联合国制订的"民生指数"展开,大致分 11 个指标,如社会保障率、失业与就业率、家庭收入增长率、重大责任事故发生率、对突发性事件的应急反应能力、人口自然增长率等。"民生指数"以工作数量、工作质量、工作适应能力等因素作为主要考核项目。在"民生指数"的基础上,欧盟国家的政绩首先关注经济质量;其次是社会绩效,即如何保障居民安居乐

---

① 中国科学院可持续发展战略研究组:《2004 中国可持续发展战略报告》,科学出版社 2004 年版,第 292 页。

业、社会和谐有序；三是政治绩效，主要指制度安排和制度创新，如英国的
《公共服务宪章》、德国的《政府绩效评估法规》等。与此同时，欧盟还制订
了考核各国政府绩效的"共同协议"，作为官员职位晋升及发放奖金的依
据。对失职或不履行义务的公务员给予罚款、扣薪、降薪、减少退休金、取消
退体金等处分。

在欧盟国家，对政府官员的考核沿用两个评价体系，一是政府部门的自
我评价体系，另一个是社会评价体系。政府部门的自我评价主要是完善上
级部门考核制度。社会评价渠道有三种：一是某一政府所辖范围内的机构
以及公众的评价；二是媒体的评价；三是社会中介机构以及调查机构的评
价。

政绩考核遵循四大原则：**一是对国家忠诚原则**。官员任职要宣誓效忠
国家与宪法。**二是公众主体原则**。欧盟国家把对官员评估的主动权、评估
结果的使用监督权交给公众，使公众意见成为评价地方官员的重要尺度。
三是专业评估原则。主要指社会中介机构以及调查机构的评价。各级议会
可以通过委托专业评估机构对同级政府及其部门的绩效进行评估。**四是科
学发展观原则**。发展经济不是人类生活的全部，全面发展、健康发展、可持
续发展才是人类的最终追求。欧盟各国有一个共识：一个社会文明程度的
提高，还需要满足人的尊严感和幸福感，包括公民权益、良好的居住环境，等
等。

第十章 《京都议定书》——
内发式发展与全球治理

一个对"废热·废物"没有任何限制的世界,必然导致地球气候异常,尤其是石油需求量剧增,大气层二氧化碳浓度增高,使地球逐渐变暖。地球变暖引起全球气候异常变动,如热带森林面积缩小、沙漠化进程加快、海平面上升、洪水泛滥……

"地球环境经济人"是一种全球治理模式,它必须超越狭隘的国家利益,在一个地球的前提下,建立一个与自然和谐的,符合市场伦理的,具有承诺、约束、责任感和自制力的国际公共治理结构。《京都议定书》正是在这一背景下达成的认识。美国政治学家庇特·哈斯把这称之为"认识的共同体"。

一、一份关于2010年全球气候变化预测的重要报告

2004年2月22日,英国《观察家报》披露了美国一份关于《气候突变的情景及其对美国国家安全的意义》的报告。这是一份关于2010年全球气候变化预测的重要报告。这份报告是美国国防部出资10万美元,委托美国全球商业网络咨询公司(GlobalBusiness Network,GBN)完成的。研究的出发点是设想全球气候变化可能导致的最坏可能性,并提出应对之策。GBN报告对地球变暖引发的气候突变主要根据以下的科学分析。

在世界各大洋的表层和深层,有一股温(度)与盐(度)的环流输送带,这个输送带从格陵兰岛附近的北大西洋开始,因为那里的海水温度比较低,盐度比较大,在重力作用的推动下,那里的海水会下沉,然后在海洋深层向

南流经南大西洋,最后在北太平洋和北印度洋上翻,变成表层洋流,流回到北大西洋,形成一个封闭的环流。环流经过的地方,带去了海洋上的热量和湿润的气候。然而,随着全球气温不断升高,格陵兰岛的冰也在不断融化,越来越多的淡水通过陆地上的河流,汇集到了北大西洋,这样北大西洋的海水盐度不断降低,盐度降低导致海水失去了这种重力的推动,不再形成环流。由于没有了环流,海洋上的热量和湿润的气候不能到达陆地上。于是,全球气候突变,灾害频发便成为可能。

正是在上述的科学分析基础上,该报告指出,今后20年内,全球气候将发生突变,成千上万的人将会在自然灾害中死亡。亚洲和北美洲的年平均温度下降达5华氏度(2.8摄氏度),北欧下降6华氏度(3.3摄氏度),整个澳洲、南美洲和非洲南部的关键地区年平均温度上升达4华氏度(2.2摄氏度)……到2020年,欧洲的沿海城市可能被上升的海平面所淹没。英国气候将像西伯利亚一样寒冷干燥。在欧洲和北美洲,干旱将持续几十年。核战、大旱、饥饿和暴乱等问题将困扰世界各国,一场全球性灾难将来到我们面前。

GBN报告在美、英、以色列等多个国家及环保组织中引起强烈反响。报告里所引用的科学依据,均是得到绝大多数同行科学家公认的研究成果,报告的作者之一施瓦兹解释说,尽管报告中所提到的有关全球气候变化的景象似乎超乎人们想像,但报告的目的不是预测气候将如何变化,而是描绘出如果我们对气候变化没有做好准备的话,气候变化将对人类社会产生怎样的影响。

GBN报告警告说:今后20年全球气候变化对人类构成的威胁要超过恐怖主义。目前气象学家对于气候变化的研究,更多地只是涉及气候变化对自然生态系统和社会经济系统的影响,但该报告提醒我们,气候问题将不再是一个简单的科学问题,而是一个关系到国家安全的问题。因为气候突然变冷,会导致农业产量降低,引起食物短缺;洪水和干旱将导致淡水供应紧张和水质降低;冰和风暴将导致战略性能源的供应中断……这些都会直接关系到国家安全。

二、人类活动的外发式模式是地球变暖的主要原因

有关气候变动的政府间组织(IPCC)[①],对于地球变暖趋势进行过数次预测与评估,并在 1990 年、1995 年、2001 年以及 2007 年分别编撰最新信息报告,报告指出:"人类活动排放的温室气体是地球变暖的主要原因。产业革命以来的 200 年,第二次世界大战以来的 60 年,大气中的二氧化碳浓度从 270ppm 增加到 370ppm[②]"。IPCC 报告在世界范围内引起极大反响。科学家集团在保持政治中立的基础上,编撰最新的地球环境信息,并运用于国际交涉的过程中。发达国家之间参照科学的测定结果,审定阶段性的议定书,从而制定有关国际条约。从历史上看,IPCC 组织在欧洲有关酸雨对策的国际交涉中起过很大作用。

地球物理学家利用地球装置对将来可预测的温室气体排放与气候的关系进行多次研究,一种以 1900 年为基准的计算方法表明,2008 年,我们已经生活在地球温暖化的社会。过去 100 年地球温度上升 0.74℃。如果温室气体排放以这种速度持续下去的话,到了 2050 年,不仅仅是北极,所有的高原和粮食产地,温度都将上升。

从地球变暖的结构来看,根据最新的资料披露,如果没有温室效应,地球的平均温度应该在 –19℃,正是靠着温室效应,现在地球的平均温度达到 14℃,[③]从而使我们看到地球万物昌盛的景象。问题是温室效应的速度。废热·废物在一定程度上的排放,生态会给予我们一定的保护,可是,"经济增长至上"的发展模式,石油文明基础上的大量生产、大量消费、大量废弃的生产生活方式,导致温室效应的速度加快,致使环境污染与生态恶化呈现难以遏制的态势。

例如,汽油中的铅和硫造成大气严重污染,尤其是硫。现在,随着铅从

---

① 1988 年经联合国总部批准设置,它由各同政府推荐的 1500 名科学家组成。科学家们在保持政治中立的基础上,编撰最新的地球环境信息,并运用于国际交涉的过程中。

② 住明正「気候大変動」、(日)『世界』、2004 年 10 月、第 74 页。

③ 小沢一朗「地域づくり:その具体に向けた展望」、(日)『地域開発』、2008 年 6 月、第 2 页。

大多数国家使用的汽油中消失,一场防止硫对空气污染的行动正在全球拉开序幕。硫是空气污染的罪魁祸首。中国的汽车销量每年以 80% 的速度增长,在导致交通堵塞的同时造成世界上最严重的空气污染。硫含量高的原油价格比较便宜,发展中国家一般愿意购买这种原油。世界银行在 2004 年发表的一份报告中指出,发展中国家应当尽可能迅速降低燃料中的硫含量。

世界银行首席经济学家斯坦(stant)在 2006 年提交的"斯坦报告书"指出,地球变暖对 GDP 的影响将达到 5% ~ 20%,可是,对策所需资金仅仅占 GDP 的 1%,那么,为何拿不出对策呢?

工业化以来,人类的经济发展(开发)史实际上是一部"外发式"的发展史。从人和自然的关系来看,以煤和石油为中心的近代工业社会构成了近现代经济学体系。在近现代的经济学视野里,经济学家把人类从事经济活动的目的概括为发展生产力,又把生产力定义为"征服自然、改造自然的能力"。发展生产力,向自然索取更多的资源,成为经济学研究的目的。可是,这一目的体现的是人和自然的一种紧张关系,这种紧张关系体现为一种单向的物质流动,即资源—产品—废弃物。

三、全球发展模式的内发式转型——京都议定书

要阻止地球变暖趋势,必须削减二氧化碳排放量。1992 年联合国曾经举行地球环境最高首脑会议,并制定了《地球变暖防止条约》。该条约规定,发达国家在 2000 年以前,二氧化碳排放量必须控制在 1990 年水平。可是,有关削减二氧化碳排放量的具体数值目标以及发达国家如何去遵守这一目标的有关法律义务没有写进条约。所以,在京都会议以前,《地球变暖防止条约》的相关规定并没有得以实施。

地球环境的全球治理,表现在发达国家之间的相互行为和相互制约。一般来说,一国的政策,由该国的政府决定,可是,地球变暖趋势是全球化问题,它超越了狭隘的国家利益,在一个地球的前提下,发达国家之间必须共同制定对策。

(一) 丹佛会议的八国博弈

1992 年地球环境最高首脑会议以及会议所制定的《地球变暖防止条约》,由于美国等国家反对,条约没有确定削减二氧化碳排放量的具体数值目标。主要原因是削减二氧化碳与产业活动有关,环境国际条约都停留在"削减与抑制"并列的范围内,这实际上是容忍二氧化碳排放的一种努力目标。发达国家二氧化碳排放量每年在增加,要达到《地球变暖防止条约》规定的 2000 年以前二氧化碳排放量控制在 1990 年水准,差距甚大。在地球温暖化日趋加剧的情形下,发达国家于 1997 年 6 在美国科罗拉多州首府丹佛召开八国首脑会议,会议共同宣言首次增设"地球环境问题",并专题讨论了地球变暖与二氧化碳排放关系,拟定了削减宣言。

可是,围绕基准年问题,欧盟与日美两国进行激烈争论。所谓基准年是指以哪一年的二氧化碳排放量为基准进行削减。欧盟计划 2010 年二氧化碳排放量与 1990 年比较削减 15%,并制定了中期目标,即到 2005 年削减 7.5%。美国共和党和产业界坚决反对削减二氧化碳排放量,反对确定基准年,宣言中有一条所谓"容忍参加国的弹性政策"实际上就是美国的主张。德国总理科尔认为,宣言中不写入基准年的话,宣言便失去了意义。

有关欧盟的基准年目标,日本政府与有关省厅的调整尚在进行。例如,降低二氧化碳排放与经济发展的矛盾,通产省与环境省很难协调一致。根据通产省统计,如果 2010 年二氧化碳排放量与 1990 年相比削减 5% 的话,那么,产业活动缩小,雇佣人数将减少 175 万人,相当于 GDP 减少 1.7% ~ 2.6%。当时的通产省环境局局长稻川泰弘在参议院商工委员会的一次发言中说,2000 年以后实现日本削减二氧化碳排放是非常困难的。他还认为,把二氧化碳排放量稳定在 1990 年的水准目标事实上是不可能的。稻川泰弘提出削减二氧化碳排放三原则:一是国内平均的二氧化碳排放量;二是与国内 GDP 相比的排放量;三是人口增长率。如果按照以上三原则来制订二氧化碳削减计划的话,日本的二氧化碳排放量与 1990 年相比,只要削减

2.5% 就行了。①

丹佛八国首脑会议,围绕削减二氧化碳排放的基准年目标,欧盟与日美虽然未取得一致意见,但是,八国首脑在 2010 年以前按目标削减二氧化碳排放的问题上达成了共识。这一认识在共同宣言中得到体现,说明发达国家对于地球变暖这一全球问题,已经采取了共同协作方针,这对京都会议的召开,是一个巨大的推动力。

(二)京都议定书与低碳化治理目标

京都会议是防止地球变暖的一次重要的国际协调会议。地球科学研究与国际政治融合,是京都会议的重要意义所在。京都会议于 1997 年 12 在日本召开,全称为"有关气候变动的国际联合框架条约第三届缔约国会议"。会议围绕各国利益进行了激烈争论,会议比预期延长一天,最终签订了削减二氧化碳具体数值目标:第一,2008 年以前,发达国家的二氧化碳以及温室效应气体排放量与 1990 年相比削减 3%;第二,从 2008 年到 2012 年,日本、美国、欧盟的二氧化碳排放量与 1990 年相比,必须分别削减 6%、7%、8%。

京都会议的成功,是发达国家政府间政治协调的结果,一个削减二氧化碳具体数值的目标宣告了 20 世纪文明方式即将结束,在一个地球的前提下,人类社会的经济活动将面临一个巨大转变。

1. 确立"地球利益"高于"国家利益"原则

20 世纪是"一国主义"控制的时代,各国政府的决策,往往以本国利益为前提。例如,削减二氧化碳的排放,总希望本国二氧化碳排放量的削减降低到最低限度,从而使依存于石油燃料的本国经济损失最小化;与此相反,对别国却要求增大削减二氧化碳排放量,以此确保本国利益的最大化。在这方面,美国的表现最为典型。1997 年 10 月在中国北京举行的世界石油会议上,美国石油巨头埃森哲公司董事长莱蒙特在演说中强调,防止地球变暖的对策扼杀了经济发展,是一个引起失业的错误政策。从美国的政治结

---

① 报道「京都議定書と企業の困境」、(日)『読売新聞』、1997 年 5 月 30 日、第 4 版。

构来看,美国总统每4年选举1次,议会每2年选举1次,为此,候选人需要大量的选举资金,这资金来自企业。所以,实行节省能源的公共政策是极其困难的。当时的克林顿政府曾经批准实施新能源税和提高汽油税,可是遭到国会反对。在京都会议召开之前,美国二氧化碳削减率为0,实际上处于冻结状态。可是,经过11天的京都会议,发达国家之间达成一种共识,如果地球利益不能高于国家利益或者企业利益之上的话,21世纪的地球将不堪重负。换句话说,如果地球环境被破坏的话,所谓的国家利益、企业利益也将不复存在。美国的二氧化碳排放削减率从0到7%的变化,正是这种共同认识的结果。

以前对于环境公害,一般采取事后对策的办法,而京都会议重视的是预防政策,这是京都会议的一大特点。所谓预防政策,是为了避免预想的恶果。预防政策的实施,是要变更既存的制度、习惯以及既得利益,这样会与国家利益及企业利益对立。然而,从地球利益这一高度出发,却又是必需的。可以说,京都会议构筑了超越"国家利益"的国际公共治理平台。

2. 防止地球变暖的国际公共治理

日本是京都会议东道国,如何发挥东道国的表率作用,对日本政府来说是一个重大课题。在丹佛会议结束后的联合国环境开发特别会议上,日本首相桥本龙太郎向大会阐述了日本政府的对策和思路:第一,环境对策是"人类安全保障",是政府的社会责任;第二,日本政府致力于开发革新的环境技术;第三,呼吁以联合国为中心,进行各国间的政治协调和技术合作;第四,日本政府的"防止地球变暖的综合战略",主要内容是,开发新能源,使二氧化碳贮留在海洋或土壤中;第五,运用开发援助资金(ODA)和民间资金,使之有效地投入到地球变暖的防止中,尤其是开发援助资金,如何促进发展中国家的可持续发展,日本政府愿意承担责任。

美国的经济实力和信息拥有量,均处于超级大国地位。防止地球变暖,美国应起关键作用。丹佛会议后,克林顿举行防止地球变暖大型研讨会,参加研讨会的有环境团体、产业界、经济界、工会组织等。副总统戈尔、总统夫人希拉里、国务卿奥尔布莱特等,几乎所有的高层人士均出席了研讨会。会议就如何防止地球变暖的问题展开辩论。科学家和环境团体主张下决心削减二氧化碳排放量,而产业界和工会组织代表则认为削减二氧化碳排放量对经济影响很大,所以要慎重、逐步地推进削减计划。财政部副部长萨马斯认为,应充分考虑对"产业界的打击",而国务卿奥尔布莱特强调气候变动威胁美国安全。当时,美国还没有制订出二氧化碳排放削减目标,另外,提高汽油税和能源税被国会否决,所以,讨论会强调通过技术开发和节省能源来实现削减二氧化碳排放计划。克林顿主张制订一个现实的、具有约束力的削减目标。

1997 年,京都会议之前的在美国夏威夷举行的发达国家七国财长会议上,日本政府提出,2010 年二氧化碳排放与 1990 年相比削减 5%。当时的日本环境厅长官把日本政府的这一决定告知与会各国代表,希望共同协作制订各国行动纲领。

地球科学与国际公共治理结合,环境政策由一国向多国的制订转换。京都会议是这一转换的标志。

3. 世界经济从 Flow 模式向 Stock 模式转换

构筑低碳型社会是全球性的,全球经济模式必须实现革命性变革,即从 Flow 模式向 Stock 模式转换。

Flow 模式是指一种"流量"的生产方式,即大量生产、大量消费的生产模式。20 世纪文明建立在 Flow 模式之上。(1)经济高度增长;(2)大量生产、大量消费、大量废弃;(3)一次性商品;(4)以制造业为主的产业结构;(5)出口导向;(6)经济发展以破坏环境为代价;(7)低下资源逐渐枯竭。

Stock 模式是指一种"存量"的生产方式,(1)经济收缩增长;(2)从生产的"量"向"质"转换;(3)废除一次性商品;(4)产业服务化;(5)以内需主导;(6)经济发展以保护环境为前提;(7)充分利用地上资源。

向 Stock 模式转换,实现可持续发展战略,就是在满足当代人发展需要的同时,为后代留下可以世代相传的资源环境,这是内发式发展路径。

(三)《京都议定书》缺陷

根据 IPCC 检测,由于大气中的二氧化碳浓度上升,今后百年间气温将上升1.4~5.8摄氏度。[①] 但是,1994年生效的气候变动框架条约,是以二氧化碳浓度对人类不造成危害为目标,它没有具体的有关浓度的记载,也没有相关科学的解释,最终的对策路径也不明确。应该看到,IPCC的预测,是以二氧化碳水准的稳定化为假设目标,并把百年后的世界二氧化碳排放量控制在目前的水准以下。然而,如果考虑发展中国家的人口增加和经济发展,那么,地球温暖化防止就不仅仅是发达国家的事了。

《京都议定书》缺陷具体体现在以下两个方面:第一,初期的平衡比例。议定书规定了发达国家温暖化气体排放量比例,可是,国别的排放比例由政治决定,它缺乏特别的根据。第二,成本。防止地球变暖与经济活动紧密相关的能源有关,议定书考虑到了这一问题,不管经济状况如何,用绝对值约束经济发展目标,然而,它却没有考虑遵守议定书的成本。议定书采用排放权交易方式,可是,排放权的价格是不确定的。第三,全球化的对策。2003年7月,日本经济产业省产业结构审议会的地球环境委员会的中期报告显示,占世界能源消耗一半以上的前5个国家中的美国已经脱离这一框架,其他承担削减义务国家的排放量仅占全部的1/3。如果考虑到发展中国家和美国不断增长的废气排放量,那么除了美国以外的发达国家,即使达到了《京都议定书》所规定的目标,可是到了2010年,世界二氧化碳排放量仍然会增加30%。

然而,各国已经意识到地球温度上升对本国政治经济带来的严重影响。澳大利亚前首相霍克由于对地球变暖没有采取积极对策,致使澳大利亚遭受百年不遇的大旱,农作物严重受灾。2007年大选,国民对政府不满情绪导致政权交替,前首相霍华德落选。2007年12月,新首相陆克文在印度尼西亚巴厘岛举行的"联合国气候变化框架条约签署国会议(COP13)"上表示,"澳大利亚决定签署《京都协定书》"。

---

① 山口光恒「京都議定書のシステム」(日)『日本経済新聞』、2003年11月19日、第3版。

四、美国电力危机冲击《京都议定书》

美国加利福尼亚州在 2001 年的 1 月中旬陷入深刻的电力危机之中。加利福尼亚州的电力管理委员会(ISO)在 1 月 17 日上午对该州北部有名的半导体产业基地 Silicon Valley 等 20 万用户实施停电,下午停电范围扩大到 50 万户,到 18 日又扩大到 100 万户,并且还延伸到洛杉矶市的一部分。为此,加利福尼亚州州长向全州发出了紧急事态宣言。

(一)电力危机与新能源政策

加州电力危机来自美国电力自由化政策,可是,布什政府并没有调整电力自由化政策,而是把政策转向能源本身,即减轻石油进口的依存,提高国内的自给率,从而保障能源的稳定供应。布什政府认为,能源短缺导致电力危机,如果能源进口增加,那么安全保障就会被外国所控制。可以说,正是在这种危机感的驱使下,产生了美国能源政策的转换,可是,它对《京都议定书》造成巨大冲击。

布什总统在 2001 年 1 月 29 日第一次召集能源政策阁僚会议,指名副总统切尼为能源政策阁僚会议议长。为了防止加州电力危机这种事态在其他州出现,能源政策会议专门研究了发电厂的增设、与大气污染关联的环境规制的缓和;同时,在阿拉斯加的自然保护地区,解除对于原油和天然气开发的禁令,以此来增加能源的供给量。

2001 年 5 中旬,布什总统宣布"国家能源政策",即新能源政策。新能源政策的基本内容包括以下主要项目:一是解除对阿拉斯加、洛基山脉周边地区的原油、天然气开发的禁令;二是减少发电厂建设的许认可手续,简化审查标准,促进发电厂与输电网的建设以及天然气和石油管道的铺设;三是规范各州不同的电力规制,使其标准化;四是研究新型原子能发电,制订适应于新技术的审查标准;五是技术开发自然资源,在扩大利用自然资源方面,引进减税政策;六是开发煤炭发电技术,政府给予开发援助,等等。以此六个方面概括了美国新能源政策的基本框架。

出于保护自然的目的,美国政府历来对阿拉斯加的东北部,洛基山脉、墨西哥湾周边地区是禁止开发的。由于加州等地的电力危机和新发电厂的增设,发电燃料需要大量的原油和天然气,政府解除了开发禁令。发电厂的新设与输电网的构筑、天然气和石油管道的铺设、政府相关手续快捷简化,也是美国新能源政策的重要方面。有关发电厂的建设,各州政府有不同的审查基准和手续,并且对排水的水质,每一项目都需要大量的资料。布什认为,正是如此复杂的手续抑制了电力公司的投资欲望,所以政府开始研究标准审查基准,以便减轻工作难度。尤其引起世界关注的是,新能源政策决定在大气净化法的范围内实施一部分的规制缓和。新能源政策中的原子能发电的重新启动,是美国能源政策的重大转变。自从 1979 年 Three Miee 岛发生原子能泄漏事件以后,美国便停止了原子能发电的建设。现在,美国对于原子能发电的新型发生炉建设的申请,可以在短期内获得批准。

布什总统筹划的新能源政策,目的是希望通过新能源政策来制止加州电力危机可能引起的对经济的负面影响。他在公布新能源政策的演说中强调:"今后 20 年,全美国的发电站有必要从 1300 个增加到 1900 个。"[①]

布什政府提出的"新能源政策"遭到国内强烈反对。民主党议员批评布什的新能源政策是对产业界权益的保护,他们指出,"省能源与强经济应该并存"[②]。美国国会众议院民主党议员代表单独提出克服电力危机紧急对策提案,以抗衡布什的新能源政策。第一,到 2003 年 3 月以前,必须设定电力批发价格的上限,通过发电公司和电力批发公司的价格协议,避免批发价格上涨,并指令司法部门进行调查。第二,推行节能政策,凡是购买家庭用的太阳能电池或者是购买复合材料制作的汽车,扣除的税金最高可达 4000 美元。对于开发减少发电污染和降低温室效应的费用,均可享受减税政策。

电力危机引起联邦与州对立的激化,加州州长向美国联邦能源规制委员会(FERC)提出紧急提案,要求对电力批发价实施规制,可是遭到 FERC

---

①　報道「アメリカのエネルギー政策を揺れる」、(日)『日本経済新聞』、2001 年 5 月 22 日、第 2 版。

② 安藤淳「アメリカの規制緩和を点検」、(日)『日本経済新聞』、2001 年 3 月 31 日、第 8 版。

的拒绝,为此,加州州长以联邦能源规制委员会没有起到联邦电力法所规定的作用为理由,向联邦高级法院起诉。

美国政府对设定批发价格的上限一贯持反对意见,白宫的新闻发言人认为,民主党提案的有关价格规制将使能源政策严重缺失。然而,根据电力公司与用户加盟的北美电力信誉协议会(NERC)发表的预测认为,加州电力危机进一步持续,仍需要停电 360 小时,纽约州和德克萨斯州的停电也可能发生,而民主党提案是回避事态的最佳方案。

新能源政策从重视环境的能源政策向确保能源稳定供给的政策方向转换,这似乎是把人类社会重新拉回到大量生产、大量消费的工业化时代。以环境为代价的新能源政策将对国际社会产生巨大影响。

(二)美国退出《京都议定书》

美国加州电力危机发生以后,布什政府在 2001 年 3 月突然宣布退山《京都议定书》。2001 年 11 月,布什在访问欧洲期间提出国际合作与防止地球变暖的技术开发研究方案,再一次表明不支持《京都议定书》的态度。美国新方案要点:一是构筑一个能够科学地解释地球温暖化的结构;二是美国、欧盟、日本共同建构能够探索地球变暖的原因模式;三是开发国际合作的防止地球变暖技术。

美国方案的理由是,《京都议定书》对主要发展中国家的二氧化碳排放没有制订出一个削减目标。美国的行动实际上否定了 1992 年以来围绕气候变动框架条约的国际合作。

对于美国的方案,欧盟国家始终表现了一种积极的姿态,在西方国家首脑会议上,欧盟国家明确表示不支持美国的方案,并表示,即使美国政府不批准议定书,议定书也应该生效。

针对美国退出《京都议定书》,欧盟不顾美国反对,坚决主张让议定书生效,即使美国退出也不应该影响议定书的法律效力,并全力争取日本的支持。欧盟政策主张的背景是,在欧洲,环境政策是最优先的政治课题。

表 12　地球温暖化对策的日美欧政策主张

	日本	欧盟	美国
京都议定书	支持	支持	不支持
发展中国家	无义务	无义务	赋予义务
排放量交易	承认	限制	积极活用
地球变暖防止条约	支持	支持	支持

美国不支持《京都议定书》的理由是强调削减二氧化碳的排放对经济产生的负面影响。同时,发展中国家不承担对温室气体排放的义务也是美国退出《京都议定书》的另一个重要理由。

日本政府对欧盟的政策主张表现出一种慎重的态度。小泉首相表示,在美国不参加《京都议定书》的情况下,日本政府"先行批准"是一种消极的主张。在国际交涉的过程中,日本谋求的是与美国如何步调一致。日本政府的政策主张有其特殊的背景,这是因为日本产业界与经济产业省担忧,如果美国退出《京都议定书》,而日本政府率先批准议定书的话,日本企业在与美国企业的竞争中将处在一个不利的地位。

美国退出《京都议定书》的决定对国际社会产生巨大影响。当布什政府明确表示不支持《京都议定书》以后,日本电气联合会马上做出反映,认为应该慎重考虑有关防止地球变暖问题。日本经济界认为美国能源政策转换,对日本来说,是修正《京都议定书》有关数值目标的绝好机会。一种具有代表性的意见认为,与其拘泥于《京都议定书》的内容,还不如制定一个能让美国参加的制度框架为好。日本环境相川口顺子在记者招待会上说:"《京都议定书》尚不完善,如何确保它的弹性,是今后的课题。"言语里已流露出政府要对《京都议定书》进行重新审议的意向。经济产业省开始重新研究到2010 年的10 年能源长期计划,但政府表示美国的新能源政策将对日本制订长期能源计划带来影响。

美国的新能源政策引发了国际社会对原子能的竞相开发。欧洲的瑞典、德国基本奉行"后原子能"政策。2000 年 6 月,德国政府与电力业界达成合议,原子能发电站在 32 年之间阶段性的废止。然而,美国能源部提出的 21 世纪原子能共同开发计划,响应的国家有日本、法国、英国、德国、韩国等 9 国,各国政府于 2001 年 6 月在协议书上签字。德国政府认为,尽管政府与电力业界就"后原子能"政策协议没有变化,可是对于能源需求增加,作为政府对策,很难回避对原子能发电的考虑。日本的原子能政策也开始调整。日本现有原子能发电站 51 座,发电量占其发电总量的 34%。经济产业省计划在 2010 年以前再增设原子能发电站 10~13 座。美国能源政策的转变,导致整个国际社会对原子能政策重新考虑,美日英法德等 9 国以 2030 年原子能的实用化为目标,开始着手进行共同开发,并在 2001 年 5 月 6 日召开的国际能源机构(IEA)阁僚理事会上发表共同声明,强调原子能开发的重要性。

　　一国政策应该由该国自己决定,然而,地球变暖趋势是全球性的问题,它超越了狭隘的国家利益,在一个地球的前提下,发达国家之间必须共同制订对策。可是,美国突然宣布退出《京都议定书》,这是美国"国家利益"至上的"一国主义"的典型表现。

五、《京都议定书》生效后的各国政策转型

　　1997 年以来,《京都议定书》的法律地位一直处于不确定状态。《京都议定书》需要在占全球温室气体排放量 55% 的至少 55 个国家批准之后才具有国际法效力。而温室气体排放占世界排放总量 1/4 的美国一直拒绝批准《京都议定书》,另一个排放大国俄罗斯立场也摇摆不定,国际社会由此一直对其能否生效表示担忧。直到 2004 年 9 月底,俄罗斯政府最终通过了有关批准《京都议定书》的法律草案,才为《京都议定书》的最终生效打下了坚实基础。2005 年 2 月 16 日,全球瞩目的《京都议定书》在联合国生效,并成为国际法。《京都议定书》生效标志着一个不确定时代的结束,一个有法可依的时代来临。同时,《京都议定书》被公认为是国际环境外交的里程碑,生效后的《京都议定书》将是第一个具有法律约束力的、旨在抑制全球变暖而要求减少温室气体排放的国际公约。

《京都议定书》正式生效之后，联合国以及各国政府纷纷表示，作为国际环境领域最重要的事件之一，一个加强国际环境合作、共同应对全球气候变化的新时代已经来临。可是，《京都议定书》本身并不能消除气候变化的威胁，人类需要真正地执行它，并且要马上行动起来。联合国秘书长安南说，气候变化是人类21世纪面临的巨大挑战之一，如果不妥善应对，可持续发展就无法实现。联合国环境规划署执行主任克劳斯·特普费尔在公约生效之日再次敦促美国重新加入《京都议定书》，因为美国的温室气体排放量占全球约1/4，而全球气候只有在减少60%温室气体排放量的基础上才能得以保持稳定。

（一）美国——坚持单边主义的政策走向

美国政府表示将拨款58亿美元用于与气候变化相关的研究，但拒绝《京都议定书》的立场依旧不变。如果占全球温室气体排放1/4的美国按《京都议定书》要求履行减排义务，美国发达的石油和汽车工业将付出代价，布什政府坚持说"不"，明显是出于对石油、汽车等工业集团利益的保护。此外，美国政府近年来单边主义思潮占了上风，不愿意接受国际组织或协议的约束，也是它拒绝《京都议定书》的原因之一。

在《京都议定书》正式生效前夕，白宫发言人麦克莱伦再度为美国不参加京都议定书辩解，他重申了美国在经济方面的考虑，但也表示努力降低温室气体排放的增长速度。他强调布什政府"极其严肃地"对待气候变化问题，并在未来5年内为可再生能源和节能技术提供36亿美元的税收优惠。

另外，美国国务院发言人也在新闻发布会上解释说，在减排问题上，美国走的是一条与《京都议定书》成员国不同的道路。我们的目的是相同的，努力是一致的。

美国为退出《京都议定书》找了很多理由，第一，布什政府多次强调，如果占全球温室气体排放1/4的美国按《京都议定书》要求履行减排义务，将会导致500万人的失业，为此，美国的石油业与汽车业将付出沉重代价；第二，布什政府认为，《京都议定书》没有把发展中国家纳入制约范围，这是《京都议定书》的缺陷。

布什政府政策在国内并没有引起共鸣,有专家在《华盛顿邮报》撰文指出,防止全球变暖的列车启动,布什政府必须要赶上这一列车,而且越快越好。共和党参议员麦凯恩推出涉及气候变化法案。加州议员推动执行一系列限制二氧化碳排放的法律。

(二)欧盟——低碳化目标的积极推动者

欧盟是《京都议定书》的积极倡导者。在《京都议定书》即将正式生效之际,欧盟轮值主席国卢森堡环境大臣吕西安·卢克斯于 2005 年 2 月 14 日代表欧盟发表声明,呼吁至今尚未批准《京都议定书》的所有发达国家尽快作出相应努力,与全世界一道减少温室气体排放,战胜气候升温这一严峻挑战。卢克斯说,根据专家建议,欧盟环境部长理事会于 2004 年 12 制订了新的预防气候升温目标,即争取将世界的平均气温控制在不超过工业革命前平均气温 2 摄氏度的水平。要达到这一目标,必须在 2050 年以前将温室气体的排放量在 1990 年的水平上减少 15% ,甚至减少 50% 。

在《京都议定书》生效的那一天,欧盟委员会在欧盟总部比利时首都布鲁塞尔举行仪式,庆贺《京都议定书》正式生效。这一天,欧盟委员会邀请已经批准这一协定的 140 个国家的使节出席庆祝仪式。欧盟委员会负责环境的委员季马斯表示,对气候变化进行防止不是一种可能,而是一种需要,如果全球气温继续升高,经济发展与人类健康会受到威胁,所以,仅仅实现《京都议定书》规定的减排目标是不够的,只有大幅度地减少温室气体排放,才能真正有效地控制气候变暖。

为了实现《京都议定书》规定的目标,当时的欧盟 25 个国家设计了一个颇有新意的"二氧化碳温室气体交易系统",即温室气体排放少的国家,可以同排放多的国家进行二氧化碳的分配权交易。例如,二氧化碳排放量多的英国可以向排放量低的挪威购买"二氧化碳分配权"。这种"碳交易"可以使欧盟轻松实现减排目标。与此同时,欧盟委员会呼吁东欧国家增加投资,以更换各类工厂中污染严重的机器。

(三)日本——环境友好型政策

《京都议定书》规定,日本在 2008～2012 年期间应将导致温室效应的二氧化碳排放量比 1990 年减少 6%。据日本经济产业省汇总的数据显示，日本的石油、化学、铝、水泥、平板玻璃以及玻璃瓶等 13 个行业已经达到了《京都议定书》规定的减排目标，而钢铁、电力、造纸、机床、产业机械、电子电机以及汽车零部件生产等 11 个行业难以达到《京都议定书》规定的削减二氧化碳排放量的目标。

为此，日本环境省提出每升汽油征税 1.5 日元的环境税方案。环境省认为，征收环境税可以在控制能源消费的同时，把税金用于改善环境。

日本政府在使用经济杠杆的同时，还通过加速开发可再生能源来达到温室气体减排目标。目前，家用燃料电池已经进入寻常百姓家庭。2005 年东京煤气公司以租借的方式推出 200 台松下公司生产的家用燃料电池，一台燃料电池每年可节省电费 6 万日元，并使家庭温室气体排放减少 40%。日本的太阳能发电一直保持世界领先地位，风力发电在 2003 年度比 2002 年增加了 47%。生物发电，如家畜粪便利用率达 80%。另外，废纸利用率达 100%、木材、工厂废料利用率达 90%、下水道污泥利用率达 60%。[①]

地球变暖，海平面上升，日本作为岛国首遭其难。日本能否达成议定书的减排目标，对日本来说，是涉及国家生存之大事。

(四)澳大利亚——从拒签到签署

当时，只有澳大利亚和美国拒绝签署《京都议定书》。美国是全球排放温室气体最多的国家，而澳大利亚则是人均排放量最多的国家。

澳大利亚政府拒绝签署《京都议定书》的行为遭到了反对党与环保组织的反对。澳大利亚反对党指出，尽管澳大利亚在短时期内已经减少了温室气体排放，但由于能源消耗增加，澳大利亚的温室气体排放在 2012 年以后会有大幅度增加，为此，反对党呼吁政府尽快签署京都议定书。陆克文领导的工党在大选前就曾承诺：如果工党获胜，将尽快签署《京都议定书》。

澳大利亚多年来的外发式发展给环境造成了巨大伤害。在《京都议定书》生效前一天，环保人士在新南威尔士州最大的水库"瓦拉甘巴水库"的

---

① 何洪泽等：《京都议定书今日正式生效》，website：www. chinahouston. org 2005 年 2 月 17 日。

干枯地带铺放了一幅巨大标语,上面写着:这就是气候变化的结果!澳大利亚最大的城市悉尼的用水 80% 来自瓦拉甘巴水库,但在最近 3 年里,这座水库的存水量已经从 86% 下降到 39%。

工党在 2007 年 11 月举行的联邦大选中击败执政 11 年半的自由党 - 国家党联盟,陆克文随之取代原执政联盟领导人霍华德出任新总理。于是,陆克文和他的新政府在宣誓就职后做的第一件大事就是签署了《京都议定书》。陆克文在签署《京都议定书》之后发表声明说,"这是澳大利亚新政府的第一项正式行动,显示了新政府在应对气候变化方面的决心,对于澳大利亚继续在国内以及与国际社会一道应对全球气候变化具有重要的意义"。

(五)韩国——2013 年执行《京都议定书》

根据《京都议定书》规定,发达国家必须在 2008 ~ 2012 年期间将温室气体排放量从 1990 年的基础上平均减少 5.2%。但是,韩国在 1992 年签订的《气候变化框架公约》时,争取到了发展中国家的地位,所以没有被列入发达国家之列。

根据最新统计数字,截至 2001 年,韩国的二氧化碳排放量列世界第九位。因此,国际社会不断给韩国施加压力,要求尽快限制温室气体排放。

韩国政府 2005 年 2 月 16 日在首尔表示,将于 2013 年起执行《京都议定书》。为此,韩国大力发展氢能、太阳能、风能等新能源技术,争取到 2011 年把新能源占全部能源使用比例达到 5%。同时,韩国成立了国家能源委员会,总管国家能源问题。

(六)中国:世界工厂冲击《京都议定书》

《京都议定书》正式生效之后,2007 年 12 月,联合国气候变化大会产生了"巴厘岛路线图"。2007 年 3 月,欧盟各成员国领导人一致同意,单方面承诺到 2020 年将欧盟温室气体排放量在 1990 年基础上至少减少 20%。联合国 2009 年第二次气候变化国际谈判会议 6 月在德国波恩举行,而 2009 年年底在丹麦哥本哈根举行联合国气候变化大会上必须在 4 个政治议题上达成一致意见,1. 发达国家的减排指标;2. 发展中大国限制排放温室气体所采取的措施;3. 在技术和资金上支持贫穷国家;4. 未来协议的"基本构架"。

根据《京都议定书》的规定,2009 年将在哥本哈根举行 2013 年以后的《京都议定书》第二阶段气候框架会议。2009 年 6 月 11 日在德国举行的联合国波恩会议上,中国官员强调增加碳排放以发展经济,并表示不会签署强制性的协议。与此同时,中美两国在北京举行了为期 3 天的气候谈判,中国要求发达国家到 2020 年把温室气体排放在 1990 年的基础上削减 40%,并拿出相当于年度经济产出的 1% 左右帮助包括中国在内的发展中国家实现减排计划。可是,谈判未能取得突破。

在减排问题上发达国家首先应当承担主要的责任,但是仅仅依靠发达国家,也难于根本解决气候变化问题。最新的分析表明,发展中国家应作为一个整体采取适应各国情况的行动,以实现到 2020 年减少 15% ~30% 的排放目标。这个不是绝对数字,而是相对于不采取措施控制排放的情况而言的。这意味着这些国家的经济发展将需要降低对能源和煤炭的使用密集程度。

2013 年,《京都议定书》关于控制温室气体排放的第二承诺期的谈判即将展开,届时,中国不可避免地将成为谈判各方关注的焦点,很有可能被要求承担相应的减少义务。因此,生效后的《京都议定书》给中国带来了现实的、严峻的挑战。

1. 中国将成为博弈《京都议定书》的主要力量

根据国际环境署 2004 年 12 月 10 日的统计,中国二氧化碳排放量占全球排放总量的 13%,全球排名仅次于美国。甲烷、氧化亚氮等温室气体的排放量也居世界前列。中国社会科学院可持续发展研究中心的一份资料也表明,中国二氧化碳的排放量在 1990 年到 2001 年之间增加了 8.23 亿吨,几乎占全球同一时期温室气体排放增加量的 27%。该研究中心预计,中国二氧化碳排放量在 2003 年和 2025 年期间将增加一倍,并超过美国成为世界第一大二氧化碳排放国。

2004 年 12 月 2 日,《京都议定书》正式生效前的《联合国气候变化框架公约》第 10 次缔约方会议在阿根廷召开,发展中国家的减少温室气体排放义务成为谈判重点。由此可见,三类利益体将成为博弈《京都议定书》的主要力量:第一类是发达国家,第二类是"相对滞后"的发展中国家,第三类是经济快速增长的新兴国家。属于第三类利益体的中国正遭受越来越多的质疑。

2. 中国"减排"面临严峻挑战

中国面临着一个巨大矛盾。一方面成为世界工厂,为全世界生产工业制成品,另一方面世界制造工厂自然也会成为世界上主要的温室气体排放地、污染诞生地。

《京都议定书》生效后,发达国家会把高碳型产品和高能耗项目向中国转移。例如,日本的一些钢铁产业就可能转向中国。而这些投资规模很大的项目,在50年内是不可能搬走的。因此,在中国经济快速增长中,所使用的含碳矿物燃料将不断增加。如果中国长期不承担温室气体控制义务,在参与《联合国气候变化框架公约》活动中将会遭受越来越大的压力。在全球化和工业化的双重冲击下,对经济高速增长的追求与减少温室气体排放形成了强烈的"对冲"作用。

中国目前能源的主体为煤炭,减少二氧化碳排放将使中国目前的能源结构面临严峻挑战。中国电力企业联合会提出了"加强电网建设,大力开发水电,优化发展煤电,积极发展核电,适当发展天然气发电,加快新能源发电,重视生态环境保护,提高能源利用效率"的应对政策。可是,如何实现这一应对战略,似乎还没有具体的实施方法。尤其是大力发展水电和核电,将给生态造成更深层的危害。随着《京都议定书》的实施,会使一些国家根据我国某些工业产品的温室气体排放含量来制订新标准,形成新的"绿色壁垒",有关这一挑战性的问题,中国电力企业联合会似乎还没有一个相应的对策。

第十一章 低碳型都市的建构与治理

    "理性经济人"的支持系统、"经济增长至上"的价值理念、大量生产、大量消费的"经济学危机",给人类自身的生存环境造成了不可逆转的影响。如何在"自然—社会—经济"的复杂系统中实现可持续发展目标,构筑低碳型都市是政府可持续发展能力的一个标志。

    从世界人口的结构来看,世界城市人口比例由1900年的13%(2.2亿)增加至2005年的49%(32亿),防止地球变暖的重点显然在城市。低碳型城市的低碳素目标,必须从城市的自然环境、节能和减排等多个方面展开。让城市的自然环境具有充分吸收二氧化碳等温室气体的功能;让城市的产业、建筑、交通等都具有充分的节能措施;让城市的垃圾、废水和废气都经过处理并得到综合利用。

    向"地球环境经济人"转型,全球是否达成共识? 本章阐述欧盟、日本建构低碳化都市的目标、路径,并通过日本与欧盟的比较,指出日本在低碳化都市推进机制方面的滞后及其原因。

    在中国,石油文明社会所面临的众多问题,"废热,废能"增大并没有得到有效的遏制,大规模的开发活动对于其自身的生存环境造成了不可逆转的影响。如何在"废热,废物"与地球生命之间架起一座桥梁,发达国家的低碳型都市对中国有深刻的启示。

一、欧盟"低碳型都市"目标及其行动

    欧盟地区是全球最大的石油和天然气进口区域,其82%的石油和57%的天然气都来源于其他国家和地区,预计未来25年中油气进口率更将突破

93％和84％。然而,20 世纪多次发生的"石油危机"以及 2006 年开始的新一轮世界能源价格飙升,凸显了欧盟潜在的能源危机和能源政策的脆弱性。与此同时,能源危机促进了欧盟各国对石油替代能源以及更加清洁安全的可再生能源的开发利用,而《京都议定书》加速了这一进程。

(一)欧盟"低碳型都市"总体规划

基于《京都议定书》所规定的温室气体减排目标,欧盟各国领导人于2007 年 3 月通过了欧盟委员会提出的一揽子能源计划。根据该计划,欧盟承诺到 2020 年将可再生能源占能源消耗总量的比例提高到 20％,将煤炭、石油、天然气等一次性能源的消耗量减少 20％,将生物燃料在交通能耗中所占的比例提高到 10％。此外,欧盟单方面承诺到 2020 年将温室气体排放量在 1990 年的基础上减少 20％,如果其他的主要国家采取相似行动的话,欧盟则将目标提高至 30％,到 2050 年希望减排 60％至 80％。2007 年年底,欧盟委员会通过了欧盟能源技术战略计划,提出构建"低碳型都市"计划。

低碳型城市(Low carbon City)是指以低碳经济为发展方向、市民以低碳生活为理念和行为特征、政府公务管理层以低碳社会为目标建设环境友好型城市。"低碳经济"一词最早出现在英国 2003 年的能源白皮书中,其内涵是发展低能耗、低污染的绿色经济。

"低碳型都市"行动目标是:到 2020 年,二氧化碳排放削减 20％。在此以前,在 1997 年的一份环境白皮书中,欧盟提出:到 2010 年,总能源消费的12％是可再生能源。与此同时,提出了"可再生能源"(Renewable Source of Energy)实施方略,即"社区战略"(Community Strategy),也就是说,通过可再生能源战略来推进社区战略。

社区战略计划从两个方面推进。其一,可再生能源启动计划。为了引入可再生能源,社区兴起了"100 个社区 100％可再生能源",即构筑 100 个零碳素排放地区。例如,瑞典西南部的马尔默有 20 多家造船所和工厂,另外,这几年以住宅为中心的包括商业的复合开发致使城市面貌焕然一新。然而,令人信服的是资源的循环使用。除了风力发电以外,住宅区产生的垃圾可作为可再生生物资源再次使用;季节性储热功能,夏天的热量储藏在大地中,到冬天再取出使用,可以说,基本达到碳素的零排放。

另一方面,在欧盟各都市、各地区招募环境保护运动志愿人员,通过利益相关者以及公众参与,在自治体层面形成合作体制,从而推进"低碳型都市"进程。例如英国提出了大规模的二氧化碳削减计划。英国国土交通部都市局出台了政策文件"计划政策说明"(Planning Policy Statement,即PPS),它号召所有的都市计划与自治体企业以及民间组织合作推进。各自治体在 PPS 制定的国家都市计划的基础上,积极推行"零碳素"排放计划。PPS 是在不断地推进中完善的。最初出台的 PPS1 强调"重视环境保护的城市开发";2008 年又发布 PPS1 补充文件"都市计划与气候变化"。同年又发布的 PPS2,标题是"可再生能源",它作为城市开发的基本原则,详细介绍了可再生能源的技术和使用方法。

在英国总体的"低碳型社会"推进过程中,伦敦大胆地进行了各种探索。伦敦市前市长肯·利文斯通号召世界大都市团结一致,共同研讨气候变化问题,并付诸实践。在伦敦市市长利文斯通的倡导下,"世界大都市气候变动先导俱乐部"宣告成立。

与此同时,伦敦市的《市长能源战略》报告与《伦敦计划》相继出台。《伦敦计划》提出,伦敦的作用不仅仅体现在经济产业层面,更重要的是在地球温暖化对策与环境方面起到领导的作用。与《伦敦计划》关联的行动是面向低碳化的能源战略。能源战略规定,在大规模的开发项目中,必须要使用 10% 的可再生能源(最近这一指标提高到 20%)。市政府持有的开发许可申请书中,如果没有 10% 的可再生能源计划,开发许可证是不可能下发的。在这里,对可再生能源来说,不仅仅是使用的义务,而是赋予企业研究的责任。在伦敦 33 个区的都市建设计划中,都把 2010 年的零碳素排放计划放在了显赫的地位。

在欧盟国家中,荷兰海牙市市政府在建构低碳型城市方面也颇具特色。海牙市市政府都市计划局的能源削减计划以"空间计划与环境政策形态"为依托,以改造社会住宅为重点。海牙市的都市计划局要求每个地区的能

源公司、住宅公司与居民合作组建能源削减开发组织,并在3年内拿出社会
住宅改造计划。第1年,确定地区可再生能源开发目标,为此,构筑开发体
系与引进技术等各项计划。第2年,进行使用新能源所需的成本核算。关
键的是,终端消费者所需费用与现在比较,是增加还是减少?这是推广新能
源的关键。第3年,确定分工协作协议。由市政府、能源公司、住宅公司分
别去完成各自的项目。其中,市政府最重要的工作是向欧盟事务局、联邦以
及州政府申请补助金,以补贴能源公司与住宅公司大幅度削减二氧化碳所
引起的成本上升。

(二)伦敦"低碳型都市"战略实施

在1992年里昂环境最高首脑会议上,欧盟各国接受了欧盟对于各国削
减二氧化碳排除量的削减值。正是基于这一原则,伦敦积极地推进低碳型
城市计划。为了实现这一计划,政府进行了一系列制度安排,如官民合作体
制、划定"零碳素"的特定区域,等等。

2003年经济产业部(DTI)制定的能源白皮书提出,到2010年,温室效
应废气削减10%,2020年削减20%。[1] 基于这一计划,都市计划所属的副
首相官厅(ODPN)修订了可再生能源的方针政策,计划在都市圈层面,设定
利用可再生能源的目标值,地方协议会对目标值进行监督。在都市计划中
引入可再生能源的目标值,在伦敦的城市建设中还是第一次。然而,可再生
能源设施的建设,在都市计划部门很难提上议事日程,所以,公共行政的介
入是城市建设与可再生能源开发的必经之路。

作为公共行政的介入,对于低碳型城市的主要制约条件有两条,其一,
二氧化碳排放削减20%;其二,实现能源的循环使用。从20世纪90年代
中期开始,英国城市发展规划中已经把环境保护放在一个相当重要的位置。
如城市中心地的商业立项规划,必须给所有人予以安全、快适的方式享受公
共交通设施,而这种享受机会是平等的,它不会因收入的差异而不同,这是

---

① 村木美貴「ロンドンにおける低炭素型都市づくりの試み」、(日)『地域開発』、2008年6
月、第29頁。

构建低碳型城市的基本方针。

在英国都市圈范围内,伦敦正在积极地推进"能源有效利用型"都市的建设。这一计划推进的体制是伦敦开发厅(LDA)以及通过与能源相关的团体、民间企业等团体的合作,对地方自治体提出建议,从而对政府补助金发放作出一定程度的政策导向。也就是说,实现城市开发与能源的有效利用,是在公共行政的指导下、在各团体联合体制的结构框架内制定、并实施的新型都市发展模式。

1.伦敦能源战略方针的特点

2004年伦敦市能源战略方针的特点包括以下几点:(1)削减二氧化碳的排放,为此,所有部门研讨高效率体系下的可再生能源的活用;(2)低价格能源的提供;(3)住宅与建筑物的改造。

把低碳型城市引入能源战略转换的框架内,城市开发如何节省能源,首先,目标不仅仅锁定于公共设施,住宅开发也成为能源战略转换的目标;其次,在自治体内应该把二氧化碳零排放的开发项目置于重要地位;第三,设立能源有效利用的特别行动地区,即实现"低碳型城市"的试验区。

2.开发层面的合作体制

各个开发项目必须纳入保护环境的计划许可制度框架,并在此基础上,制定开发控制计划指针,对于开发规模大的项目,尽管在"保护环境的计划许可制度框架"内获得批准,但仍然要重新纳入"开发控制计划指针"进行审核。

构建有效利用能源的城市,对于都市计划的理解和接受,不同的主体需要建构一个合作体制,从伦敦来看,(1)伦敦开发厅(LDA);(2)民间与公共领域连接的主体——伦敦能源合作体制(LEP);(3)对能源有效利用进行研究的非营利组织以及与开发相关的住宅协会等非营利组织;(4)开发地区的市民。

以上合作的四大主体共同制定实现低碳型城市的目标以及循环型能源的指导方针。

低碳型城市

战略方针　　　　　　　　　协议合作体制

公共设施与住宅开发　　　　　伦敦开发厅（LDA）
二氧化碳零排放　　　　　　　伦敦能源合作体制（LEP）
"低碳型城市"试验区　　　　　非营利组织
商务楼 15%～20%能源削减　　开发区市民

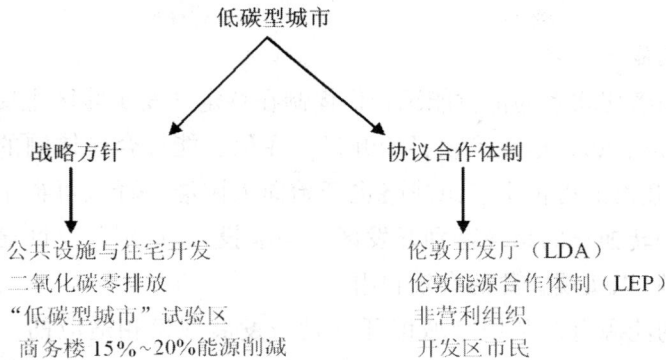

图 3　伦敦能源战略与开发的关系

3. 构建能源行动区域

能源行动区域是地球变暖对策的重要一环,该提案由伦敦市长创设。整个计划从个别建筑活动的省能源对策到地域层面的能源有效利用,再以特定地区为对象开发各种有效利用能源的技术等等,从而建构二氧化碳最小化社区。在伦敦,2005 年首次指定 5 个特别开发地域。在各特定地域开发区的开发特点是:(1)在能源使用量最大的公共设施、商业业务方面进行大规模的再生能源开发;(2)列入新能源计划的不仅是新项目,对于既有的设施改造也包括在其中,而住宅改造项目在都市开发计划中占有重要地位,因为伦敦住宅的能源消费占总体能源消费的 45%。[①]

(三)伦敦的绿色行动计划

为了减少二氧化碳排放,英国政府目标是:到 2050 年,二氧化碳排放比2000 年减少 60%。2007 年 2 月 27 日,伦敦市长公布了题为"今天行动,保护明天"的行动计划,该计划为伦敦设定了以下目标:以 1990 年碳排放为基准,到 2025 年二氧化碳排放量减少 60%。同样是减排 60%,但伦敦计划提

---

① 村木美貴「ロンドンにおける低炭素型都市づくりの試み」、(日)『地域開発』、2008 年 6月、第 31 頁。

早了 25 年。

1. 绿色能源计划

与民间密切联系的伦敦能源合作体制在特定开发实验区主要从事于太阳光、太阳热、风力、地热等项目的开发。在伦敦能源合作体制的指导和参与下,中央政府的可再生能源战略也开始向太阳能、风能、可再生生物资源转换。这一转换靠的是各特别开发区的积极投入,特别开发区通过开发多个能源资源,以实现能源的有效利用。

伦敦的能源有效利用型城市开发是与发展规模相适应的一种开发模式。(1)把个别发展规划纳入计划体系中加以实现;(2)与发展规模相适应,存在着不同的能源有效利用体系。伦敦的能源行动区域是从地域层面整合不同的能源有效利用体系,它超越了个别的,高效率的节能体系,从而在地域层面达成"CO_2 排出量削减目标"。

2004 年以来,84% 的自治体,以 1000 平方米、住宅 10 户以上为单位作为能源开发对象,以这一比例建设实验区,所使用的能源当中有 10% 是可再生能源。这也是伦敦市能源战略方针的意义所在。

2. 有关住宅、机构以及交通的绿色行动计划

伦敦低碳计划除了"绿色能源计划"以外,还包括"绿色住房计划"、"绿色机构计划"、"绿色交通计划"。

因为住宅的二氧化碳排放占排放总量的 45%,所以,伦敦制定的"绿色住房计划"目标是:到 2025 年家庭全年二氧化碳排放减少 770 万吨,为此,可以让伦敦平均每户每年节约 300 英镑。

伦敦的机构所排放的二氧化碳占总量的 33%,为此,"绿色机构计划"鼓励雇主采取简单措施,如在夜间关闭电灯等等,通过这种方式每年实现减排约 300 万吨。据伦敦开发厅与相关部门预测,只要伦敦商业和公共建筑的能效有中等程度的改观,就能再减排 200 万吨。如果计划中的所有行动都能付诸实施,那么机构可节约将近 20% 的能源费用。

交通占伦敦二氧化碳总排放量的 22%。"绿色交通计划"的目标是将每年交通的排放量减少 430 万吨。如果每个人开的车都是自己偏好牌子中

最节约燃料的型号,那么道路交通排放量将下降30%之多。

到2025年,伦敦计划1/4的电力供应离开全国电网,转向效率更高的当地能源系统。绿色行动计划还会带来财政上的收益。减少能源浪费将使伦敦的经济更高效,并且会减轻个人和企业的财务负担。

低碳型城市目前已成为世界各地的共同追求,国际大都市都以建设低碳型城市为荣。关注和重视在经济发展过程中的自然代价以及人与自然和谐相处、人性的舒缓包容等等,这就是和谐社会的目标。

二、日本"低碳型都市"的推进机制:问题与对策

日本是《京都议定书》的发起和倡导国,如何促使人们的行动朝着低碳型社会转换,从技术层面来看,日本还是走在世界前列的。可是,从可再生能源导入的数值目标来看,德国、英国、法国的比例都比日本高,原因在于低碳型都市的推进机制。日本自治体层面有关防止地球变暖的计划制定、实施以及在实施过程中的部局之间的合作等方面,都存在着行政功能缺位现象。

以二氧化碳为主的温室气体一般都伴随着都市活动而产生,而它的产生又与都市结构以及社区建构方式有很大关系。所以,低碳型都市的推进机制,日本政府必须在两个层面加强行政导向的作用。其一,低碳型都市的开发,关键在于低碳型社区的开发;其二,在公共行政的指导下、在各团体联合体制的结构框架内,制定并实施低碳型都市发展模式。

(一)开发新能源:日本居世界前列

"低碳型都市"的内涵是发展低能耗、低污染的绿色经济。也就是说,在不断增加生活必需品供给的同时,尽可能地减少能源消耗,并利用可再生能源替代石化能源。今后,国际间的竞争、城市之间的竞争会更加激烈,如何制定地域与城市的发展战略,低碳型社会是大都市功能转换的首选目标。

然而,低碳型社会的家庭,舒适的居住空间与省能源战略是否能并行不悖?根据日本都市计划学会的调查,日本产业部门的二氧化碳排放量逐渐呈下降的趋势,而民生家庭、事业部门以及运输部门的二氧化碳排放量仍然

呈二位数增长态势。这些部门的二氧化碳排放，绝大多数在城市内发生，所以，从都市的市街形态、交通体系以及土地利用、空间结构等方面制定一个低碳素化的中、长期计划尤其显得重要。

日本投入巨资开发利用太阳能、风能、光能、氢能、燃料电池等替代能源和可再生能源，并积极开展潮汐能、水能、地热能等方面的研究。

日本充分利用能源和环境方面的高新技术，并在全球推广其能源和环境领域最为尖端的技术，加速研发节能技术，推广生物燃料的生产技术以及燃料电池的商业化运用，并且长期探索温室气体零排放的划时代技术。

在开发清洁能源方面，日本将光伏发电作为重点领域来推动。夏普公司的光伏发电设备占世界的1/3。如今，日本已经成为全球最大的光伏发电设备出口国，到2030年，太阳能发电量将提高20倍。

由于技术进步，空调节能性能逐渐改善，可是，使用量剧增的话，能源总量仍然无法减少。所以，日本专家提出"环境负荷显现"，也就是说，使用电的时候，应该有二氧化碳排出量的表示；或者在计算电费、煤气费、水费的时候，计算出各年龄代二氧化碳排出量，并把它表示出来。这一体系也用于汽车，通过各种汽车二氧化硫排放量的显示，引导人们的选择。也就是说，环境负荷信息提供了一种低碳型社会的行动方式。

2050年的社会，如何调整机构部门的行为模式呢？2007年10月31日，日本规划产业协议会（JAPIC）在三菱公司举行研讨会，专门讨论了办公室温暖化防止对策，并发表了研究成果。其中一个建议是：在数个大楼之间形成冷暖气的网络化，这样一来，能源的投入以及二氧化碳的排放都会减少。这一计划已经在东京的大手町、有乐町等高层建筑集中的地方实施。据初步计算，这一计划推进的话，二氧化碳的排放能减少20%。[1]

交通方面的2050年展望，燃料电磁与二氧化碳排放有直接的关系，它被称之为能源的"软实力"。从城市交通来看，从汽油到电动汽车、燃料电磁汽车，能源体系逐渐向低碳化转换。

---

① 小澤一朗「地域づくり：その具体に向けた展望」、（日）『地域開発』、2008年6月、第6頁。

综上所述,如何促使人们的行动朝着低碳型社会转换,从技术层面来看,日本还是走在世界前列的。

（二）低碳型都市的行政功能缺失——相关问卷的调查[①]

低碳型社会是构筑可持续发展的入口,舒适、安全的城市结构,建构与自然共生的地域环境,以往自发的公民活动已经难以奏效,这需要行政的高度干预。构筑低碳化都市,都市规划与防止地球变暖的对策如何结合起来,并在这基础上探求防止地球变暖的战略开发,在日本,实际承担这一使命的是自治体都市计划局,所以,日本都市计划学会与低碳素都市开发研究会对自治体都市计划局进行了问卷调查。

问卷调查涉及 800 个市的都市计划局与环境部局,时间维度从 2006 年 12 月到 2007 年 1 月,问卷回收率约 60%,可以说,这是比较高的回收率。

都市计划局的问卷选项包括:国家与自治体层面的地球温暖化防止对策;都市行政规划中的地球温暖化对策;都市开发过程中的地球温暖化对策;都市行政规划中的地球温暖化防止对策实施的可能性,等等。环境部局的问卷选项包括:自治体层面有关防止地球变暖的计划制定状况;地球温暖化对策的实施状况;地球温暖化对策实施过程中的部局之间的合作状况,等等。

1. 有关地球温暖化防止的政策以及规划的认识

从问卷调查结果来看,对《京都议定书》一般都知道,可是,对于"京都议定书目标达成计划"这一项,能够回答的自治体仅占 40% 左右;当然,人口规模大的自治体,对目标达成的认识度相应较高。

2. 都市行政规划中地球温暖化对策的实施状况

对于都市基本规划来说,以前制定的计划中,地球温暖化对策置于怎样的位置? 对这一问题,大部分人的回答都觉得地球温暖化对策并没有写入都市基本规划。可是,人口规模大的自治体,大部分的回答都意识到地球温

---

① 所有问卷调查数据均来自日本都市计划学会、低碳素都市开发研究会发表的「都市計画行政の中で温暖化対策」、（日）『地域開発』2008 年 6 月、第 60~63 頁。

暖化问题的重要性,并在都市开发计划中都占有重要的位置。

3.地球温暖化对策实施状况

有关地球温暖化对策实施状况,几乎所有的自治体回答说"没有实施,或者说还没有进行研究";在行政政令指定的都市实验区,有将近一半的自治体回答说,"对冷暖设备进行过改造",当问及对土地规划以及市街开发项目中是否考虑地球温暖化对策这一问题时,80%的自治体回答说并没有特别的重视。从整体来看,对地球变暖的对策都没有特别的重视,但也有几个自治体回答说,"制定过防止地球变暖的纲要,形式上也进行过如何防止地球变暖对策的指导"。另外,对环境部局的提问,当问及地域如何推进防止地球变暖的计划时,约20%的自治体回答说,"形式上的条文是有的",但有关具体的实施,能够作出回答的自治体却很少。

然而,对形式上有地球温暖化防止条例的自治体来说,如果进一步追问是否与都市计划局协作时,大约一半的自治体回答说"只与环境部局合作"。当问及为什么没有把地球温暖化对策放在特别重要的位置上时,约半数的自治体回答说,"对于地球温暖化对策的具体形态不清楚"。

4.有关都市行政规划中地球温暖化对策的可能性

在都市行政规划方面,与能源关联的地球温暖化对策是如何实施的,有关这一问题的回答,约60%的自治体认为,现在尽管还没有展开,但是在期待今后对策的落实。对都市计划局来说,作为今后都市计划行政的地球温暖化对策,城市绿化运动与绿色公共交通以及与能源有关的对策等等,并没有太强的意识。然而,作为问卷的提问,对于与能源关联的地球温暖化对策,作为都市计划行政,为何实施不到位?对于这一问题,约40%的自治体回答说,"作为都市行政规划,应该怎样去做,并不清楚"。因为城市交通与绿色运动,以前的都市行政规划都包括这些内容,现在应该怎样去展开?与能源关联的对策怎样去推进?缺乏具体的政策形象。

5.地球温暖化对策的部局之间合作

对环境局来说,地球温暖化对策的实施,部局之间如何合作?超过半数的自治体认为必须构筑合作体制来进行调整。其中1/4的自治体有长期的研究体制。还有,有关部局之间的协作,也有半数的自治体回答说:协作意识是不足的。

综上所述,有关地球温暖化对策的问卷调查,都市计划局对于地球温暖化的认识虽然达到了一定程度,自治体内对于地球温暖化对策的制定也能达到一定程度的合作。可是,在都市开发的基本层面,作为基本方针的地球温暖化对策应该置于怎样的位置? 从全局来看,还是不充分的。所以,对于自治体的都市计划局来说,有关地球变暖的信息充实与具体实践是一个重大课题。

(三)"低碳型都市"推进机制——以社区为中心的协同开发体制

从 2008 年 4 月开始,《京都议定书》的第二约束期开始启动,日本温室气体减排目标是 6%。到 2030 年,这一目标将提高至 20% ~ 30%,而 2050 年则要提高到 50% ~ 60%。所以,抑制二氧化碳排放,这是日本正在付诸实施的一项战略行动。

首先,通过产业结构调整,停止或限制高能耗产业发展,鼓励高能耗产业向国外转移;其次,通过各项法规和激励措施,鼓励和推动节能降耗,对一些高耗能产品制定了特别严格的能耗标准;再次,发展清洁能源技术,以此降低温室气体的排放量。例如,2007 年 5 月,日本经济产业省提出一项新计划,决定在未来 5 年投入 2090 亿日元发展汽车清洁能源技术。

从国际社会来看,有关绿色循环的 RPS(Renewable Portfolio Standard)法的实施率是一个变量。日本 RPS 法实施率约为 1.6%,这一比例在发达国家中是比较低的。欧盟计划到 2020 年 RPS 比例要达到 20%,而瑞典现在已经达到 30%,2020 年计划达到 49%。[①]

以二氧化碳为主的温室气体一般都伴随着都市活动而产生,而它的产生又与都市结构以及社区建构方式有很大关系,所以,抑制温室气体排放,必须从上述因素来考虑。日本可再生能源的导入目标数值比欧盟国家低,原因亦在于此。政府如何支持低碳型社区开发? 政府如何建构低碳型社区

---

① 小澤一朗「地域づくり:その具体に向けた展望」、(日)『地域開発』、2008 年 6 月、第 7 頁。

的协同开发体制？这是日本建构低碳型都市必须要考虑的两个方面。

1. 构建低碳型都市的关键在于低碳型社区的开发

预测将来的社会状态，然后从今天开始采取对策。以 1990 年为基准，2050 年温室气体排出量削减 60%，如果实现这一目标，那么，从今天开始，构筑低碳型社会是实现 2050 年目标的路径。在发达国家，这一研究被称作"脱温暖化 2050 年计划"。研究计划指出了 2050 年建设低碳型社会的两大方向。其一，平均 GDP 在 2% 左右的增长社会；其二，年增长率 1% 的社会。如果是第一种社会形态的话，人口与资本向城市中心集中的速度加快、郊区人口减少。如果是第二种社会形态，人们更加向往自然的生活方式，人口从城市中心向郊区、农村扩散，人口与资本呈分散化状态。

由此可见，低碳型社会的两大方向，归结为一点，是低碳型社区的开发，具体地说，它是一种住宅结构的变革。2050 年的社会，从家庭层面来看，尽管服务需求量在提高，平均住宅面积也在增加，但是，如果发明了省能源的高断热住宅，能源的投入大约是现在投入量的一半。今天能源的需求比例，石油 40%、城市煤气 20%、电力 40%，太阳能仅仅是 1%。将来的高断热住宅，能源需求会减少一半。而且，不直接排放二氧化碳的太阳能、网络系统化的电力设施，这些都体现了低碳型社会的技术目标。另外，通过房子结构调整，日照空气充足，无空调住宅也是一种趋势。

为了达到上述目标，以往自发的公民活动已经难以奏效，城市结构与功能转换，政府的政策引导是实现大都市功能转换的关键。

日本原综合资源能源调查会会长茅阳一曾经对 2050 年二氧化碳排放削减 60% 进行过试算，试算表明，要达到上述目标，每年必须要实施 2% ~ 3% 的减排，可是，从现状来考虑，削减 60% 的温室气体是很难达到的。茅阳一的估计基于以下的现实。在日本，来自民生方面的温室气体，如家庭、事业部门以及运输业的二氧化碳排放大部分在城市内生成。所以，每年 2% ~ 3% 的减排，主要依赖于都市的市街地形、交通体系以及土地利用等方面的低碳素型开发，尤其是中长期计划内低碳素化指标的达成度是一个重要变量。

所以,低碳型都市的开发,关键在于低碳型社区的开发,具体来说,低碳型都市是以住宅为中心来构筑的。都市内的市街地区,在今后的 10～30年,建筑物设施的重新构建、太阳能的利用、木质的生物可再生资源利用等等,都需要政府投资,可现在的问题是,来自行政层面的社会性投资太少,政府投资都指向郊区,中心社区逐渐出现空洞化。

我们来比较欧盟的"低碳型都市"计划。以上已经阐述的欧盟环境白皮书中所提出的"低碳型都市"与"社区战略"(Community Strategy),即构筑100 个"零碳素排放地区"的实验运动。也就是说,在欧盟国家,可再生能源战略与社区战略是同时并举的。再如,瑞典西南部的马尔默,这几年以住宅为中心的、包括商业的复合开发,使城市面貌一新。荷兰海牙市市政府的低碳型城市规划以"空间计划与环境政策形态"为依托,以改造社会住宅为重点而展开。

在日本,如果社区在热水、暖气等方面使用太阳热和木质生物可再生资源的话,不同的年龄层次一般都可以减少40%～50% 的碳排放,每年减少约 1.5[①] 吨,如果全国有 300 万户实施可再生能源的话,每年可削减 450 万吨。如果政府能在公共住宅方面率先实现可再生资源的话,那么,对民间的团地改造以及住宅开发事业可以起到样板的作用。可是,现在的都市规划所记载的地区设施,主要是道路、广场或者公共空地等,而社区的能源设备基本没有进入规划,也就是说,低碳素都市开发的诱导性计划尚未成形。所以,都市开发的早期阶段,行政机关并没有设置都市开发事业主体以及各利益相关者之间进行协商的相关场所。

2. 公共行政指导下的联合体制与低碳素都市

日本曾经在 2007 年 5 月 24 日提出"Cool Earth 50"的政策构想,可以说,这是日本作为对外政策的一部分而作出调整的。具体的政策意向是:到2050 年,温室气体排放减少 50%。

---

① 小泽一郎「低炭素都市づくりと都市計画の役割」、(日)『地域開発』、2008 年 6 月、第 22頁。

　　前首相福田康夫提出了新的防止全球变暖对策——"福田蓝图","蓝图"计划到 2050 年使本国的温室气体排放量比目前减少 60% ~ 80%。为此,日本政府公布了为实现低碳社会而制订的行动计划草案,行动计划草案从措施、行动日程、数值目标等方面对"福田蓝图"进行了具体化。例如,从 2009 年起就碳捕获与埋存技术开始大规模验证实验,争取 2020 年前使这些技术实用化。草案还提出要开发相关技术,使处理 1 吨二氧化碳的成本从 5000 日元下降到 1000 多日元。草案认为,为了实现这些目标,要为普及住宅用太阳能发电设备提供补贴,并力争在 3 年到 5 年后使太阳能发电设备的价格降低一半左右。

　　问题是,上述行动基本以政府为主体,而低碳型都市旨在构筑一个不同的治理结构——一个系统之间的各部分协同过程,这被称之为"协同性"。这一"协同性"可以使国家、企业、公民社会之间达成一种新的均衡。

　　在英国都市圈范围内,伦敦正在积极地推进"能源有效利用型"都市的建设。这一计划推进的体制是伦敦开发厅(LDA)以及通过与能源相关团体、民间企业等团体的合作,对地方自治体提出建议,从而对政府补助金发放作出一定程度的政策导向。

　　日本的低碳型社会与欧盟、伦敦、荷兰海牙相比,在都市开发方面,行政层面如何提供"场所与机会"？可以说,在都市规划的框架内基本上是缺位的。"场所"是指协同行动的结构框架；"机会"是指各团体的联合参与。在日本,低碳型社会的实验"场所"是有的,如都市再生紧急整合区域、全国大城市的都市再生紧急整合区域,具体如,东京京滨临海区域的低碳计划、TX 沿线 3000 公顷的区域性改造计划等等。可是,在基本政策层面,虽然都制定了低碳素化计划,但在行动层面却相对滞后,尤其在地球温暖化防止对策方面,缺乏能源相关团体、民间企业团体以及公民团体的合作。实际上,林业方面的热利用木质再生性资源,或者是太阳能的热使用问题,都可以使家庭温室气体排放减少 50%。所以,应该在一个协同联合的框架内来进行地方都市中心街道的低碳化改造。

三、中国的城市转型与"低碳型都市"

建设低碳型都市,关键是开发低碳型社区,具体地说,它是一种住宅结构的变革。通过日本与欧盟在建构低碳型都市方面的政府功能比较,中国的绿色经济是否应该在城市化以及如火如荼的房地产开发中寻求切入点呢?

最近,由中国社会科学院城市发展与环境研究中心撰写、社会科学文献出版社出版的 2009 年城市发展蓝皮书《中国城市发展报告(No. 2)》在北京发布。蓝皮书从四个方面推进城市发展转型,第一,加大基础设施建设,提升城市竞争力;第二,推进产业升级,加快区域产业转移;第三,改革户籍制度,革新建设用地政策;第四,调整收入分配格局,加大社保力度。显然,城市发展转型中最重要的低碳素化城市目标却没有列入关键目录。当然,蓝皮书在"中国城市转型十年"这部分也提到了 2008 年全国单位 GDP 能耗比上年下降 4.59% ;COD 与二氧化硫排放与 2007 年相比,分别下降 4.42% 和5.95% ,[①]可是,这一数值目标与欧盟国家比较,差距很大,而且,报告也没有提及以哪一年为基准,具体抑制二氧化硫排放的目标值是多少等等。

中国科学院最近发布的一项重要报告令人备受鼓舞。中国科学院提出,到 2020 年,中国低碳经济的发展目标是:单位 GDP 能耗比 2005 年降低40% 至 60% ,单位 GDP 的二氧化碳排放降低 50% 左右。报告认为,中国应采取具有中国特色的低碳发展道路,包含明确的目标和优先行动方案。然而,要达到上述目标,国家资金投入是一个问题。

以绿色 GDP 为例。实际上,中国绿色 GDP 核算试点工作在 2004 年年底开始启动,并相继成立了由国家统计局局长与环保总局局长为组长的中国绿色 GDP 核算领导小组、绿色 GDP 核算技术工作组以及专家顾问组。中国的几个大城市,如北京、天津、浙江等 10 个省市都参加了中国绿色 GDP

---

① 中国城市发展形势分析课题组:《压力倍增下的中国城市发展转型》,《社会科学报》2009年 7 月 2 日。

核算的国家试点。参加试点的省市,经费原则上由中央和地方各自筹措,各自负担。中央经费 800 万元左右,主要用于项目会议、培训班、研讨会、组织调研等等。四川省投入了 100～180 万元预算;天津政府投入 75 万元,等等。问题是,这些资金远远不够。浙江省统计局的有关负责人曾作过估算,国家给浙江省 1000 份样本资料,由于针对性不够,浙江省把样本扩大到 4000 份,而且,中央要求做"建筑类型与材料存量调查",按此要求,比如杭州市,要用卫星遥感把杭州城划分为 200 个区块,并制成图。被选中的区块,调查人员要对每一区块内的每一栋房子,其房子的结构、门窗的材料、墙面的涂料等等作出具体的描述,其经费支出之大可想而知。所以,到了绿色 GDP 核算试点的第二阶段,有些省份已提出退出试点。

从国家发展的总体规划来看,尤其在投资热潮中,环保始终是弱项。2009 年 3 月 6 日公布的调整后的四万亿投资计划中,用于生态环境的投资由 3500 亿元锐减至 2100 亿元。[①]

目前,我国仍然处在城镇化和工业化的高速推进时期,每年将有 1500 万左右的农民进入城镇,预计到 2010 年,城镇化水平约为 47%,2020 年达到 56%～58%。自然资源短缺已经成为城市发展的瓶颈,生态环境问题对城乡居民的生活质量构成了严重威胁,粗放的城市发展模式已经难以为继。如果不走低碳城市道路的话,在城镇化过程中,预计今后我国的能源消耗和二氧化碳气体排放量将急剧上升。

低碳发展是中国在城市化进程中控制温室气体排放的必然选择,这就要求城市进行科学的城市规划,高效利用土地和能源,实现工业布局低碳化、循环化,构建绿色交通体系,发展绿色建筑,倡导绿色消费。应尽快建立量化的低碳城市评价指标体系,指导低碳城市发展。

建构低碳型都市需要国际合作体制,不仅仅是发达国家,发展中国家的步调一致尤其显得重要。因为大气层是共同的,不管是哪个国家排放的二氧化碳,CO_2 还是 CO_2,如果发展中国家不采取措施,那么,发达国家的努力

---

① 唐勇林等:《投资潮中,环保安在?》,《南方周末》2009 年 6 月 18 日。

无济于事。而且,地球变暖的灾难不一定在温室气体排放最多的国家出现,社会基础设施较差的国家也许会首先遭难,孟加拉国等一些国家的特大洪灾就是一例。然而,地球变暖的后果全面影响地球,一般在 30 年、50 年后。也就是说,温室气体大量排放,受其影响的不是我们这一代,而是将来的一代。问题是:我们将给子孙后代留下什么?

第五编

21 世纪市民社会：权利、参与与协同

　　对国家主导的"经济增长型社会"的反思，一个关键词是"民间主导"。从国家主导到民间主导，这是政治社会结构的转型。在西方国家学者的视野里，这一转型的标志就是市民社会的兴起。

　　在东亚，20 世纪 80 年代政治社会的结构转型，市民社会兴起，然而它与 18 世纪的市民社会有着明显的区别。首先，营利性意识淡薄；其次，公众参与的主体性意识提高；最后，全球化进程中的地域治理。东亚市民社会把全球化融入地域治理的层面来考虑，他们更关注地域的生存环境。他们以地域独有的经济、文化与环境为基础，并以此为宗旨展开市民运动。

　　从发展模式、市民社会以及公共治理的关系来看，外发式发展是在国家层面上的运作，并以此维持公共秩序；内发式发展是公众参与型的治理，这是在一个系统之间的各部分协同过程。21 世纪的亚洲，这一协同结构以内发式发展的路径显示了它巨大的推进力。

　　内发式发展认为，发展应该摆脱单一模式，各地区根据其自身的历史、地理、经济等条件，探究一种具有地方特色的发展模式。从经济与社会的关

系上,内发式发展认为,"发展"的成果向社会扩散,并通过社会环境的改善来实现其发展效果。可是,发展的成果向社会扩散需要一系列制度保障,为此,内发式发展呼吁教育、保健等基本需求的充实以及公民参与社会治理的政治以及法制度的完善。

从外发式发展向内发式发展转换,是由政府、企业与市民社会共同来完成的。在第五编,它包括以下三个层面内容。第一,21世纪政府范式,是民主政体运作方式还是企业化运作方式？作为民主政体的运行机制,它首要的任务是让公众从经济发展的成果中获益。第二,新公共管理下的"行政委托",NPO逐渐成为一支重要的力量,然而,随之而来的NPO行政化现象,"官"主导的公共属性仍然没有改变。21世纪的公共治理,是一个"大公共"与"小政府"的视野。第三,内发式发展旨在构筑一个不同的治理结构———一个系统之间的各部分协同过程,这被称之为"协同性",这一"协同性"可以使国家、企业、公民社会之间达成一种新的均衡。

第十二章 21世纪政府范式:让公众从经济发展的成果中获益

　　理论的一个重要功能是建立研究的形式和方法。由于理论被用来引导我们的观察,所以,通常会有多种解释方式。不同的观点产生不同的解释,托马斯·库恩(Thomas Kuhn)在《科学革命的结构》中把形成某种科学特色的基本观点称为这种科学的范式(Paradigms)。

　　在自然科学史上,牛顿力学、爱因斯坦相对论、达尔文进化论和哥白尼的太阳中心说等,都是自然科学的范式。在自然科学领域,当一个范式的缺陷随着时间推移而变得越来越明显时,一个新的范式就会取代旧的范式。

　　与自然科学的范式不同,社会科学的理论范式很少会被抛弃。每种范式都应当作理解社会的一扇窗户来看待,而不必管那种范式的对或错。在公共行政领域,一种范式的进展过程,是逐渐被认知的过程,因此,当一个新的理念出现并开始传播的时候,它不是打破主流思想,而是触发范式的变迁。

　　100多年来,公共行政研究经历了多次范式的转换,与此同时,政府行为的主导范式也在不断变换方向。一个传统的公共行政范式在20世纪70年代开始解体,于是,政府主导范式进入了一个企业化运作的时期。21世纪金融危机揭示了两种政府范式的选择:民主政体式运作还是企业化运作?是改善分配还是提高效率?是维护自由与效率还是牺牲公平?这是完全不同质的目的。

一、政府范式的民主政体运作

英国社会学家托马斯·马歇尔提出福利国家的核心概念——社会公民权利;丹麦社会学家考斯特·艾斯平·安德森提出,权利与非商品化,即社会权利的基础是公民资格,而不是能力,它必然是非商品化的。

西方国家的政府体制是在三权分立的宪政原则基础上建立起来的,政府体制是宪政的直接体现。

(一)民主政体的公正与救济历程

民主政体是基于工业化时代的一种社会组织的特殊形式,它是以政治体制为背景、以政府组织为轴心的制度模式。这种体制给政府带来的逻辑规范就像装配流水线给企业带来的逻辑规范一样,服从于制度、服从于程序。

(1)机关组织是层级的体系组织,官吏以法律形式承担一定权限,上级对下级有绝对的命令权,下级只有绝对服从的义务。

(2)组织内的一切业务处理依照法令规章。

(3)以规章制定每一个工作人员的工作范围及职责职权。

(4)人员选用采取考试方法,以考核成绩决定报酬。

(5)严格的奖惩制度。

19世纪末到20世纪70年代,民主政体一直是政府研究领域中居于支配地位的主导范式。在将近100多年的时期中,这一范式一直岿然不动,牢不可破。

20世纪30年代世界经济危机以及第二次世界大战爆发,前所未有的大萧条和战争的灾难打破了全球市场炽盛一时的繁荣。危机与灾难、公正与救济,公众期待政府在解决经济和社会问题方面发挥积极作用。市场失败推动了国家责任的扩张,凯恩斯主义把政府对市场的干预推向了一个制高点。1933年3月,美国总统罗斯福要求国会授予"紧急全权",并宣布执行"新政"。美国第73届国会特别会议通过了20个应付经济恶化的主要法令,从而开始了国家"新政时期"。1946年的《就业法案》标志着美国政府对经济的干预进入了一个新的时代。

第二次世界大战后,英国工党政府消灭了英国人面临的头号巨兽——失业。英国的失业率在 20 世纪 30 年代高居 12%,到 40 年代末已降到 1.3%。英国成功地用"充分就业标准"取代了作为政策基石的金本位。判断经济的标准不再是 1 英镑值多少盎司黄金,而是能为愿意工作的人提供多少就业机会。凯恩斯主义在很大程度上使得大多数西方工业国家实现了第二次世界大战以来较高的就业率。在 1946 ~ 1969 年期间,法国的平均失业率只有 1.3%;1970 年,德国的失业率降到几乎令人觉察不到的 0.5%。

日本战后的成功来自于官僚主导的经济运行。伴随着日本经济的高度增长,政府的基本作用是如何使社会摩擦最小化,因为经济高度增长带来的是不均衡的增长,收入差别和地区差别自然会扩大。然而,在日本经济高度增长的过程中,产业结构调整比较顺利,相对落后的农业、流通业、小规模的服务性行业,在收入方面与其他产业之间并没有产生巨大落差,这主要归功于政府对相对落后行业实施各种保护政策的结果。

(二)新自由主义范式

20 世纪 70 年代以来,新自由主义在经济、政治领域逐渐显现出它的影响力:其一,以经济为中心的自由主义;其二,与经济自由主义互为因果的政治结构——新公共管理。传统官僚制范式的变迁来自政府财政危机,新自由主义把财政危机归于管理的低效。于是,一场改变政府效率的运动在西方国家兴起,这就是 20 世纪 80 年代席卷西方的行政改革。

新公共管理是影响西方行政改革的重要理论,它们从理论沙龙进入政府领域,并成为行政改革的巨大理论支持,有学者把它们称之为"当代行政改革的主导理论"。[①] 以最小的成本提供优质的公共服务。20 世纪 80 年代西方国家的行政改革理论提出了"变官僚政府为企业化政府"的口号。

"变官僚政府为企业政府",以新公共管理的范式来解释,也就是说,公共部门运用私营企业的管理方法,使得公共部门更加效率化、活性化。具体

①　周志忍:《当代西方行政改革与管理模式转换》,《北京大学学报》1995 年第 4 期。

展开的话,可以包括以下三点,其一,取消公私区别;其二,把市场中的私营企业的管理方法运用到公共领域;其三,可选择的、市场导向的激励机制。西方行政学家把这一变革归纳为"新公共管理时代"的开始。

可是,政府行为与企业行为是两种不同性质的活动。政府部门以提供公共服务为目的,政府行为以政治体制为背景,以公平为轴心,是宪政的直接体现。私营部门则以利润为目的,企业行为以市场体制为背景,以效率为轴心,所以,新公共管理采用私营部门的管理方法,但两者在根本目标上并不相同。

(1)政府的建立以公平、民主为原则,它遵循的是一系列规则和程序;企业的建立以市场为基础,它遵循的是效率原则。

(2)政府官员的政绩在于做了多少事,官员必须关心投入,而不是产出;而企业的行为是为了盈利,因此,企业更重视自己的产出而非投入。

(3)新公共管理把政府与公众的关系完全等同于供方与顾客的市场关系,实际上是把前者简单化。因为政府与公众具有彼此冲突的双重角色,他们既是享受政府服务的"顾客",又是作为政府税收来源的纳税人,具有事前监督的功能,而顾客一般以事后监督为主。

政府与企业,由于两者在性质、结构、管理方法上的不同,从某种意义上说,有些差异是很难逾越的。为此,新公共管理受到了各种指责和批评,然而,它似乎已成为一种不可逆转的潮流,20世纪80年代以来,从发达国家到发展中国家,新公共管理以革新的姿态在北美、亚洲畅通无阻。

新自由主义"效率至上"原则如何在政治上显现?这就是在我们周围发生的"绩效驱动"。20世纪80年代在西方国家兴起、在全球范围内驱动的行政改革,尽管每个国家的政府结构、治理背景与治理文化均有较大的差异,但有一点是基本相同的,那就是"绩效至上"。

"绩效至上"推进了政府对经济的干预,代表国家意志的公共部门对经济利益的追求,它们专注于经济数字的增长,并把经济数字作为衡量一个政府业绩的首要指标。它们无视公共保障和服务的多样性,以至于导致对市场信息的垄断以及对消费者权益的践踏。

20 世纪 90 年代的克林顿政府依赖于巨额的政治捐款，在主要的政策层面实施一系列有利于企业和金融界的新自由主义政策。当时的克林顿政府经济咨询委员会主席斯蒂格里茨承认：我们知觉不知觉地偏袒了富人，而忽略了穷人。事实正如他所说的那样，社会政策被置于债权者的监管之下，牺牲市民利益，满足投资银行家的要求。在这数年间，纽约市工人失去了数十年的收入积累，城市基础设施大部分被削减，国民福利被企业福利所取代。

上述这一切被称之为"政府失败"。"政府失败"不仅仅是在一个国家内发生，它已经波及全球。从全球来看，因"开发热"引发的社会、环境等问题，其深刻的程度、所涉及的广度，则是前所未有的。在中国，对这些问题的认识，是在近些年经济高速增长的过程中逐渐被认识的。

二、企业化政府与不均衡的"政治市场"

以经济学的方法论证政治过程，以求得政治过程中的效用最大化，这是新自由主义的方法论之一。在当代西方各国政府改革的实践中，可以清晰看到经济学理论对于这场改革运动的深刻影响。在英国，撒切尔夫人曾经建议其内阁部长们研读尼斯坎南关于官僚体制的研究成果，并要求他们按照尼斯坎南的建议来改善政府部门的管理。"下一步行动方案"，公共选择理论给予了巨大的支持。

20 世纪 70 年代"行为主义革命"的结果，众多的政治科学学者认为，研究国家制度已经落后于时代了。他们对"政治的正确性"研究转向对投票者价值的推断、投票行动的模式化以及数量化的研究。几乎在同一时期，公共选择理论以"理性经济人"假设分析了一个政治市场，以经济学的方法对政党政治进行制度论的路径探索。与经济学的分析路径一样，它所面对的政治市场同样是"自利的、理性的、并追求效用的最大化的人"。[①] 正是在这基础上，公共选择理论把人类社会分成两个市场，一个是经济市场，另一个

---

① Dennis. C. Mueller, *Public Choice* II, Cambridge: Cambridge University Press, 1989. pp. 1 – 2.

是政治市场。

政治是一个完全类似于市场的复杂的交易过程。政治市场展现了权力动机的运作以及个人、集团之间出于权力动机而进行的一系列交易过程,而政府只是在个人相互作用基础上的一种制度安排,所以,政府并不是我们所想象的一个抽象实体,"人是自利的,效用的最大化,在市场中是如此,在公共领域中也是如此。当个人由市场中的买者或卖者转变为政治过程中的投票者、政治家、纳税人或官员时,他们的品性不会发生变化"。①

20 世纪 80 年代的政府改革,"效率至上"贯穿整个过程。然而,亚当·斯密经济学所讲的"效率"是指社会和谐的最佳境界,任何一个人以损害别人为代价的财富增进都不符合帕累特最优的定义。经济市场的个人主义,经济学的含义是"只能以个人为单位感受成本和收益",这意味着每个人都要为自己而不是为别人的利益去奋斗。因此,经济学在判断效率的时候,只有看当事人自己是否"满意"。在市场经济社会中,人们不仅从自然界获取利益,而且还通过市场合作和交易获取利益。在与别人的交往中,一个人的"满意"意味着他认为这一交易行为的收益大于成本,因此,只有在交易的双方"一致满意"的情况下,这项交易是最有效率的。布坎南在《宪政经济学》中把这称为"一致同意原则"。

如果以"一致同意原则"来判别政府行为,那么,必然会出现一种截然不同的结果。"一致同意原则"也就是我们熟知的多数决定原则。然而,"一致同意"不一定符合宪政的要求。因为多数决定原则会导致"多数人暴政"。例如,一项大型云南水电开发计划,交织着中央部委、地方政府、水电巨头、环保部门、当地百姓与 NGO 等多方博弈,如果以多数原则来决定这项公共决策,必定会带来整个社会效率损失。解决这一问题的方法是宪政,宪法可以制约政府行动,由宪法来决定政府在什么领域应该采取怎样的政策。

---

① [美]布坎南:《宪法经济学》,摘自《经济学动态》1992 年第 4 期,第 68—69 页。

三、民主政体的运作机制——让公众从经济发展的成果中获益

新公共管理以"企业化管理"与市场机制为政府管理理念，问题是，把市场与企业价值内化为政府的价值理念却大大威胁公共服务的民主宪政。例如，政府官员的"绩效驱动"所引发的"增长第一主义"，以及由此而来的农民失地和城市环境恶化，等等。新公共管理是否维护了公平、正义以及民主和宪政的价值？服务于公民，还是服务于顾客？公共服务范式促使公共行政开始反思管理学范式下"服务"的真正含义。政府从来就是民主政体式的运作，"企业化政府"犯了一个时代的错误。

21 世纪政府范式，是民主政体运作方式还是企业化运作方式？作为民主政体的运行机制，它首要的任务是让公众从社会资本中获益。

（一）提高公共物品供给的政府付费比例

1986～2002 年，北欧国家在经济发展过程中不断提高公共服务方面的政府付费比例。在丹麦的财政支出中，与社会保障有关的项目占 38.9%；瑞典用于就业服务的资金占 GDP 的 2.7%，其中用于失业人员的占这些资金的 84%；芬兰为鼓励中小企业吸纳失业人员，对其减税四个百分点；对失业人员自己创办的"微型企业"则给予减税或者补贴的照顾。瑞典全国只有几百万就业人口，而政府的就业服务机构有 7000 多人，其中仅中央的就业服务机构就有 4000 人。[①] 北欧国家政府是公共服务型政府，其竞争力排名均居世界前列。

欧洲的经验告诉我们，一个公共服务型政府，它首要的任务是建立公共财政。在公共财政体制下，在保证经济持续稳定增长的前提下：其一，扩大公共项目支出；其二，让公众从社会资本中获益，以实现以人为本的发展目标。

今天的西方国家，如何促使国民的自立与参与？政府应该以何种方式去实现就业、家庭与生活的稳定？等等，这是一种新的公共行政范式。

---

① 王雪：《公共服务：北欧经济社会协调发展的重要动力》，《社会科学报》2006 年 1 月 19 日。

(二)为何"小政府"国家的财政赤字反而高

作为民主政体的运行机制,它首要的任务是让公众从社会资本中获益,服务型政府的意义也在于此。如何考量公众能够从社会资本中获益?社会保障等社会性支出占 GDP 比例是一个重要变量。根据经济合作开发机构(OECD)的统计,我们比较欧盟 15 国、美国以及日本的这一指标。

表13　社会性支出与 GDP 的比例(%)①

国家　　年份	1980 年	1990 年	2001 年
欧盟(扩大前的 15 个国家)	20.6	23.4	24.0
"小政府"模式的美国	13.3	13.4	14.8%
以"小政府"为目标的日本	—	—	16.9

从以上社会性支出的数据来看,日本的确以"小政府"著称,然而,新自由主义倡导的"小政府"并不是被全盘接受的。欧盟选择的是不同于"小政府"的政府形象。在美国,民主党的克林顿在 1992 年总统选举的时候提出"过于优越的福利应该终止",他的含义是指建立"自立"的福利制度,这是"小政府"的思路。共和党的小布什政府,主张"小政府"的也占大多数。在欧盟,社会统一意味着给所有欧盟国家的国民予以就业机会;英国工党提出的"第三条道路"强调政府承担劳动力市场的就业责任。

日本以"小政府"为目标,"小政府"不仅仅体现在社会性支出与 GDP 比例偏低,而且,政府的一般性支出与 GDP 比例也比 OECD 国家低。从公务员的数量来看,根据日本经济财政咨询会议公布的 2001 年公务员数量,每千人的公务员数,法国为 96 人,英国为 73 人,美国为 80 人,而日本仅为 35 人,②这一人数包括中央、地方和政府公司的职员。可是,从以下数据可以看出,"小政府"的日本,财政赤字却是最高的。

---

① 宫本太郎など「小さな政府論と市场主義」、(日)『世界』、2006 年 5 月、第 97 頁。
② 宫本太郎など「小さな政府論と市场主義」、(日)『世界』、2006 年 5 月、第 97 頁。

表 14　政府一般支出的财政状况（2004 年与 GDP 之比，%）

	总支出	总收入	财务收支	总债务
日　本	37.5	31.0	−6.5	156.3
美　国	36.4	31.7	−4.7	64
加拿大	39.9	40.6	0.7	72.2
英　国	43.4	40.7	−3.2	44.2
法　国	53.5	49.8	−3.6	74.7
德　国	47.0	43.3	−3.7	67.9
意大利	48.7	45.4	−3.3	123.0
瑞　典	57.3	58.7	1.4	62.5
丹　麦	55.1	56.8	1.7	52.2
欧盟 15 国	47.7	45.0	−2.7	78.1
OECD 国家	40.8	37.3	−3.6	76.3

资料来源：神野直彦、宮本太朗「小さい政府論と市場主義の終了」、（日）『世界』、2006 年 5 月、第 104 頁。

　　日本财政赤字与 GDP 比例为 6.5%，居发达国家赤字率榜首。可是，总支出与 GDP 比例，日本倒数第二，仅次于美国。再看总收入，总收入包括国税、地方税，再加上社会保障的国民负担部分。在发达国家中，日本是最少的。从财政规模来看，财政收入与财政支出来看，日本与美国都称得上是"小政府"。可是，作为"小政府"国家的美国与日本，财政赤字规模都超过了 4%。与此相反，英、法、德、意等国的财政支出都比美国与日本高，但是，财政赤字都在 3.2% ~3.7% 之间。北欧的瑞典与丹麦，财政支出都是在 55% 以上，可是，财政收支出现盈余。

　　由此可见，"小政府"国家陷于财政赤字困境，"小政府"改革步伐越快，财政赤字居高不下的趋势越严重。然而，"大政府"国家的财政状况却呈现"黑字"状态。在这种情形下，自然产生了对新自由主义理论下的"小政府"论的质疑：为何财政支出规模大的国家，赤字却少，甚至黑字，而以"小政府"为目标的日本，财政赤字远远高于大政府？

四、走出"小政府"困境

20世纪80年代是美国里根与英国撒切尔的执政时期,也是西方国家行政改革兴起的时期,新自由主义理论支持了英美国家的行政改革,而"福利国家"是新自由主义的批判对象,一个核心问题是"小政府"与"大政府"之间的争议。

(一)"小政府"还是"大政府"?

从古典经济学的视野来看社会保障,尽管亚当·斯密在《国富论》中对于国家的作用是以维持治安的功能为中心来加以考虑的,但是,当时来自地方公共团体的救贫活动已经出现。19世纪后半期出现了"社会政策"概念。德国财政学家瓦格纳认为,对于社会秩序,应该从"镇压"向"预防"转换。以此理论为背景,俾斯麦政府创建了社会保障制度。第二次世界大战以后一直到20世纪70年代中期,社会保障制度以福利国家形式出现,并进入福利国家的成长期。在这一时期,社会保障范围不仅仅局限于年金、医疗等方面,在欧洲的一些国家,有关住宅也是社会保障的一个重要方面。20世纪80年代以来是福利国家的调整与抑制期。

"小政府"还是"大政府"?有关福利国家的争论由来已久。1996年美国总统选举,大、小政府是一个重要争论点。当时共和党支持率低下,原因是共和党的"小政府"主张。可是,民主党的"大政府"主张在1994年的中期选举时也被国民否决。两党对缩小财政规模达成了一致意见,所以,国民对"小政府"、"大政府"的争论失去了兴趣。根据美国舆论调查提供的资料,国民并不喜欢"什么也不做"的"小政府",国民期待的是"公正的政府",也就是说,在现有的财政规模下,提高政府付费比例,从而提高公共服务质量。

从大、小政府之争引出财政功能的新视角,所谓财政功能,包括以下三个方面,其一,资源分配功能,即提供公共服务功能;其二,收入再分配功能;其三,促进就业功能。所以,一个国家的财政功能是否健全,应该从这三个方面进行评价。

　　以上所说的财政功能是从宏观介入为理论背景，"福利国家"作为一种制度，前提是收入分配的效率性。福利国家的效率如何体现？来看各国税负担率与经济增长之间的关系。20世纪70年代的税负担率与经济增长之间没有多大关系，税负担率的高低不会对经济增长产生直接影响。这就是布雷顿森林体制对收入分配的作用。20世纪80年代是工业化的高潮，资本自由地在国际间流动，于是，情况发生了变化。像日本这种税负担较低的国家实现了经济增长，而像北欧税负担高的国家经济增长缓慢。显然，对于资本收入课以重税的收入分配很难起到调整作用。这就是新自由主义理论对福利国家批判的依据。然而，进入20世纪90年代以后，情况又一次发生了变化。20世纪80年代经济高度增长的日本却陷入10年的经济低迷，新自由主义政策效果不再显现，它带来的是经济停滞、贫富分化以及社会的不稳定。

表15　2002年主要国家政府支出与名义GDP比例(单位%)

	日本	英国	法国	德国	意大利
一般服务、治安	5.5	9.2	10.7	9.1	12.4
经济	7.6	3.6	7.0	5.8	4.9
文化、教育	4.7	5.8	6.8	4.9	5.8
社会保障	20.4	23.2	29.0	29.0	25
合计	38.1	41.8	53.4	48.7	48.0

数据来源：日本内阁府「平成17年度经济报告」、『世界』、2006年5月、第118页。

　　与名义GDP之比的政府支出，日本38.1，与英、法、德、意等国比较，日本是最低的；在一般服务、文化与教育、社会保障方面，日本也比欧洲国家低，日本比欧洲国家高的是经济支出。上述情况表明，生活服务支出减少，支持企业经济活动的支出增多，从而导致企业利润的税收下降，对公众的工资所得与消费课税增加，这就是日本的状况。问题是，日本的财政功能现状，无法帮助日本走出经济困境，经济低迷还将长期持续。

日本行政改革，"小政府"是理论核心，可是，东京大学社会学研究室在2005年的一次全国民意测验表明，"低负担、低福利"的支持者仅占30%，而对"高负担、高福利"的支持率达到60%，而赞成把社会保障委托给民间政策主张的仅占20%。①

（二）公共服务型范式：走出"人的贫困"

问题不在于"小政府"或者是"大政府"，作为一种范式，如何增加政府付费比例？政府应该以何种方式去实现就业、家庭与生活的稳定？等等，这是一种新的公共服务型范式。

一个公共服务型政府，旨在普遍提高全体人民特别是低收入群体的福利，如何从那些不属于社会公共需要的领域抽身，压缩越位的公共产品和非公共产品的支出，把更多的公共资源用于真正社会公共需要的领域。正是在此前提下，社会保障功能能够进入以下良性循环：

良好的社会福利→为社会提供稳定消费的制度环境→稳定的消费预期→拉动经济。

公共服务型范式提出了一个反贫困的问题。新公共服务范式所解决的不仅仅是"收入贫困"的问题，而是"人的贫困"，这是公共服务范式的一个崭新视角。

英语的贫困（Poverty）是指由于物质的不足使人陷入一种不自由的状态。为了从这一意义上来测定贫困，政府设定了贫困线，并对于贫困线以下的人予以援助。这称之为"收入贫困"（Incomepoverty）。在美国，平均7人中间有1人接受政府粮食援助。在日本，大约有100万家庭归入"生活保护法"对象。世界银行以每天1美元为标准，在此以下生活水准的被设定为"贫困人口"。根据1998年统计，世界上约有12亿人生活这一贫困线以下。但是，年收入低于360美元的人也不一定可以说就是贫困，因为年收入的计算是根据市场交易活动来测定的。例如，一个自然与人和睦相处的地方，从年收入来看，似乎是贫困的，然而，他们的生活却很平和、安宁。所以，

① 岩田正美など「いまなぜ社会保障建築が必要か」、（日）『世界』、2006年7月、第206頁。

衡量贫富程度还应该有别的尺度。从目前世界各地来看，由于社会结构导致的"欠富裕"人群有相当大比例，这一种贫困并不是由收入的多少来决定的。如年龄歧视、性别歧视、种族歧视、城乡歧视以及由于环境破坏、人权蹂躏所带来的贫困，等等。美国人口中的 1/7 属于低收入者，其中大部分是黑人。美国黑人的失业率是平均失业率的 5 倍；日本有些女性尽管收入很高，但是社会地位并不同步提升。所有这一些现象，都被称作"人的贫困"。在这里，贫困是指权利的剥夺。

　　从重视"收入贫困"到重视"人的贫困"，这是一种"以人为本"的发展观，而内发式发展恰恰是为了实现包括衣食住、保健、教育、就业在内的人的基本权利，联合国把它称之为"人的发展指标"。

第十三章 市民的"公共":行政委托的公共性缺失与回归

——以日本 NPO 为视角

公共服务视野中的"公共"是一种多元的结构,它考虑的是公共服务提供的多种途径和公正效率的价值体系。

公共服务中的"公共",它面对一种内在机制的驱动,在没有外界特定的干涉下,自发、自主地承担起公共服务的提供。在社会服务与社会救济的领域里,第三部门的兴起就是这一模式的多元体现。

在日本,由于地域治理的行政委托,NPO 逐渐成为一支主要的力量。然而,新公共管理理论下的"行政委托"是否改变了"官"主导的公共属性?回答是否定的。首先,从财政改革的结构来看,行政委托以削减行政成本为目的,它把 NPO 引入一个"官制市场";其次,从公共治理的层面来看,行政委托下的 NPO 功能逐渐行政化,致使 NPO 的实质性意义发生了变化。

从"官制市场"到"市民市场",公共部门积极地引进民间力量,这并不意味着公共服务的市场主义,也不是单纯的"小政府主义"。公共性的扩大与充实是当前经济社会迫切期待的问题,行政改革应该为现实的社会发展趋势创造一个制度环境——培育和扩大地域的公共性。

21 世纪市民社会是一个"大公共"的视野,提案型行政委托是实现这一转换的路径。

一、行政委托下的"公共"——官支配？民支配？

新公共管理理论推进下的公共部门改革是西方国家行政改革的主流意识，然而，以政府财政改革为原点，这又是发达国家行政改革的基本趋势。其一，利用民间部门的高效率、低成本提供公共产品，以减少财政赤字；其二，公共部门提出一系列创新方案，以改善公共服务。作为一种战略考虑，"更多地依靠民间机构，较少依赖政府来满足公众需求……在产品、服务的生产和财产拥有方面减少政府作用"。①

新公共管理的改革实践，委托代理理论对公共部门改革予以巨大的影响。所谓"代理"（agency）是指人们的行动由当事人之间的契约制约，一方的当事人委托另一方的当事人来代替自己完成工作。以这种关系的设定为前提来分析产生的信息不对称等一系列问题，就是委托代理理论。委托代理理论具体表述为：国民（委托人）——公共部门（代理人）。新公共管理下的公共部门改革，公共物品的提供与生产分开，取消公私区别，非营利组织或者私营企业进入公共部门，于是，公共物品的供给形成如下委托代理关系：公共部门（委托人）——非营利组织（NPO）（代理人）。

委托代理理论把契约关系引入公共领域，在公共部门构筑委托代理关系，以加强激励机制、监控机制，并以市民参与来避免不道德的机会主义，因为它"预期代理人随后选择的行为将产生委托人所期待的结果"。② 于是，"行政委托"应运而生。

问题是：传统的观点把"公共"等同于"官"（政府），而新公共管理推进下的"行政委托"是否改变了"公共"的属性？回答是否定的。

在日本，作为新公共管理一环的行政改革，自治体政府以各种形式把公共事务的一部分委托给民间。可是，改革几乎全部以削减行政成本为目标，也就是说，以改善财政状况为目的，把公共事务的一部分委托给民间，显然，

---

① Mare Holzer and Kathe Callahan, "Government at Work: Best Practices and Model Programs", *Califomia: SAGE Publications*, 1998.

② ［美］乔·B. 史蒂文斯：《集体选择经济学》，杨晓敏译，上海三联书店 2003 年版，第 354 页。

改革是从"官"的层面开始。下面以两个城市的"行政委托"为例。

横滨市行政改革以"共创"为目标,以公民协作为路径,实现从"官"到"民"的转换。然而,改革的动因是严峻的财政困境。随着人口老化,横滨市福利领域的互助费与 1992 年比较,增加 2.7 倍。另一方面,市财政的收入增长缓慢,政府税收中对市民税和固定资产税的依存达到 84.5%。当经济不景气时,由于个人收入减少和地价下跌,税收长期处于低迷状态。所以,"共创"目标基本锁定于改善财政状况。首先,通过出租公有资产,增加财政收入,2008 年这一项收入达到 6.1 亿日元,成为自治体最可观的财政收入;其次,在民营化与民间委托方面,2004 年制定"新时代行政计划",包括市立大学的独立行政法人化、福利设施的民营化、垃圾收集、公园管理等方面的行政委托等等,由此削减 20% 的相关人员,[①]从而在一定程度上减轻了财政负担。

兵库县加西市的公共部门改革也是从财政层面开始的。加西市通过借款发展城市基础设施,上下水道工程借款 305 亿日元,城市开发借款 16 亿日元,从而使财政的累计债务达到 528 亿日元,平均每位市民负担 106 万日元的债务。为此,市长中川畅三提出以公民联合促进城市再生,通过行政委托,把上下水道等窗口业务外包给关东电力服务株式会社。外包第一年,人工费削减 1030 万日元、滞纳金回收增加 3360 万元;外包第二年人工费削减 950 万日元、滞纳金回收增加 3790 万元。从市长的业绩来看,中川畅三市长上任时的累计债务约 588 亿日元,上任后的第三个会计年度,减少了 60 亿日元的债务,[②]市长目标:10 年内累计债务削减一半。

以上例子可见,公共部门改革,虽然"削减行政成本"与"提高公共服务质量"两个目标同时并举,然而,几乎所有的政绩点都是在财政层面。"行政委托"通过公共部门的市场化运作,把企业或者 NPO 纳入官制市场,从而

---

① 野田由美子「共創——横浜市が目指す公民連携の取り組み」、(日)『地域開発』、2008 年 10 月、第 41~43 頁。

② 中川畅三「公民連携で進める自治体再生」、(日)『地域開発』、2008 年 10 月、第 36~37 頁。

成为"公共"的担当者。为此,政府可以缩小财政规模,减轻财政赤字,以达到行政改革目的。问题是,财政困境时往往是机构、人员以及支出的膨胀或者是公共政策的失误所致,当政府自身难以解决这一问题的时候,或者说政府的政策失误影响到公共物品正常供给的时候,公共服务的一部分业务才转让给民间来做,显然,上述意义上的政府改革很难从"大公共"这一层面来进行评价。

这里并没有否认行政成本,无视费用与成本的话,市民利益也难以保障。然而,行政成本是一种"量",而公共性是"质"的体现。行政委托是从削减行政成本——"量"的考虑?还是从提高公共服务质量——"质"的考虑?这是问题的关键。公共部门改革如何从"量"到"质"的转换?只有从"质"的层面来考虑,行政委托才有可能在整体上降低行政成本,从而克服财政危机。因为只有在"质"的层面上实施公共服务的行政委托,民间才有可能自由、充分地发挥其创造性。正是在这意义上来说,"行政委托"意义上的"公共",仍然可以说是"官"支配下的"公共"。

二、NPO 行政化的治理困境

"行政委托(外包)"一般把 NPO 或者企业作为"公共"的担当者,新公共理论把这称之为"市民参与"。在日本,地域治理的行政委托,NPO 逐渐成为一支主要的力量。

日本 NPO 法人化制度于 1998 年 12 月 1 日开始实施。据 2007 年 6 月统计,NPO 法人数量已经达到 31855 个,而且,这一发展势头一直在持续。给予市民活动的法人资格,NPO 法人充分发挥了社会贡献的作用。当时赋予 NPO 以法人地位是以志愿者活动为中心的、规模较小的市民活动团体。但是,10 年以后,参与 NPO 经营与社会活动的团体,多数是专家团体或者是社会改革的参与者,而且,参与 NPO 活动的目的出现多样性,内容也更加丰富。可是,近年来,NPO 经营逐渐趋于行政化,而且其社会事业的运营方面也随之陷入了困境。

(一)NPO 经营困境

日本大阪大学保存了 1.4 万个 NPO 团体的财政数据,从 0 到 37.5 亿日元,收入规模的分布幅度相当大,0 元收入占 15% ,500 万日元左右收入的占 65% ,可见,大部分的收入规模偏小。由于组织收入较少,为了确保固定支出以及职员的工资,事务局长只能自己削减工资,以维持组织运营;当资金流动发生困难而无法向金融机构借款的情况下,有些 NPO 机构只能向理事借款以维系组织生存;更严重的是,当项目进行过程中发生资金短缺的时候,NPO 组织只能向职员借钱来维持业务运转。

造成收入分布不均的原因是对公共资金的依赖,也就是说,竞争性的行政委托是导致 NPO 收入失衡的主要原因。从现实的情况来看,NPO 团体得到捐款和会员费的比例普遍较低,一般在 5% ~ 10% 的水平,而行政事业的收入比例在 53% ~ 65% ,①事业收入部分中的绝大多数是通过行政委托业务,或者是行政购买服务、外包等形式获得的收入,而以市民为对象的服务性收入相对较少。

20 世纪七八十年代的美国,小规模的风险投资型企业和 NPO 就业率高,这些企业主要分布在政府与民间之间的福利、教育等公共领域,在这些领域中,当出现制度内无法解决的问题时,一般由 NPO 出面解决,NPO因此得以充分发展,这就是 NPO 革新、变革的力量源泉。在美国,NPO 的资金有相当部分来自民间捐赠。可是,日本 NPO 的资金一般来自借入金,捐赠的较少。从这意义上来说,日本没有捐赠文化的基础,障碍是"公益性"问题。

(二)NPO 的两极化现象

由于对政府资金的依赖,导致 NPO 的两极化现象。日本独立行政法人、大学评价与学位授予委员会教授田中弥生曾经对年收入在 500 万元以上的 1885 家 NPO 法人进行过调查,从公共资金与民间资金的收入结构来

---

① 田中弥生「官制市場と市民市場」、(日)『地域開発』、2007 年 11 月、第 25 ~ 27 頁。

看,行政收入比例为 62%。① 2006 年的又一次调查表明,来自民间的会费、捐款以及民间财团与企业捐赠费有增长趋势,与此并行的是,来自行政机构委托的收入、行政补助金也呈不断增长的趋势,而对市民直接服务所获得的收入却出现下降的趋势。

NPO 两极化现象涉及公共资金型与民间资金型的模式问题,这是事业性质的差异。一般来说,公共资金比例在 80% 以上的团体称为"公共资金型";民间资金在 80% 以上的称为"民间资金型"。从活动的领域来看,"公共资金型"一般活跃于保健、医疗、福利方面;而"民间资金型"大部分活跃于国际合作领域。比较"公共资金型"与"民间资金型"的 NPO,理事会的作用有其比较意义。从监督机能、资金调配、政策提案以及行政交涉等方面,这两种模式的理事会在管理层面上有很大的差异。公共资金型的 NPO 与行政关系密切,预算外的资金比例较高,所以,理事会的管理职能在组织内部很难得以确认;而"民间资金型"的 NPO 理事会,其管理职能在其组织内部的认同程度比较高。

(三) NPO 的行政化——新公共管理下的逆向推动

NPO 在展开社会活动的过程中,最感到困惑的是来自行政的、廉价的委托业务。为了履行委托契约,资金不足部分只能由 NPO 组织垫付。如果缺口大的话,只能通过有偿的志愿者服务来补充。廉价的委托业务致使 NPO 陷入难以自立的困境。如果这种情景持续下去的话,将给 NPO 的组织运营带来巨大负面影响。例如,有偿志愿者与无偿志愿者,在工资上会产生差异,而这一差异带来的是组织内部的不和谐,从而使志愿者活动范围逐渐缩小,会员数也相应减少,由此产生 NPO 目标的逆向转换,即 NPO 的组织功能更加体现在与行政交涉方面,这一转换致使 NPO 失去了原来的意义,从而对市民社会发展产生逆向拉动效应。上述变化可以从 2007 年 3 月日本内阁府的有关官民伙伴关系的基调调查中得以证实。在有关行政委托问题的回答,"有 31.5% 的回答认为,如果行政委托事务减少的话,NPO 法人活

---

① 田中弥生「官制市場と市民市場」、(日)『地域開発』、2007 年 11 月、第 25～27 頁。

动将很难维持"。① 显然,NPO 对政府委托的依存度在不断加深。

这一状况在 20 年以前的英国也发生过。在撒切尔政权的新自由主义路线推进下,由于行政效率化、市场化的运作,在福利等领域的 NPO 活动,由原来的补助金制度转变为委托制度,而且委托的价格很低,这样一来,NPO 的活动范围逐渐转向行政业务,而廉价的委托业务致使 NPO 陷入难以自立的困境,不得不进一步依赖行政委托业务。在英国,这一现象被称之为"委托文化"(contract culture)。

行政委托(行政外包)被看作西方行政改革市场化的经验,但很少注意到公共行政市场化所带来的公共性问题,尤其对第三部门的生存、发展带来一系列的负面影响。

(1)社会使命逐渐让位于组织的生存与发展等诸问题。

(2)NPO 的自我发展逐渐让位于行政委托事务,并为此投入更多的人力物力。

(3)行政委托事务以外的社会服务逐渐减少,开发社会需求的欲望减退。

(4)捐款与会费逐渐减少,资金过度依赖行政。

(5)志愿者服务的范围、力度及其影响力逐渐微弱化。

(6)自下而上的治理型向自上而下的统治型转换,如 NPO 组织的管理层更加注重行政方面的交涉;另一方面,组织的监管机能也因为自上而下的行政委托而转变成履行职能,即服从职能。

尤其值得注意的是,NPO 服务于市民的性质在改变,开发社会服务的创意在衰落,从公共治理的角度来看,NPO 的实质性意义在发生变化。

为什么会发生行政事务"外包"这一状况? 表面上看似乎是 NPO 资金筹措能力导致经营的困境,从而依赖于行政委托事务,然而,深层次的问题是,作为新公共管理结构内的政府行政改革,通过行政外包的市场化运作,逐渐把 NPO 纳入官制市场,从而减少行政成本,以达到行政改革目的。

---

① 日本内閣府国民生活局『市民活動団体基本調査報告』、2007 年。

什么是"官制市场"?"官制市场"与"民营化"是相关的一组词汇,或者说是从民营化政策中产生的词汇,它频繁使用于市场化测试、规制改革等新公共管理的实践。从一般的市场来看,一个交易的完成需要多个买方与卖方、并经过多次反复地商谈才能达成双方认可的价格水平,可是,从公共事务民营化的过程来看,与一般市场完全不同的是,买方是一个,交易也是一次,价格以卖方(行政委托一方)的预定价格为基础,这就是"官制市场"。问题是,在官制市场结构中的 NPO,会计责任对象必须符合行政标准,事业运营方法也只是限于单一的买方,NPO 的服务意向只能服从行政需要,所以,公共服务很难有质的提高。当 NPO 经营陷于困境的时候,唯一的方法是维系组织的生存,在这种状况下的社会服务只能限于组织本身的生存目标范围内,而 NPO 的社会治理模式自然陷于困境之中。

三、参与式治理的协同性

NPO 成长依赖于两种顾客市场,一是选择 NPO 服务的顾客;另一种是与 NPO 共同承担使命的志愿者对 NPO 的支持。绝大部分的 NPO 就是在这两种顾客之间来选择的,应该说,这是 NPO 所依赖的市场。

(一)参与式治理的重要论点

第一,在民主主义层面,政治参与是指政策制定过程中的程序正当化的一种手段。在代议制民主主义国家,选举是参与的一种手段。近年来,以代议民主主义为基础,市民的政治参与是作为直接民主主义的一种补充手段而备受重视。如果受政策影响的利害关系者参与政策制定的话,也许会出现一个好的政策结果。政治参与的过程必须保障市民之间形成共识的交流平台,以及市民与自治体政府、自治体议会之间交流。从协商民主主义的立场来看,要把市民参与置于交流的平台上,通过自由、公开的协商,形成一致意见。当然,市民参与并不是万能的,形式化的情形经常出现,所以,其效能也有一定的限度。

第二,市民参与的前提是信息公开。网络社会的市民参与可以有不同的形式,可是,能够获得信息与不能获得信息的市民之间存在信息落差的问题。地域治理与市民参与,自治体收集整理的信息能否成为市民参与政策制定的基础信息,这是信息公开的实质,从这一视角来看,信息公开与政策指标的开发,这是政治发展过程中有待于创新的问题。

第三,市民参与的结构,既有制度化层面,也有非制度化层面。在日本,市民与自治体政府以及自治体议会之间的交流以"市民规则"为基准,"市民规则"的制定以自治体基本条例与自治体议会基本条例为基础,这些都是属于制度层面。20世纪70年代以后,"市民参与式行政"开始试行。例如,市民参与的"从零开始的基本构想设计"属于这一类型。2000年开始实施的市民参与自治体议会活动等等,也是"市民参与式"治理的路径探索。然而,如何培养出大量的、能够参与协商式民主的市民呢? 为此,市民努力提高自身的政策参与能力、信息获取能力,这又属于非制度层面。

(二)政府、企业与市民社会的协同

首先,市民社会的参与式治理模式,关键在于政策过程中的价值取向问题。作为政策课题,政府是从自身的财政层面来考虑政策创新还是从市町村的层面来考虑政策创新? 这是政治的基本问题。从主权者的视角来考虑市民参与式的治理模式,它是市民社会(市民活动、NPO)、政府(政策过程)与企业(市场活动)三个部门的联系与互动。这里有一个"公私二分法"的转换问题,也就是说,超越"政府与市场"的二分法,向"政府、市场与市民社会"的三分法转换,从而出现一个市民市场。市民市场需要调整复合的相互依存关系、通过NPO的政策网路功能推进公共政策的制定,这就是市民市场结构中的政府职能转变。

其次,政府政策的分层化,即国际层面、国家层面、自治体层面等不同层面的政策展开,在这不同层面的政策展开过程中,实现政府机能的分层化。与政府决策与机能分层化相对应的是复合式的参与式治理,来自不同层面的市民活动以及NPO的政策提案,在政策评价中的市民参与,等等,所有这一切,可以称之为"政策开发",而市民市场是作为基础的政治起点。

第三,以市场为主体的企业;以市民市场为主体的市民活动与NPO;以公平为目标的政府,各种组织运行的关键是如何平衡以上三者关系,这是一个复合型的政策课题,而对于市民市场来说,各种组织运行如何向参与型治理转换,这种组织运营革新可以称之为"组织治理"。

四、市民的"公共"——提案型市民运动

如何确立市民的"公共"? 从"官制市场"到"市民市场",提案型行政委托是实现这一转换的有效路径。

(一)提案型行政委托的前提条件

通过提案型行政委托来确立市民的"公共",它必须以两个条件为前提,其一,培育民间主体;其二,建构与民间主体对话机制。

在日本基础自治体(市町村)的行政事务中,公共服务的提供远远多于公权力行使的事务。从理论上来说,"民间可以做的事让民间来做",可是,能够接受行政委托,代替政府行使公共服务的民间主体是否存在? 这是一个关键问题。如果没有一个合适的主体可以承担相应的行政事务的话,那么应该由政府来做。在这里,不是市场测试的问题,而是民间主体培育的问题。也就是说,地域治理的民间参与,民间主体是否存在? 行政委托的前提在于如何培育民间主体,而不是在理论层面对"官"或者"民"的选择。

在西方国家行政改革进程中,公共部门的民间进入,一般采取市场测试的方法,对费用与成本进行测算,从而决定哪些行政事务可以委托民间去做。然而,如何提高公共服务的"质"? 民间的创造性存在于哪些领域? 哪些事业? 行政是不太了解的。如果民间成为实施主体的话,不管是企业或者是 NPO,政府很难判断其成本测算的准确性,所以,如果要决定哪些业务委托给民间,就必须与民间对话,以民间提案作为决策的依据。

日本我孙子市从 2006 年开始实施提案型公共服务民营化制度,城市所有的行政事务约 1100 件(包括事业内容与人件费)向社会公开,从民间征集民营化提案。提案者不限,可以是企业、NPO 法人、社会团体以及 PFI 形式的外包等多种形式。以往的民间委托事务,尽管也听取市民和外部意见,可是,基本上还是由行政决定委托对象。与此不同的是,提案型民间委托是由民间提案,专家与市民共同审议决定。在行政层面,对于事业分类与行政

评价、民与官作用分担等一系列问题通过双方沟通、相互确认,最后由提案审查委员会审议、通过。

审查委员会是提案型公共服务民营化制度的组织机构,审查以市民利益为基准,设 25 个分科会,分科会由该领域的专家、接受服务的市民以及市的相关部门职员组成。分科会重点审查服务内容与市民的服务要求是否一致,等等。最终就提案者的信赖度、提案内容进行确认,然后提出结论性意见。第一次的审议委员会在 2006 年 8 月之前共审议提案 79 件,采用 34 件。①

审议通过的民间提案包括:(1)三家企业联合提案,就成立垃圾处理与绿色循环中心这一提案获得通过,在基础设备方面,采用 PFI 模式更新老化设备,运营方面由企业联合共同进行;(2)市保健中心提出的生育、育儿工作室议案,由保健中心的保健师、专家承担教学,传授从婴儿的出生、幼儿教育等等的系列知识;(3)有关城市公共事业系列的议案,如运输公司的市民科、绿色中心和道路科共同申报的电线杆居住表示板管理、垃圾的不法投弃监视、道路巡回检查等三位一体议案;(4)NPO 法人与社区事务有限公司接受公民馆委托举办单科大学讲座的议案也经审议会审议通过;等等。

对于民间委托的公共服务评价,市民参与的评价体系如何建构? 民间提案型的行政委托与评价体系,这是制度创新的两个层面。日本地域治理的民间提案型行政委托制度,最基本的方面是服务接受方的认可,如果仅仅以行政方面的削减成本为出发点,那么,行政委托从一开始就无法取得市民的信赖。行政委托在符合市民需求的范围内,努力提高服务的质量,这就是共同平台。由此可见,共同平台的构筑不是以政府的财政改革为原点,然而,不可否认的是,削减政府开支是发达国家行政改革的基本趋势。

(二)从"批判型市民运动"向"政策提案型市民运动"转换

公共部门引入民间的竞争力,英国的私人融资行动 PFI(Private Finance Initiative)与公私伙伴关系 PPP(Public – Private Partnerships)一般都认为是

---

① 福嶋浩彦「市民の公共をつくる」、(日)『地域開発』、2008 年 10 月、第 9 頁。

比较成功的模式。可是,这两种模式的最大问题是行政决定权以及市民的参与问题。例如,公共行政委托的事业内容、规模以及事业用地等等,整个决定过程基本由行政一方来决定的。无论是 PPP 还是 PFI,以前由官方直接经营或者部分经营的业务全部或者部分转由民间经营,项目的转换过程也是由政府决定的,问题是,官主导的公共服务效率一般都比较低。可是,这一点官方并没有意识到,即使意识到了,也不会承认。这不是特定的自治体官员的问题,而是体制结构所导致。在这种结构下,不管是 PPP 模式还是 PFI 模式,民间参与的余地仍然是有限的。

第一,提案后采用的随意性。如果行政部门不想采纳的话,一般不会立项;第二,知识产权保护不力,对于民间提案的创新,常有信息泄露、或者被盗用的现象发生;第三,PFI 条款中规定的民间的自由度很难确保。以上现象至少可以说明,在日本,PFI 并不是现行最好的行政委托模式。

区域自治与市民参与,它是在自发的、批判的市民活动基础上发展而来,这被称之为"批判型市民运动"。从 20 世纪 70 年代到 90 年代,市民运动的重点从"批判型市民运动"逐渐向"政策提案型"的市民运动转换,例如,美国弗吉尼亚州的"公私教育环境与基础设施法"(Public Private Education and Infrastructure Act,即 PPEA)是比较成功的"政策提案型市民运动"。在弗吉尼亚州的公共设施建设,民间可以自由地提案,统一的招标书内包括提案的格式内容,所以,投标者与提案者是同一的,而且中标的可能性较大。尽管法案名称以教育基础设施命名,而实际上学校的项目仅占一半以下,其他领域的项目开拓急剧扩展,如郡政府住宅、立体停车场、州立医院等等,从 2002 年实施以来的 4 年,共 100 件项目启动。"公私教育环境与基础设施法"与英国 PFI 有相同之处,但与 PFI 不同的是,它以民间提案作为计划的基础,政府立项以后,再由相关的 NPO 或者企业提供服务。

在日本,从"批判型市民运动"向"提案型市民运动"转换,主要体现在财政层面的 1% 住民税制度。如志木市的住民税"1% 住民自治基金",市川市的"1% 市民团体支援制度"等等。

志木市"1% 住民自治基金"由政府列出具体的、贴近市民的政策菜单,

②参与式提案　　　　　　　　　　　　③事业实施

```
┌─────┐     ┌──────────┐     ┌─────────┐     ┌───────┐
│  民  │ →  │  州自治体  │ →  │ 民（NPO）│ →  │  市民  │
└─────┘     └──────────┘     └─────────┘     └───────┘
```

① 提案（招标项目内）　　　　② 事业项目招标

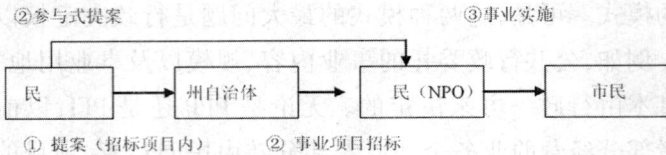

图 4　PPEA 提案型行政委托运行机制

请市民选择。市民选择机制通过舆论调查,从 20 岁以上的成年人中抽出 1 千人为样本,每年进行调查。志木市的住民税,2004 年有 40 亿日元,1% 的话便有 4000 万日元,[①]这 4000 万日元的社会责任投资由市民决定。

市川市的"1% 市民团体支援制度"是由市民决定市财政支出 1% 的具体投向。第一,市民团体把下一个财政年度的活动计划向政府公示,然后,市政府以政府公报的形式向市民公开市民团体的活动计划;第二,市民参照政府信息,选定自己支援的一个市民团体活动;第三,市民交纳住民税;第四,市政府把市民交纳的,住民税的 1% 支付给市民选定的市民团体;第五,市民团体用其 1% 的财源向市民实施非营利的活动。

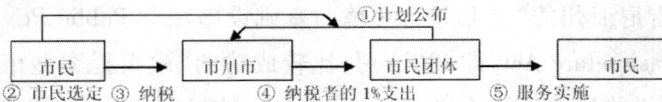

①计划公布

```
┌─────┐     ┌──────────┐     ┌──────────┐     ┌───────┐
│ 市民 │ →  │  市川市   │ →  │  市民团体  │ →  │  市民  │
└─────┘     └──────────┘     └──────────┘     └───────┘
```

② 市民选定　③ 纳税　　　④ 纳税者的1%支出　　⑤ 服务实施

图 5　市川市 1% 税收提案型行政委托运行机制

（图 4、图 5 参考根本祐二「官の決定権問題と民間提案」、『地域開発』、2008 年 10 月。）

作为提案型的行政委托,公共服务委托业务向社会公开,从民间征集运营提案,提案者可以是企业、NPO 法人、社会团体以及 PFI 等形式。提案型民间委托的决定过程,是由民间提案,外部专家与政府相关部门共同审议决定的过程。

---

①　報道「住民税の使途市民が決める」、『朝日新聞』、2004 年 9 月 4 日、第 2 版。

五、提案型行政委托的实现路径——市民市场

市民运动从"批判型市民运动"向"政策提案型市民运动"转换,关键是通过 NPO 的参与来实现对"官"权力的制约,这是市民市场的建构问题。

市民市场是政府(政策过程)、企业(市场活动)与市民社会(市民活动、NPO)三个部门联系与互动的平台。正如以上已经阐述的那样,超越"政府与市场"的二分法,向"政府、市场与市民社会"的三分法转换,这是一个复合型的政策课题。对于市民来说,NPO 组织运行如何向参与性治理转换,这是一种"组织治理";而对于政府来说,通过市民参与式治理来平衡政府、企业与市民社会三者关系,这是"大公共"视野的政策过程。

(一)市民市场的制度安排——地域议会改革

首先,分权改革的前提下,地域治理与市民参与的关系如何体现? 日本从 2000 年开始实施新地方自治法。新地方自治法明确规定,国家与自治体之间的关系从"纵向的上下关系"向"横向的协力关系"转换,自治体实施的业务就是自治体业务,等等,这被称作"第二次分权改革"。

分权改革下的地域治理如何凸显市民参与? 以上的阐述表明,市民参与必须遵循自治体议会制定的条例去履行。也就是说,从自治体议会的功能去体现市民参与。正是从这意义上来说,自治体议会的改革势在必行。有关日本议会改革,在 2008 年 1 月末到 3 月实施的《全国自治体议会运营的实际调查》中表明,在全国 1890 个地方议会中,1468 个议会回应正在实施议会改革。[①]

首先,构建以信息公开为目标的透明议会。以往的日本地方议会活动一般通过有线电视或者是网络公开,但根据实情调查,能够提供议案资料的议会仅占一半左右。现在,有些地方议会改革采取"议会走出去"方式,议员到各地举行报告会,报告会不代表议员个人,而是代表议会。

其次,构建市民参与型议会。作为市民参与制度,以前一般以申诉、请

---

① 坪郷实「参加ガバナンスと自治体再構築」、(日)『地域開発』、2007 年第 11 期、第 5 頁。

愿等方式参与,可是,当事者在议会基本没有发言的机会。近年来,有些自治体议会赋予申诉、请愿的当事者在议会发言的权利,这一改革占自治体议会的 30% 左右。另外,由议会举办的、类似像北海道栗山町举行的《议员与町民、团体自由协商会议》的市民参与模式也已经写入自治体议会的基本条例中。

如何构筑市民参与型议会,从议会改革的总体目标来看,构建市民参与型议会还面临以下一系列问题。首先,加强议会事务局成员的政策法律专家的作用,建构独立于行政的议会事务局是改革成功的关键;其次,从市民自治的观点来看,市民、自治体政府、自治体议会三者之间如何构筑一种新的协商关系,是"市民参与式"治理的课题。然而,实现市民自治,提高市民的参与能力,关键是提高市民的政策能力,这将是地域治理的新趋势、新课题。

(二) 都市发展与市民参与

在日本,在现行制度下的都市发展基本计划(Master Plan,即 MP),有都道府县制定的《都市计划区域的整合、开发方针》与市町村制定的《有关市町村的都市计划基本方针》两种类型。其中,1992 年创设的市町村 MP,是由多数市町村参与制定的,而且,城市发展的市民参与不是单指参与舆论调查这一形式,而是市民参与政策制定委员会的政策制定,或者是参与 work shop(工作室)的都市政策制定过程,这被称为"参与型都市建设"。

可是,区域开发 MP 的市民参与显然比市町村市民参与的程度低得多。例如,因汽车发展带来了生活圈的扩大,也使低碳素社会的实现与城市计划的作用越发显得重要。可是,现行制度中的区域建设计划,对低碳素社会的构筑以及市民参与,却很难操作。首先,市民对于贴近自身生活圈的问题比较重视,而对于离自身生活圈较远的区域,生活体验的实感较淡薄,而且由于知识普及不够,很难参与。从自身利益出发,对每个参与者来说,重视贴近自身生活圈的社会问题,由此带来的效益远远大于关心区域问题所带来的效益。其次,贴近自身生活圈的市町村建设计划,因计划带来的影响都是在利益相关者之间发生,不管是正的影响还是负的影响,都是被限定在离自己最近的生活地区内发生，也就是说，利害关系是被限定的。可是，在广阔的区域范围内，利害关系者是多元的，尤其在实施计划层面，如垃圾处理场、支线道路设施建设所带来的影响，既有享有良好服务的地区、也有深受不良影响的地区，从而导致地区对立，所以，在区域发展计划中的市民参与落差比较大。

　　所以，促进区域治理的市民参与，必须依靠制度建设。在日本，从历史的进程来看，都市计划制定受到私权——土地所有权的制约，所以，在都市建设计划的制定过程中，市民的参与往往与个人权利的调整联系在一起。从以往的情况来看，参与者多为土地所有者。可是，城市建设计划是对将来的展望，有经济的、人文的、生态的等多个层面，市民参与不应该是作为调整自己利益基础上的参与，应该作为市民共有的、对于自治体前景设计层面上的参与。所以，广阔的、区域开发计划的市民参与，必须设定一个法定的、市民参与的制度，而这一制度应该区别于一般意义上的都市计划参与方式。

　　从上述参与动机的落差来分析，区域发展计划受到直接与间接的影响以及计划的受益者与受害者之间对立的影响。从地域治理与市民参与的意义上来说，以往的市民参与一般以受害者的角度参与，而作为利益受益者的市民参与很难显现。正是从这意义上来说，区域发展与市民参与，关键是如何激起一般市民参与的积极性，为此，行政层面的信息公开以及公共机构如何保证信息的公开，能够对市民参与起到制度保障的作用。再进一步分析的话，如何充实代表一般市民的市民团体、专家团体以及这些组织在市民参与过程中应有的地位，也是至关重要的。有关市民参与的形式，在英国，区域发展规划的市民参与形式是以政府主办的圆桌会议为中心，而作为政策制定主体的政府部门预先公布政策一览表，然后与市民团体、专家团体进行协商，而圆桌会议的参加者大部分也是市民团体和专家团体。

　　城市发展规划的市民参与问题，一个显著的特点是不同利害关系之间的利益调整，而它最终成为自治体政治过程中的重要一环，是自治体议会的作用。然而，在日本，地方议会在这方面的作用很小，一些特别委员会计划制定的过程不透明，而个别议员也容忍这一行为。这一问题的解决是 1980

年制定的地区计划制度。制度规定,作为都市计划一部分的地区计划,在制定该计划的时候,尤其要听取区域内的土地所有者、利益相关者的意见。这是一种市民参与的方法,而它的意义在于用法律的程序把它决定下来。这一制度创设的第二年,神户市的地区计划手续条例中加上了以地区为单位的参与型城镇建设规划,即《神户市地区计划以及城镇建设协定的有关条例》。在该条例中制定了一系列制度层面的、可操作的相关内容,如"城镇建设协议会"、"城镇建设提案"、"城镇建设"等等,这些都成为市民参与的要素在全国推广。问题是,个别都市计划的决定过程,一般都受到私权——土地私有权的制约,所以,必须在法律层面制定统一的、国家层面的操作程序。例如,日本的《都市计划法》规定,城市发展规划提案的通过,一个首要的条件是:提案必须经由 2/3 土地所有者的同意才能立案。

都市计划的提案制度,它所期待的是参与型城镇建设模式的推进,并希望通过参与型模式的推进,进一步促使城市计划更趋于完善。可是实际的业绩并不想提案制度所期待的那么完好。据统计,2007 年年末,完全按照《都市计划法》规定的、2/3 土地所有者一致同意下的提案不到 80 件。根据东京工业大学教授中井检裕的研究室调查,与开发商无关的、完全根据土地所有者的意见修改而成的提案仅占全部议案的 1/3 左右。[①]

可是,参与型城镇建设的过程,绝大多数的城市计划的决定过程,就方法来说,各地区的差异很大。例如,在城镇内的具有代表性地域型社区,现在出现两种不同的状况,一种是具有良好住宅地的、土地利用比较稳定的社区;另一种是土地状况明显不如前者的社区。这两种地域的城市建设计划,意见的决定过程是不同的。

综上所述,21 世纪市民社会的"公共"——以"官"为中心还是以"民"为中心?如果是以"民"为中心的话,那么,21 世纪市民社会的公共性是作为主权者含义的"公共",它应该由市民来创造。行政的作用是为市民活动建构规范的、制度性的价值坐标,具体表现为"行政委托"下的市民参与等

---

① 中井検祐「市民参加と都市計画制度」、(日)『地域開発』、2008 年 9 月、第 3 頁。

多种形式。随着老龄化社会的加剧、地球环境恶化以及贫困问题，公共性应该逐渐呈扩大的趋势。也就是说，公共性的扩大与充实是当前经济社会所迫切期待的问题，行政改革应该为现实的社会发展趋势创造一个制度环境——培育和扩大地域的公共性。

第十四章 亚洲市民社会的
内发式路径

亚洲国家的现代化是典型的外发式发展模式,具体表述为国家主导型、外资依存型、出口振兴型的经济增长模式。它以发达国家的工业化、城市化为模式,忽视本国的产业结构和经济结构,尤其是一些后进国家,把本国的命运建立在引进巨额资本和国家公共工程方面。

20世纪80年代以来,对国家主导的经济增长型社会的反思,内发式发展推进了亚洲市民社会进程。内发式发展是指地域治理与发展的一种模式。第一,以地域内的文化、技术、产业为基础;第二,在环境保护的前提下,创造舒适的生存空间;第三,开发具有地域特色的产业;第四,提高资本和土地等资源的利用效率,建立一个由本地住民参加的、并享有充分自主权的地域经济自治体。

亚洲市民社会对自身的重新认识,对欧洲型市民社会模式在亚洲的适用性的思考,亚洲的价值和亚洲的特征,亚洲及东亚的共同性、差异性,等等,内发式发展正是从这一意义上展开。

但是,内发式发展并不拒绝外来的资本和技术,但是它不是单纯地依赖世界市场,而是强调地域层次的横向联合的一种多元的、多层次的、多角度的发展模式,这是一种替代赶超欧美式的经济增长方式,是经济全球化背景下的一种地域对策。经济增长以人的发展为中心,这一发展动向必将对21世纪公共治理产生巨大影响。

一、内发式发展是在亚洲市民社会进程中发展起来的理论

内发式发展(Endogenous Development)是 20 世纪 70 年代在亚洲各国逐渐发展起来的理论,是一种全新的发展模式,它包括以下几个方面。

1. 内发式发展是一种范式的转换

20 世纪末,以亚洲发展中国家为中心,内发式发展推进了市民社会的进程。内发式发展的思想是经济发展理论中的一种范式。从外发式发展到内发式发展,是一种范式的转换。

古典经济学认为,经济发展的动因是追求私利的"经济人",经济人的利润最大化通过"看不见的手"达到社会福利的最大化。新古典经济学提出人追求边际效用的最大化,从而强化了"经济人"理念。内发式发展以"人的发展"代替"经济人"价值理念,以人的生存权、发展权取代以利润为中心的个人效用最大化,与此相关的是衣食住、教育、卫生等人的生存权利与生活需求,这些已经成为发展经济学的重要课题。

2. 内发式发展目标——共生社会

内发式发展否定一元的、普遍的、依附于自由主义的发展理论,也就是说,内发式发展反对人与人之间的关系被纳入他律的、被控制的体系之中,它期待一种以自律、和谐为基础的"共生社会"。

"共生"是指人们相互依存的关系与相互之间的调和,并把它置于发展的一个重要层面。在市民社会的形成期,亚当·斯密提出"私利"与"共感"两个概念,并指出,仅仅以"私利"为基础的市民社会是无法成立的,每个人与社会连接在一起,对于"私利"的追求不能破坏他人的"幸福",这就是"共感"。英国古典经济学家穆勒在《自由论》中把发展问题与"人的个性发展"结合在一起,他认为,发展与个性是同一的,个性是幸福的一个要素,人的个性发挥是独创性的源泉。在那里,穆勒对"他律性"否定的基础上展开个性,从而开拓共生社会。

3. 内发式发展的组织形态:"协同"与"自主管理"

"协同"、"自主管理"以及"公众参与"是内发式发展的组织形态,可以

说，是内发式发展所设定的一种经济社会形态。最早提出工业化社会的人类协同形态是早期社会主义思想家圣西门，他认为，在工业化推进的过程中，多个家族向都市聚集、多个都市向国民体系转换、多个国民体系向一个联邦转换，从而结成协同社会。马克思借用了圣西门的"协同"概念，提出了"自由人联合体"，并以此作为理想社会的路径。然而，把"自由人联合体"引向现实世界的是英国古典经济学家穆勒。穆勒在《经济学原理》的第四篇第七章中也提出了保障工人自立性的社会组织，这社会组织就是"协同"。他指出，协同包括两个方面，一是资本家与工人的"协同"；另一是工人之间的"协同"。在传统资本主义和计划经济不同的生产关系体系，在国家机构与经济运营的各个层面，培育经济社会内部协同组合中心，以此缓和中央集权主义与权威主义所带来的支配关系，从而起到内发式发展的作用。

市民社会的作用是通过第三部门的活动来延伸的，亚洲市民社会是在对全球化反思的基础上，依靠政府与民间的"协同"来发挥其功能。

4.公众参与是内发式发展区别于外发式发展的一个重要特征

从外发式发展到内发式发展，它是以市民社会为背景的、以地域为主体的、自下而上的开发过程，公众对地域治理的积极参与是内发式发展区别于外发式发展的一个重要特征。随着经济全球化的推进，人们对地域治理的关心程度也随之加强，例如，地域的资源结构、地域的经济文化、地域的经济机构、地域特色的经济体系，等等。公众参与的实质是国家经济权利向民众经济权利的回归，回归的基础是建立社会资本。社会资本是指社会自组织、社会规范、社会信任、社会学习、社会网络等，它是国家与个人之间进行有效联系的中间地带。社会资本具有生产性，它是在国家权利之外的、由民众自由地将个体人力资本进行有机的社会结合而生成，并通过协调而提高社会效能。

二、泰国"社会参加型佛教"——开发僧

20 世纪 80 年代以来，人们对自上而下的、以国家和跨国公司为主导的发展模式提出了质疑，与此同时，"人的开发·发展"逐渐受到人们的重视。

然而,作为亚洲独特的开发模式,它不是建立在原来意义上的"人的开发"这一基础之上,而是以东方文化之一的佛教思想为基础,以佛教思想来回答现代社会的种种问题,并成为草根民众发展的思想集聚地。在那里,"人的开发"是指"心的开发",如泰国的"开发僧"已经在一定程度上实践了以"物的开发"向"心的开发"的转换。

(一)人的开发

开发僧——以"人的开发"作为理念,主张以人的开发和社会发展相结合,并从佛教的视角来回答社会体制方面的问题。人们把具有开发理念的僧侣称为革新佛教徒或"开发僧"。开发僧的行动具有思想史的意义。而具有现实意义的是,热心投身于社会实践的开发僧,是泰国内发式发展的特征之一。

普达塔特和巴尤道是泰国近现代最著名的两位思想家,他们共同的思想结构是:个人的开发与社会以及自然结合。普达塔特对佛教和基督教进行比较研究,撰写了200多卷专著,被翻译成英语的有140卷。他经常举行全国性讲座,创设国际研究中心,每年约有30万人慕名而来,其中约1000名是外国学者。

普达塔特是一个独立的教团领袖、社会活动的实践者,而巴尤道是一个学者型的僧侣,他于1972～1981年受聘于美国宾夕法尼亚大学和哈佛大学。在美国,他完成了专著《解决泰国问题的美国视角》。另外,他以佛教的视角来解读现代问题的专著《21世纪来自佛教的问题解决》,可以说是佛教革新的创作。他在1994年获得了联合国教科文组织(UNESCO)的和平教育奖。

政府主导的自上而下的开发致使泰国发生了惊人的变化,然而,自上而下的开发,它带来的是资本积累、物质增长,它触发了人们对物质追求的贪欲,却忘却了自己在自然和社会中应有的姿态,人在利己的陷阱里越陷越深。这些都说明了泰国所面临的社会问题的根源。现代化并没有给泰国人民带来真正的幸福,现代化每天在制造新的问题。如何解决泰国问题?普达塔特和巴尤道两位思想家运用佛教的"缘起"法则对现代社会作出了经典解释。

"缘起"是指人的生活状况不断变化,而各种原因的形成、最终结果的达成、相互关系的存在,是这种变化的原因。可是,人的生活状况变化以及在此变化中的痛苦经验,是人身以外的各种原因所致。一味的贪欲是这一痛苦的根源。人类从储存谷物到资本积累,总是想获取自己份外的一份,于是,形成了人与自然的对立。在这里,贪欲成了人的"缘起"。可见,人与自然共存于一个地球,我们要获取超过自己份额的那一份是不存在的。作为生存方式,无限地超越自己生存以外的物质也是不存在的。开发的最初含义,既不是过度消费,也不是消费不足,而是指社会与自然调和的生产和生活方式。所以,由此而来的"痛苦"不是一种自然现象,而是体现了一种社会关系。究竟怎样的社会组织可以克服这一痛苦呢?"心的开发"由此而生。

"心的开发"是指对人的一种潜在能力的开发,那么,通过什么途径来实现"心的开发"呢?普达塔特提出了"协同型民主社会"体制。

(二)"协同型民主社会"实践

"协同型"不是一种庞大的、集权的国家体制,而是甘地主义模式的、以自治为基础的地方分权型的社会组织;是在一个共同的目标下,实施社会共同管理的社会组织。在此基础上,重新构筑自然、社会、人类三者的和谐关系。

"开发僧"的活动是全方位的,经济开发出现的边缘化的贫困阶层是开发僧关注的一个重要方面。开发僧主张通过协同组合实施对边缘化贫困层的救助:首先,对于家庭崩溃、流离失所以及吸毒身亡而留下的子女,提供住所和职业培训。例如,建立一个家具工厂,利用城市拆迁的旧木材作为家具原料,这样既提供了一种职业机会,同时又为废物的再生利用达成一种循环。其次,建立吸毒人员的解毒所和筹建艾滋病患者的临终关怀病房。再次,为社会弱者提供帮助,如对失业、残疾人员的帮助。最后,养老金制度的筹建和运作。

环境保护是开发僧更加关注的一个领域。在泰国,经济发展导致森林采伐量急剧扩大。森林已经不是一种自然的恩惠,而是成了特定人群对特定利益的追求。对森林的乱砍乱伐导致气候干旱、水源匮乏。寺院的僧侣与 NGO 组织协同,对公有森林实施保护,并进行大规模的植树运动。在泰国和老挝接界的大批森林,"开发僧"在 l500 平方米范围内披上佛教的黄衣,表示森林是在佛教保护下的神圣之地,以防止盗伐。泰国南部的斯拉塔依地区深受佛教思想影响,"开发僧"则提出了"释迦牟尼是佛教的明灯,森林是自然的明灯"的思想。"开发僧"以佛教思想解释社会问题,有其积极的社会意义和社会效果。

(三)协同组合与村落振兴:"一村一品"模式

协同组合与村落振兴是泰国内发式发展的又一特征,"一村一品"是这一发展模式的生动体现。"一村一品"是指一村一产品(OTOP),这是在 2001 年由泰国原总理他信实施的、旨在振兴农村经济中的一个项目。"一村一品"项目鼓励每个村因地制宜,开发一种优势产品,2001 年,泰国政府拨给全国 4.5 万个自然村每个村 100 万泰铢(40 泰铢约合 1 美元)作为周转资金,由各村自主决定开发何种产品。如西潘妇女农业合作社的塑料编制品已在欧盟市场赢得信誉。泰国是世界主要的大米生产和出口国,有些乡村为适应全球消费者对绿色食品的需求,推出了无毒害茉莉香米,现在,无毒害茉莉香米成了泰国农业的特色增殖品、抢手的农业出口产品。2003 年,"一村一品"项目产品的销售收入已经达到 332.7 亿泰铢,约合 8.3 亿美元;2004 年达到 400 亿泰铢。①

"一村一品"运动,实际上是政府、开发僧和农民的三位一体的村落振兴运行机制。在其中,"开发僧"积累资金,成立互助组,采取后支付方式为村民提供有机肥料;开发僧为互助组成员培训,接受佛教思想。政府的扶植和开发僧的协同组合,使互助组的经营范围不断扩大。协同组合包括融资筹措、农业资金、教育资金、保险医疗组合等等。在协同组合的模式下,村落农民一改过去的酗酒、赌博等不良风气,村民以协同为基础,创造了自立的

---

① 甄翔:《泰政府帮农民卖特产》,《环球时报》2004 年 7 月 26 日。

地域经济。

三、斯里兰卡的"觉醒运动"

(一)甘地思想体系中的觉醒运动

在斯里兰卡,以佛教革新为理念,"觉醒"正在成为一种运动。甘地的非暴力思想给予觉醒运动以巨大的影响。觉醒运动源于甘地思想体系中的一个概念,它是这样来表述的:佛教教义的核心是对生命的尊重……以人类的幸福为目标,把慈爱置于暴力的对立面,非暴力是觉醒运动的根本……非暴力,对人的尊重、价值的维系、结构改革是极其有效的方法。[1]

觉醒与非暴力的展开经过六个过程,即人的人格觉醒→家族、集团的觉醒→村落的觉醒→都市社会的觉醒→国家的觉醒→世界的觉醒。六个过程涵盖社会、经济、政治、公共产品、精神、道德、文化等各个方面,过程展开的基础是哺育人类生命的地球生物圈、生物要素和无机物要素的相互依存的生态系统。

人格觉醒是指统辖人类生活的宇宙法则;家族和集团的觉醒是指能力的奉献和能力的依存,也就是说,民众作为开发的主体,通过相互依存,达到自立的可能。

村落的觉醒是能力奉献活动的第二层次,它以村落开发运动为起点。在斯里兰卡,以村为水平的开发活动已经成为经济开发的主流。村的觉醒,首先是衰落村庄的觉醒。村庄贫困导致村民陷于纷争、疾病的痛苦之中。村民的无知、利己产生恶意,村与村的争斗导致村落沉滞、衰落。如何从衰落的村庄中走出?觉醒正是从这一意义上展开的。

村落的觉醒与地域的觉醒、国家和世界的觉醒紧密联系。为了国家觉醒,"能力奉献活动"设定五个目标:一是个人、家族、集团、村和城市、国家等方面构筑精神、道德、文化价值;二是基本的人类需求,即优先最贫困阶层和社会弱者,然后达到共同的充实;三是在农村和城市的地域社会展开以市

---

[1] 野田真理『アジア内発式発展』、(日)藤原書店、2001 年、第63—80 頁。

民为主体的开发;四是构筑参加型民主主义的政治体制;五是重视生态的、自足的国民经济。

世界觉醒过程也包括以下五个目标:一是扩大觉醒教育运动,这是一种历史的、文化的、现存的价值观与一种崭新价值观的互动;二是个人与集团在资源上的共享;三是倡导尊重自然的生活方式,选择可替代的发展路径;四是在利益对立的双方架起互惠的桥梁,促进开发非暴力的防卫体系;五是对于因环境污染造成的国家间纷争,采取非暴力的行动。

综上所述,觉醒是对传统生活方式的反思,是人与地球关系的一场全新的思想实践运动,这一运动不仅仅是发生在斯里兰卡,发展中国家、发达国家都在重新审视"人与地球"的传统价值观念。也就是说,觉醒、非暴力的能力奉献运动不仅仅是一场开发落后地区的运动,它是构筑和谐社会的草根运动。然而,"能力奉献运动"所指的生活方式变革,是以佛教的"中道"思想为基础,它构筑的是一种非过剩的、非贫困的社会。

(二)能力奉献运动

觉醒运动并不是特定的佛教运动,而是在佛教思想影响之下的、以民众为主体的一项发展运动。与西欧民主主义不同的是,觉醒运动是以"一切生命之物都应该有幸福的权利"这一理念为基础,通过公众的参与、能力的分享来实现幸福。觉醒运动首先对儿童、女性、老人等社会弱势群体伸出援助之手。

觉醒运动作为一种模式,一个独特之处是民众的参与,即"参与型开发",所以,觉醒运动也被称之为"能力奉献运动"。

在斯里兰卡,能力奉献活动范围包括灌溉用水、土壤保护、耕地整合、村落道路建设、学校、社会服务中心,等等。通过共同作业,达到佛教思想所推崇的境界。家族、集团通过能力奉献活动,达到佛教所推崇的布施(能带来共同利益的劳动)、爱语(建立连带的关系)、利他(为了公众利益的开发)、同事(自发的协同)的境界。

觉醒运动以消灭贫困为宗旨,它是能力奉献运动中的核心计划。能力奉献运动以城市贫民窟和农村贫困户为对象,以满足基本生存需求(BHN)

为目标而进行的地域开发。

斯里兰卡是一个农业国,贫困问题就是农村问题。所以,农村的自立与农村的觉醒是整个计划的基础。农村的社会开发实践在四个方面展开:第一,以构筑觉醒运动的思想平台作为活动的开始;第二,社会组织的构建与训练,主要是村民的自发组织,如幼儿俱乐部、学童俱乐部、母亲俱乐部、青年俱乐部、农民俱乐部、老年俱乐部等等,通过俱乐部进行各种项目的训练,并且以地域为中心建立各种服务中心,如农机具组合、种子银行等等;第三,充实人的基本需求,消除贫困状态,如满足人的基本需求的十项需求:清洁环境、清洁的饮用水、基本衣料、营养平衡、简素的住宅、基本保健、基本通信设备、最低能量、综合教育、文化精神等,尤其可以借鉴的是满足这些需求的制度安排,如村落"能力奉献运动"的组织设置,它包括计划立案、会计制度、评价体系等;第四,资金的自立是运动目的,虽然有一定程度的外部资金支援,可是,资金的筹措是自立的。正是在此基础上,开发的思路、意见的决定组织的设置都是以民间为主体的。

能力奉献运动是发展中国家规模最大的 NGO,对世界 NGO 和内发式发展予以巨大影响。以能力奉献运动为主体觉醒运动来自于民众自身相互依存的网络,通过这一网络来消除贫困,满足基本的生存需求。而重要的意义在于,这场运动是以民众为主体的,以个人、家族、村庄、国家乃至世界的觉醒为目标的精神文化开发运动,在这场运动中,佛教文化的"心的开发"给予精神文化运动以巨大的影响。

四、亚洲城市贫民窟的自立运动与 NGO 的作用

与农村比较,亚洲的城市住民组织一般比较薄弱。例如,像印度尼西亚、菲律宾这样的国家,地域的生活设施,都是靠政府自上而下的行政政策来完成的。以贫困地区为中心、以改善居住为宗旨的住民组织,或者是 NGO,都是在接受公共部门支援的基础上展开其城市住民运动的。20 世纪 80 年代以来,贫困地区的住民广泛开展一种横向的经验传播运动。这是最初的"自组织"组织形式。可是,与农村不同的是,城市运行靠一种外在的

体系对城市进行制约,一旦离开这一体系,城市运行很难维持,例如,自来水、电气等等的制度供给。所以,城市的市民自立运动,是在公共政策支援的背景下实现的。

(一)居住权的抗衡

亚洲居住运动缘起于 20 世纪 60 年代兴起的基督教团体和国际 NGO 组织的社区组织化支援海外活动,它是在城市贫困区工作的活动家团体的基础上组建的,并培育了草根住民地域组织(Community Based Organizations,CBO)。

在亚洲,20 世纪 70 年代是城市开发高潮,与此相关的是政府的城市计划,在这一计划下,各地的贫困地区住宅被强行拆除。世界银行的城市贷款开始于 1972 年,其中大规模的城市事业是菲律宾最大的贫困区汤德地区的再开发。1975 年,新组建的 CBO 展开了一场抵抗强制搬迁、确保土地权利的居住运动。在这场住民居住运动中,最有影响的 NGO 是"为了住民组织的亚洲委员会"(ACPO)。

ACPO 于 1971 年在马尼拉组建。在之后的 20 年,ACPO 在菲律宾、泰国、马来西亚、印度、韩国等国家和地区蓬勃兴起,出现了众多的社区活动家,通过这批社区活动家,又组建了具有相当影响力的草根住民地域组织。该组织把训练有素的活动家派往贫困地区,促成住民组织化。当城市拆迁开始时,在一定的目标下与当局交涉。在 ACPO 指导下的 CBO 迅速成长,在菲律宾汤德地区的近邻组织、青年妇女团体、商人组织等组成了一个庞大的联合体,与马科斯政权抗衡,并取得巨大成绩,从而确保了汤德地区再开发的移居地。

20 世纪 80 年代后期,在亚洲城市中承担开发的主要是国内外的民间资本,随着土地住宅市场的商品化,城市中心的高级宾馆和购物中心相继建成,贫困地区由此发生了很大变化。主要是低房租、高密度住宅群的相对减少,所以,一旦城市开发,原有住宅被拆除的话,居民却买不起新住宅,于是,城市贫困阶层的一部分成为"流浪汉"。

这是一种世界性倾向。为此,贫困阶层对于强行拆迁的抵抗运动逐渐

成为国际上共同关注的问题。联合国人权机构多次向国际社会呼吁尊重
"居住权利"。"居住权利"是指"衣食住"的权利,对所有的人来说,作为最
基本的人权就是保障"居住的场所",强制拆迁是对公众这一权利的侵害。
1993 年 3 月联合国人权委员会对这一问题曾经有一个决议。

20 世纪 80 年代后期,在东南亚国家,政府主导的开发体制逐渐变化,
政府开始重视与市民对话。作为市民的一方,通过"自组织"方式,利用新
制度来改善居住环境,支援这一行动的是非政府组织(Non Governmetae Or-
ganiza – tion, NGO)。利用现存制度,采取市民认同的方式,是 NGO 行动方
式的转换。例如,菲律宾社区典当事业(CMP)是 1986 年阿基诺政权最初的
政事之一,其宗旨是为了确保城市贫民的土地住宅。在那里,NGO 已经有
了相当基础,在此基础上实行的 CMP,目的是让贫民融入正式的融资体系。
这是一种新的土地交易制度,具体做法是,贫困社区以组织形式与地主交
涉,在居住土地达成交易的情况下,以该土地作为担保,同时,从政府获得长
期低利率融资。到 2000 年为止,菲律宾全国 827 个地区共有 10 万余户家
庭获得了融资支持。从 20 世纪 80 年代以来,国际 NGO 对第三世界住民提
供的不仅仅是一种捐赠,而是作为协力体制的资金提供。如总部设在日内
瓦的国际居民俱乐部 NGO,它是一个为第三世界在城市化过程中的拆迁户
寻找转移地的居民俱乐部。它通过日内瓦交易银行向支援地区银行提供担
保。

(二)企业社会责任投资

在 20 世纪 80 年代掀起的居住运动中,城市贫民通过"自我组织化"的
路径,在现实的社会框架内,创造出一种合适的、独特的制度体系。在当时,
作为运动的,创造自立空间的住民运动不是来自既存制度的统合,而是通过
"自组织"来创造一个自我空间。亚洲最大规模的"自组织"运动是孟加拉
国的小额贷款银行和巴基斯坦的奥兰尼工程。

小额贷款银行是由姆哈马道·尤努斯教授发起的。1976 年,尤努斯教
授把贫困女性组织起来,通过编织竹椅子以改善她们的生活。教授自己作
为担保人向银行贷款小额资金,试验是成功的。可是,问题的实质是没有土

地的贫困女性如何成为银行的融资对象。尤努斯构思的是架构一个对贫困女性起作用的银行制度,他把融资活动作为 NGO 计划来推进。1983 年银行被政府认可,银行的会员在 2000 年超过 237 万人,涉及 4 万个以上村庄,其中 95% 是女性。通过小额贷款银行融资建造的住宅高达 53 万户。住宅贷款中的基础资材都是由小额贷款银行在全国分散的作业所经办的。尤努斯教授的成功在于创建了一种崭新的商业模式——小额贷款。这是一种新型的、非常特殊的商业模式,首先,这个商业模式不是以赚钱为目的;其次,它是以企业的方式来运作的,用企业家的创新精神,来投资和运营一个较大规模的社会发展项目。这样的商业模式,又是以社会效益最大化为主的,同时又有一定的利润。这种商业模式就是企业的社会投资。

2006 年的诺贝尔"和平奖"颁给了孟加拉的尤努斯教授,为什么一个"和平奖"颁给了一位经济学教授? 因为他创造了一个非常特殊的银行,是专门给贫困人贷款的银行。

受小额贷款银行影响,从 20 世纪 80 年代后期开始,居住运动论在众多国家展开,巴基斯坦的奥兰尼下水道工程的"自我组织化"也是由民间领袖发起的。A. H. 哈恩博士 1980 年在卡拉奇西北部的奥兰尼首先开始了这一实践。当时约 80 万居民住在被不法宅地开发者分开出售的一块块土地上,成为一个非合法居住地区。那里路面污水横流,道路通行困难。哈恩博士把居民组织起来,并对居民进行下水管铺设的技术指导,居民在每一路段选出运营责任者,对路段进行整治。当行政权力尚未涉及该领域之前,公众通过"自组织"解决了行政尚未解决的问题。"自我组织化"显示了居民的自治能力。

从 20 世纪 80 年代后期开始,贫困阶层以俱乐部形式,作为经验交流,一种富有实践意义的互访计划在亚洲展开。1988 年,居住权利条约亚洲联合会(ACHR)成立,它得到了联合国亚太经济社会委员会的支持。ACHR是亚洲各地贫困地区 NGO 的网络组织,它维护城市贫困阶层的居住权利,如派遣事实调查团、组织地区调查小组、对居民组织提出建议以及与政府机关进行协商等等。

（三）世界银行居住政策变迁

20 世纪 60 年代是联合国提出开发的 10 周年。亚洲掀起城市开发高潮，政府关心的是道路、上下水道等基础设施的建设，而贫困地区是作为开发的障碍来考虑的。泰国曼谷在 1960 年成立贫困地区拆迁部门。1966 年韩国汉城进行了首次清除贫民窟工作。

住宅开发机构成立较晚，印度的城市住宅开发公司成立于 1970 年，泰国的住宅开发公司成立于 1971 年，印度尼西亚的城市开发公司成立于 1974 年，斯里兰卡的住宅开发公司成立于 1979 年。在上述一系列住宅专业机关中，并没有明确的贫困地区政策，一般是针对中产阶级以下的住宅困难家庭提供住宅，主要是建设公共住宅。可是，作为政治意义来考虑的国家住宅政策，对于低收入者来说，往往难以奏效。

泰国的第一期住宅五年计划（1976～1980 年），以公共住宅建设为主，可是 1 年以后就向改善贫困地区住宅的政策转换，到了 1979 年，贫困地区的住宅改善已经放在一个重要的位置。1992 年的第七次全国开发五年计划中，泰国政府设置了"都市贫民开发基金"。

20 世纪 70 年代是发展中国家居住政策的转换期。这是对城市贫困阶层的新政策，它改变了传统的公共住宅供给政策，而是向居民自立建设住宅提供政策帮助。例如，改善贫困地区最低限度的生活设施，如步行街、上下水道、排水沟、公共厕所。另外，自立建设补助，如建筑材料的低价供给等，都是典型的政策转换。这一变革的推动力来自国际金融机构——世界银行。

世界银行的主要活动是为政府提供贷款，但世行在过去 20 年也建立了若干个资助机构为民间社团组织提供赠款。赠款由世行资助，或由政府管理的赠款基金间接提供，有的依靠世界银行管理的基金直接提供。在过去 15 年，世界银行已资助 60 个国家 100 多项社会基金，总额近 40 亿美元。这些资金被用于社区重建，提供社会服务，加强社区组织，等等。

从 1972 年开始，世界银行的城市开发事业贷款有 2/3 是向城市居民自立建设住宅提供帮助。在过去 10 年中，民间社团组织参与的项目比例已从

1990 年财政年度项目总数的 21.5%，稳步增加到 2004 年财政年度的 72%。

世界银行逐渐认识到，民间社团组织有助于提高最贫困群体的话语权，有助于改善发展的效率和可持续性，有助于监督政府和政策制定者对公众的责任心。民间社团组织运用他们掌握的本地知识、专业技术，通过合法的方式参与世界银行贷款项目，提高项目实施效果和可持续性。通过这种途径，民间社团组织也带来了理念的创新和参与模式的创新。近年来，表明全球公民社会十分活跃的一个例子是 2004 年 1 月在印度孟买召开的世界社会论坛，共有 9 万人参会，针对目前的经济全球化趋势，大会讨论并提出了公平的可持续发展方案。

五、地域货币：社区治理与绿色循环

德国著名儿童文学家恩德（Michael Endr）在去世前的一年，即 1994 年 2 月 6 日，在德国南部的拜恩州首府慕尼黑的住所接受了日本广播协会（NHK）的采访。时隔 7 年以后，2001 年，日本 NHK 制作的"恩德的遗言"在日本播放了 10 个月，在日本引起巨大反响。

"恩德的遗言"如此受欢迎，是由于恩德对资本主义金融体系的批判。他指出，资本主义制度下的金融体系是一切问题的根源。在古代文化遗迹处可以发现，不管是什么地方，城市中心矗立的是教堂，社会秩序从那里发生。今天，大城市高高矗立的是银行大楼，社会秩序从银行产生。金钱对自然环境与道德产生巨大影响，环境、贫困、战争、人性沦落等等都与金钱有关。一个遵循道德规范的农民，四年一次修耕，不使用化肥，可是，在市场经济中，他是一个损失者，因为非道德的行为可带来赢利。

重新审视货币与财富的对立，现在的货币体系究竟出了什么问题？恩德设想把货币重新拉回到劳动与物质价值等价标准上来，"在面包房购买面包的货币与证券市场作为投资的货币是不同的"……恩德提出了"地域货币"。

地域货币（community currency）是由市民创造的、以物和服务交换为内

容的地域性交换体系。具体地说,它是在某一特定的地域内,对于服务和物
品进行相互交换时所使用的交换手段,在具有共同价值观与需求的社区中
流通的一种价值媒体。

(一)地域货币:社区治理的"自组织"方式

地域货币最早出自于英国社会学家、社会主义思想家欧文创建的"劳动
证书"。1832 年,英国"全国公正劳动交易所"成立,劳动证书在该所流行。
1916 年,德国经济学家格素尔(Silvio Gesell)在《自然经济秩序》中提出自由
货币理论。他认为,货币价值随着时间流失会发生劣化,所以,地域货币与
传统货币并行流通能够遏制货币劣化。①

70 多年前,奥地利的柏卢谷镇是格素尔的自由货币实验地。柏卢谷镇
连接瑞士与德国,20 世纪 30 年代世界经济危机,人口不足 5000 人的柏卢
谷镇失业人数超过 400 人。格素尔的实验从那里开始,1932 年,镇议会决
定发行地域货币——劳动证书。自由货币推动了道路与公共设施建设,奇
迹发生了,萧条的城镇税收开始增加,经济开始回升。然而,货币是国家权
力的象征,实验被政府禁止。

20 世纪 30 年代的美国,格素尔的自由货币理论广泛流传,有 3000 个
以上的地区发行了地域货币。可是,罗斯福新政加强了对市场的干预,地域
货币随即转入低潮。

20 世纪 80 年代,地域货币进入了一个新的发展阶段。加拿大经济学
家迈克尔·林顿创建"地域货币交换体系";美国社会学家埃德加·卡恩发
明了"时间货币":1 小时 = 1 个时间货币,时间货币作为"相互帮助的点数"
运用于社区服务以及各种志愿者服务。

地域货币是在具有共同价值观与需求的社区中流通的一种价值媒体,
显然,是在一个组织内运行,它可以是社区,也可以是村落。例如,某人请邻
居帮助打扫庭园,然后,在大家公认的记事本上记入 10 美元。几天以后,这
位服务者可以在那人的地里拿到相当于 10 美元的蔬菜。当然,这位服务者

---

① 河巴厚德『エンデの遺言』、(日)NHK 出版社、2000 年、第 29 頁。

如果接受村落其他人给他提供服务的话,服务提供者也可以去最初接受服务的人那里领取同等价值的蔬菜。

进入 20 世纪 90 年代,地域货币的各种形态相继出现,除了上述的地域货币形态之外,还有墨西哥的地域货币体系、美国的伊萨卡时间等等。与第一次地域货币的流通比较,第二次高潮更侧重于地域经济的生态循环与社区治理,体现了与自然和谐共生的思想与运动。

地域货币是一种"自组织"形态,一个非线性的开放系统,它从混沌走向秩序,从而推进有序的、延续的生态循环过程。地域货币在社区会员的网络体系内进行。每个会员把自己能够提供的服务做成明细,由指定管理者登记,然后在社区范围内发送明细表。网络会员根据服务提供目录,自己拟定价格,进行服务交易。经过一段时期,会员整理出自己的服务业绩,交给专门管理者,然后,管理者计算出每人累积的地域货币数量,再做成交易一览表,每月发给社区会员。

一群社区的居民,如何才能将自己组织起来解决制度供给、承诺以及监督问题,地域货币在没有某种外力的干预下,通过"自组织"方式提高了自然资源循环能力。以英格兰西南部德文郡州的羌古福特村为例。首先,村落的地域货币体系 LETS 事务局在村子内建造有机肥厂,LETS 事务局用地域货币购买有机肥厂的有机肥料;最初接受地域货币的有机肥厂,用地域货币从村民那里购买有机肥原料;村民再用地域货币从农家购买绿色农产品;农家拿着从村民那里得到的地域货币去 LETS 事务局购买有机肥。这样一来,地域货币重新回到初发行地,实现了绿色农产品的循环生产。

(二) 地域货币:循环、生态的社区治理

传统货币是"他组织"运行体系,它构筑了"资源—产品—废弃物"的运行模式;地域货币是"自组织"运行体系,它构筑了"资源—产品—再生资源"的循环模式。地域货币治理模式依存于地域的自然张力,通过各成员之间劳动能力的流通来维系社区或者村落的生态系统。

在全球化的今天,地域如何发展? 这是全球关心的问题。地域货币有效地利用地域资源,构筑非市场的循环型经济,从而减轻对市场依赖。更重要的是,通过生态型的社区循环经济体系,创造出富有竞争力的新型产业。

在日本大约有 106 个地区引入国外地域货币经验。1995 年,日本爱媛县越智市关前村引入美国的时间货币形式;1999 年,千叶县草津市社区建设中心创建地域货币"青海";2001 年,日本通产省服务产业科科长加藤敏春的提案"生态货币"在"老龄社会对策推进咨询会议"上得到内阁官员的高度重视,政府的《环境白皮书》《国民生活白皮书》都对地域货币做了介绍。

以千叶县草津市社区建设中心创建的地域货币"青海"为例。"青海" 1998 年 9 月发行,与英格兰西南部 Devon 州的羌古福特村不同的是,"青海"是以物和服务的循环为特点。"青海"流通包括以下事务:社区支援中心事务、卫生清扫、代替购物、街道治理等等。1"青海"= 100 日元,具体价格由当事人自己协商。在环保方面,如旧家具、二手电脑转让等,一般都使用"青海"。"青海"最大的功效在于它的生态绿色链条。例如,社区居民用"青海"购买农家的绿色蔬菜;居民帮助农家干活,从农家得到"青海";然后,居民再用"青海"购买绿色蔬菜。这样,农家给居民提供安全食品,居民帮助农家干活减轻了农家负担,以"青海"为中心,实现了物与服务的循环。

(三)走出通货紧缩的地域货币路径

尽管地域货币的实践已有 200 多年的历史,但是,只是近 20 年才成为科学探讨的焦点。20 世纪 80 年代,人们对国家作用不再抱有幻想;到 90 年代,人们对市场作用也不再抱有幻想,于是,地域货币重新被社会所重视。

经济系统是一个不确定性和非线性相互作用的非均衡复杂系统,如商品供应的非均衡、市场结构的非均衡、区域发展的非均衡、制度非均衡,等等。在全球化的今天,资金、物质、服务与国际市场紧紧相连,人口稀少的地区,资金流出。地域经济疲惫与地域贫富扩大,这就是区域发展的非均衡问题。

货币是经济活动的动脉,当国家货币难以流向社区的时候,地域货币与传统货币并行流通,可以推进地域资源流动,从而加速资金流通。

1. 创业者与社区居民协同构筑两种资金循环

在日本,丰田汽车销售的数字汽车和个性车,厂商允许客户使用地域货币购买,而接受地域货币的厂商用它来支持非营利组织的环境保护活动。在这循环过程中,一种生态价值观推动着地域货币的范围不断扩大,而更具有重要意义的是,企业参与地域货币活动,加速了资金积累与流动。例如,企业支持社会文化事业与社会公益事业的提案,赞同的人可以用地域货币支付。这样,传统货币与地域货币一同成为企业捐款的话,社会公益事业能够得到双倍的资金。

2. 地域金融机构与地域货币共同构筑资金循环

两种货币并行流通,促进地域多种资源合理流动,从而对社区新兴产业予以支持。如美国有9000个支援地域开发的金融机构;英国的组合信用贷款、社区融资基金与社区金融等等。尤其是瑞士私营银行WIR,它与国内6万家社区融资基金与社区金融有决算业务,而且,这一业务得到政府认可。可见,两个层面的资金循环,能激发出地域经济内发的活力,长期的稳定增长了投资者信心。

在日本,作为政府推进的"e-Japan"计划的一环,地域开发者与住民构筑了电子自治体。这是一种日本模式的社区治理,现已经在兵库县与神奈川县实施。"e-Japan"实际上是社区多重功能的IC卡,它具有电子政府的各种便民措施,同时促进消费。但是,社区多重功能的IC卡与地域货币同时流通,在志愿者服务、生态环境保护等方面产生多重效应。例如,在志愿者服务方面积累到一定程度,便可以享受商品优惠,而重要的是唤起人们消费的欲望,从而走出通货紧缩。

"地域货币"以"地球环境经济人"的理念为纽带,体现了人和自然的和谐统一;"地域货币"动摇了"市场至上"的价值理念,在市民生活的基础社区,它成为循环型社会的一种社区治理模式,与此同时,它又作为全球化的地域对策而备受重视。

参考文献

日文参考文献

1. 青木一能『地球型社会危機』、(日)芦書房、2005 年。

2. 西川潤「21 世紀の市民社会」、(日)『軍縮問題資料』2004 年、第 2 期。

3. Jeremy Seabrook 著、著渡辺景子訳『世界の貧困』、(日)青土社、2007 年。

4. 中谷巌『資本主義はなぜ自壊したのか』、(日)集英社、2008 年。

5. David Harvey 著、渡辺治訳『新自由主義——その歴史の展開と現在』、(日)株式会社作品社、2007 年。

6. 砂田一郎「ブッシュの保守主義政治はアメリカに何を残したのか」(日)『世界』、2008 年 2 月。

7. 赤木昭夫「アメリカ型グローバライゼーションの終了」、(日)『世界』、2008 年 2 月。

8. 原伸次朗など「米国発の金融危機とドル体制のゆくえ」、(日)『経済』、2008 年、10 月号。

9. 報道「ウォール街型経営の幕」、『日本経済新聞』、2008 年、9 月 30 日。

10. 毛利良一、荻原伸次朗など「米国発の金融危機とドル体制のゆくえ」、(日)『経済』、2008 年、10 月号。

11. 室内武『君はエントロピーを見たか』、(日)朝日文庫、1991 年。

12. 住明正「気候大変動」、(日)『世界』、2004 年 10 月。

13. M. M. worldrode 著、田中三彦訳『复杂系』、(日)新潮社、2001 年。

14. Adam Smith 著、水田洋訳『道徳情操論』、(日)筑摩書房、1973 年。

15. 西川潤『人間のために経済学』、(日)岩波書店、2006 年。

16. 鶴見和子『内発の発展論』、（日）藤原書店、1997 年。

17. CF. List、小林彰訳『経済学の国民体系』、（日）岩波書店、1970 年。

18. 庄司克宏「リスボン条約とEUの課題」、（日）『世界』、2008 年 3 月。

19. ブランパン. ロジェ、小宮文人訳『ヨーロッパ労働法』、（日）信山社、2003 年。

20. 『ヨーロッパ統合の社会史』、（日）日本経済評論社、2004 年。

21. 西川潤『人間のために経済学』、（日）岩波書店、2006 年。

22. 伊東光晴『現代に生きるケインズ』、（日）岩波書店、2008 年。

23. George Soros 著、徳川家広訳『ソロスは警告する』（日）講談社、2008 年。

24. David Harvey 著、渡辺治訳『新自由主義——その歴史の展開と現在』（日）株式会社作品社、2007 年。

25. 夏目啓二「変貌するアメリカ企業と社会」、『会社と社会——比較経営学のすすめ』、（日）文理閣出版、2006 年。

26. 丸山恵也「現代社会における企業の社会的責任」、『会社と社会——比較経営学のすすめ』、（日）文理閣出版、2006 年。

27. 谷本寛治「企业社会责任的评价与市场」、『公司与社会——比较经营学的推进』、（日）文理阁出版、2006 年。

28. Amy Domini 著、山本利明訳『社会的責任投資』、（日）木鐸社、2002 年。

29. 藤田和「アメリカの社会的責任投資」、『日本経済新聞』、2003 年 11 月 19 日。

30. 報道「環境と成長は両立可能」、『日本経済新闻』,2003 年 11 月 27 日。

31. 新闻报道「岁末追加 4 兆 2 千亿日元」、『日本経済新闻』2002 年 11 月 22 日。

32. Serge Latouche「収縮社会のために」、（日）『世界』2004 年 2 月。

33. 報道「循環型社会の実現」、『日本経済新闻』、2003 年 12 月 9 日。

34. 住明正「気候大変動」、（日）『世界』、2004 年 10 月。

35. 小沢一朗「地域づくり：その具体に向けた展望」、（日）『地域開発』、2008 年 6 月。

36. 報道「京都議定書と企業の困境」、(日)『読売新聞』、1997 年 5 月 30
　　日。

37. 山口光恒「京都議定書のシステム」、(日)『日本経済新聞』、2003 年 11
　　月 19 日。

38. 報道「アメリカのエネルギー政策を揺れる」、(日)『日本経済新聞』、
　　2001 年 5 月 22 日。

39. 小澤一朗「地域づくり：その具体に向けた展望」、(日)『地域開発』、
　　2008 年 6 月。

40. 日本都市計画学会、低炭素都市開発研究会「都市計画行政の中で温暖
　　化対策」、(日)『地域開発』2008 年 6 月。

41. 宮本太郎など「小さな政府論と市場主義」、(日)『世界』、2006 年 5 月。

42. 日本内閣府「平成 17 年度経済報告」、『世界』、2006 年 5 月。

43. 岩田正美など「いまなぜ社会保障建築が必要か」、(日)『世界』、2006
　　年 7 月。

44. 野田由美子「共創——横浜市が目指す公民連携の取り組み」、(日)『地
　　域開発』、2008 年 10 月。

45. 中川暢三「公民連携で進める自治体再生」、(日)『地域開発』、2008 年
　　10 月。

46. 中弥生「官制市場と市民市場」、(日)『地域開発』、2007 年 11 月。

47. 福嶋浩彦「市民の公共をつくる」、(日)『地域開発』、2008 年 10 月。

48. 報道「住民税の使途市民が決める」、『朝日新聞』、2004 年 9 月 4 日。

49. 根本祐二「官の決定権問題と民間提案」、(日)『地域開発』、2008 年 10
　　月。

50. 坪郷実「参加ガバナンスと自治体再構築」、(日)『地域開発』、2007 年
　　11 月。

51. 中井検祐「市民参加と都市計画制度」、(日)『地域開発』、2008 年 9 月。

52. 野田真理『アジア内発式発展』、(日)藤原書店、2001 年。

53. 河巴厚徳『エンデの遺言』、(日)NHK 出版社、2000 年。

中文文献

1. [美]戴维·奥斯本和特德·盖布勒:《改革政府——企业精神如何改革着公营部门》,周敦仁等译,上海译文出版社 2006 年版。

2. [德]黑格尔:《历史哲学》,王造时译,三联书店 1956 年版。

3. [美]约瑟夫·熊彼特:《经济发展理论》,吴良健译,商务印书馆 1990 年版。

4. 世界银行东亚及太平洋扶贫与经济管理局:《中国贫困状况评估》,《社会科学报》2009 年 5 月 21 日。

5. [德]韦尔夫·维尔纳:《德国视角下的欧洲社会模式》,《欧洲研究前沿报告》,吴志诚译,华东师范大学出版社 2007 年版。

6. 刘明礼:《爱尔兰否决里斯本条约与欧洲一体化前景》,《国际信息资料》2008 年第 8 期。

7. [美]斯蒂芬·P.罗宾斯:《管理学》,孙健敏等译,中国人民大学出版社 2006 年版。

8. 中国科学院可持续发展战略研究组:《2004 中国可持续发展战略报告》,科学出版社 2004 年版。

9. 中国城市发展形势分析课题组:《压力倍增下的中国城市发展转型》,《社会科学报》2009 年 7 月 2 日。

10. [美]乔·B.史蒂文斯:《集体选择经济学》,杨晓敏译,上海三联书店 2003 年版。

11. 王雪:《公共服务:北欧经济社会协调发展的重要动力》,《社会科学报》2006 年 1 月 19 日。

12. [英]亚当·斯密:《国富论》,唐日松译,华夏出版社 2005 年版。

13. [美]艾尔·巴比:《社会研究方法》,邱泽奇译,华夏出版社 2005 年版。